suhrkamp taschenbuch
wissenschaft 1226

Niklas Luhmanns Theorie sozialer Systeme wird heute immer eindeutiger als einer der interessantesten und fruchtbarsten Ansätze im Bereich der Sozialwissenschaften anerkannt. Dieses Glossar ist ein Arbeitsinstrument, das einerseits als Einleitung in die komplexe Theorie Luhmanns dienen kann und das andererseits die Anwendung der von dieser Theorie angebotenen Begriffe erleichtern dürfte. Die Form des Glossars soll eine »modulare« Einstellung zur Theorie ermöglichen. Die Erläuterungen zu einem Begriff umfassen durchschnittlich drei bis vier Seiten. Zu jedem Begriff gibt es eine Reihe bibliographischer Hinweise. Ein System von Verweisungen zwischen den Begriffen wurde durch »Lektürewege« ergänzt, die bestimmte Verbindungen zwischen den Begriffen in bezug auf thematische Felder – wie zum Beispiel Selbstreferenz, soziale Differenzierung, Konstruktivismus usw. – angeben.

GLU

Glossar zu Niklas Luhmanns
Theorie sozialer Systeme

Von Claudio Baraldi, Giancarlo Corsi
und Elena Esposito

Suhrkamp

Redaktion:
Johannes F. K. Schmidt

Dieses Buch wurde klimaneutral produziert.

ClimatePartner.com/14438-2110-1001

10. Auflage 2022

Erste Auflage 1997
suhrkamp taschenbuch wissenschaft 1226
© Suhrkamp Verlag Frankfurt am Main 1997
Suhrkamp Taschenbuch Verlag
Alle Rechte vorbehalten, insbesondere das der Übersetzung,
des öffentlichen Vortrags sowie der Übertragung
durch Rundfunk und Fernsehen, auch einzelner Teile.
Kein Teil des Werkes darf in irgendeiner Form
(durch Fotografie, Mikrofilm oder andere Verfahren)
ohne schriftliche Genehmigung des Verlages reproduziert
oder unter Verwendung elektronischer Systeme
verarbeitet, vervielfältigt oder verbreitet werden.
Druck und Bindung: C. H. Beck, Nördlingen
Printed in Germany
Umschlag nach Entwürfen von
Willy Fleckhaus und Rolf Staudt
ISBN 978-3-518-28826-9

Inhalt

Einleitung 7
Lesewege 12

GLU

Asymmetrisierung 21
Attribution 24
(Aus-)Differenzierung 26
Autopoiesis 29
Code 33
Doppelte Kontingenz 37
Eigentum/Geld 40
Ereignis 42
Erwartungen 45
Erziehung 50
Evolution 52
Familie 56
Form/Medium 58
Funktionale Analyse 61
Gesellschaft 63
Gesellschaftsdifferenzierung 65
Identität/Differenz 72
Information 76
Inklusion/Exklusion 78
Interaktion 82
Interpenetration 85
Kommunikation 89
Komplexität 93
Konflikt 97
Konstruktivismus 100
Kunst 104
Kunstsystem 107
Liebe 110
Macht 113
Medizinsystem (System der Krankenbehandlung) 115
Moral 119

Negation	121
Operation/Beobachtung	123
Organisation	129
Paradoxie	131
Politik	135
Programm	139
Prozeß	142
Psychisches System	142
Rationalität	145
Recht	147
Redundanz/Varietät	151
Re-entry	152
Reflexion	154
Religion	156
Risiko/Gefahr	160
Selbstreferenz	163
Semantik	168
Sinn	170
Sinndimensionen	173
Soziales System	176
Soziologische Aufklärung	178
Sprache	180
Struktur	184
Strukturelle Kopplung	186
Symbolisch generalisierte Kommunikationsmedien	189
System/Umwelt	195
Verbreitungsmedien	199
Wahrheit	202
Welt	205
Werte	207
Wirtschaftssystem	209
Wissenschaft	211
Zeit	214
Verzeichnis der Schriften Niklas Luhmanns	218

Einleitung

Das vorliegende Buch soll ein Arbeitsinstrument sein. Die etwas ungewöhnliche Idee, einen Studienbegleittext zu einer Theorie zu schreiben, die im Zentrum der gegenwärtigen intellektuellen Debatte steht, ist Resultat des Eindrucks der Autoren, daß einige Umstände einer angemessenen Auseinandersetzung mit dieser Theorie im Wege stehen. Diese Umstände, die mit spezifischen Eigenschaften und mit der Karriere der Theorie zusammenhängen, erschweren es, sich ihr anzunähern. Das Glossar versucht die erste Kontaktaufnahme zu erleichtern.

Die Schwierigkeiten der Theoriediskussion lassen sich zum großen Teil auf den inneren Aufbau der Theorie von Niklas Luhmann zurückführen. Vor allem anderen ist diese Theorie durch eine sehr hohe Eigenkomplexität gekennzeichnet, die sich einerseits in einer großen Anzahl von Begriffen ausdrückt, die man beherrschen können muß, will man sich im Spiel ihrer Unterscheidungen bewegen. Andererseits – und dies ist der theoretisch interessantere Aspekt – drückt sich die Komplexität auch in einer Vielzahl von Relationen und wechselseitigen Abhängigkeiten der Begriffe aus. Jeder Schlüsselbegriff in Luhmanns Theorie kann nur unter Bezugnahme auf andere Begriffe definiert werden: Der Sinnbegriff zum Beispiel kann nicht angemessen erfaßt werden, wenn man den Begriff der Komplexität nicht berücksichtigt, mit dem die Begriffe Selektion und Kontingenz verbunden sind, die ihrerseits den Sinnbegriff voraussetzen; aber Sinn kann nicht unabhängig von dem Begriff des Systems definiert werden, womit der Verweis auf eine Umwelt impliziert ist, von der das System durch ein Komplexitätsgefälle unterschieden ist, und so weiter. Die Theorie arbeitet mit einer ständigen internen Verweisungsstruktur, in der jeder zusätzliche Begriff die Anfangsbegriffe spezifiziert und verarbeitet. Diese Zirkularität der Konstruktion wird innerhalb der Theorie erklärt und begründet; sie ist einer der Gründe ihrer Leistungsfähigkeit, aber zugleich erschwert sie die erste Begegnung mit ihren Kategorien – da die Beherrschung der einen die Kenntnis aller anderen im Prinzip voraussetzt, während die anderen ihrerseits in einem unendlichen Kreis von Verweisungen die Kenntnis der Ausgangskategorie erfordern.

Diese theorieimmanente Schwierigkeit wird in einem zweiten Netzwerk von Verweisungen nochmals verkompliziert: den Verweisen zwischen den verschiedenen Arbeiten Luhmanns. Abgesehen von wenigen relativ geschlossenen Werken verarbeitet er in jedem seiner Bücher einige besondere Unterscheidungen mit Blick auf ein besonderes Erklärungsproblem und setzt dabei die Gesamtheit der Theorie und damit die Unterscheidungen voraus, die in früheren Büchern eingeführt worden sind. Die Reichweite der Luhmannschen Diskussion des betreffenden Problems kann also ohne eine Kenntnis des allgemeinen theoretischen Bezugsrahmens nicht vollständig erfaßt werden – eine Kenntnis, die allerdings von denjenigen nicht verlangt werden kann, die sich aus einem spezifischen Fachinteresse heraus mit einem der vielen Bereiche befassen, die von Luhmanns Reflexionen berührt werden. Denn er hat aus soziologischer Perspektive über Recht, Erziehung, Epistemologie, politische Theorie, historische Semantik, Wirtschaft, Religion, Kunst, Risikotheorie und viele andere Themen geschrieben, und zu jedem dieser Bereiche wäre eine Auseinandersetzung mit den Experten des jeweiligen Faches interessant. Es ist zugleich jedoch wenig realistisch, von diesen eine ausreichende Kenntnis der Luhmannschen Theorie zu erwarten, um deren Vorzüge auf dem sie jeweils interessierenden Feld erfassen und verarbeiten zu können.

Der Zweck des Glossars ist es, diese Schwierigkeiten wenigstens zum Teil aufzuheben. Auch wenn dieses Buch eine unmittelbare Lektüre von Luhmanns Büchern nicht ersetzen kann, sollte es (eben als Arbeitsinstrument) die Annäherung an die allgemeine Theorie sozialer Systeme und die Gesellschaftstheorie erleichtern und (vorläufig!) einen Mangel beheben, der für eine fruchtbare Auseinandersetzung mitverantwortlich ist. Eine erste Möglichkeit der Nutzung des Glossars besteht darin, ihn als unterstützende Begleitlektüre zu Luhmanns Büchern zu verstehen: Stößt man im Laufe des Textes auf einen Begriff, den man nur im Zusammenhang mit anderen Stellen der Theorie oder anderen Büchern versteht, soll ein Nachschlagen im Glossar genügend Hinweise liefern, um die Lektüre fortsetzen zu können. Für diejenigen, die sich nicht mit theoretischer Soziologie befassen, sollte es dann leichter sein, die Vorzüge und Spezifika der Luhmannschen Theorie bei der Behandlung besonderer Fragestellungen zu erkennen. Dem Soziologen andererseits soll das Glossar es erleichtern, sich mit der Luhmannschen Systemtheorie auseinanderzusetzen. Besonders in diesem Fall müssen die Informationen im Glossar durch ein punktuelles Studium der Texte Luhmanns ergänzt werden. Am Ende eines jeden Stichwortes haben wir daher einige bibliographische Angaben für eine weiterführende Lektüre gemacht. Obwohl in einigen Fällen sehr viele Verweise möglich wären, haben wir uns auf maximal drei Angaben pro Stichwort beschränkt, um den Text nicht zu sehr zu belasten.

Aufgrund des Gesagten ist es verständlich, daß die Organisation des Glossars, das heißt die Aufstellung der Stichworte, durch die Zirkularität der Theorie vor große Probleme gestellt wurde. Wenn es schon schwierig ist, einen Begriff als einzelnen zu definieren, so ist es noch schwieriger, die einzelnen Begriffe unabhängig von ihrer Plazierung innerhalb der Theorie darzustellen. In vielen Fällen kann eine Unterscheidung oder eine theoretische Entscheidung mit gleicher Berechtigung unter dem einen Stichwort wie unter vielen anderen eingeführt werden, und jede Wahl ist gleich arbiträr. Die Vorgehensweise, für jedes Stichwort die Diskussion der relevanten Kategorien zu wiederholen, hätte offensichtlich zu einer unerträglichen Redundanz geführt – und schließlich auch (wegen der Zirkularität der Theorie) zu einer unendlichen Widerspiegelung des Buches in sich selbst.

Statt dessen haben wir uns für einen Kompromiß entschieden. Wir benutzen in diesem Glossar ein System von selektiven Verweisen, indem in jedem Stichwort auf die Begriffe hingewiesen wird, von denen wir glauben, daß sie für das Verstehen des Stichworts erforderlich sind. Die Verweise des ersten Typs sind im Text mit [*siehe ...*] angegeben.

Wir haben die Verweise durch die Angabe von Lesewegen ergänzt, die privilegierte Verbindungen zwischen den Begriffen angeben und Zwischenglieder zwischen der Darstellung der einzelnen Begriffe und dem Glossar insgesamt sind. Zweck dieser Lesewege ist es zunächst, die enge Interdependenz zwischen bestimmten Begriffen zu betonen und dadurch wenigstens zum Teil der Künstlichkeit der Trennung in einzelne Stichworte zu begegnen. Jeder Leseweg verläuft durch eine Gruppe eng miteinander verbundener Stichworte; in einer Sequenz gelesen, bieten sie ein relativ vollständiges Bild des inneren Zusammenhangs einer gewissen Thematik: zum Beispiel der Frage der Selbstreferenz oder der gesellschaftlichen Differenzierung.

Die Lesewege ermöglichen gleichzeitig eine zweite Verwendung des Glossars: als autonomer Text. Dieses Buch kann auch als eine Art erste Einführung in Luhmanns Systemtheorie benutzt werden, die nach der Struktur der Lesewege in spezifische Problemfelder gegliedert ist. In diesem Fall entsprechen die Lesewege in etwa den Kapiteln eines Buches – mit dem Unterschied, daß sie (obwohl natürlich miteinander verbunden) relativ unabhängige Einheiten bilden und nicht unbedingt in einer Sequenz gelesen werden müssen. Sie ermöglichen eine modulare Annäherung an die Theorie in dem Sinne, daß man ihr unter dem Gesichtspunkt einer bestimmten Fragestellung begegnen kann und davon ausgehend die anderen Komponenten zu einem Gesamtrahmen kombinieren kann.

Auch als autonomer Text weist dieses Buch alle Merkmale eines Glossars auf: eine gewisse Bruchstückhaftigkeit, eine etwas künstliche Isolierung der Themen und vor allem eine prinzipiell unkritische Haltung. Der Zweck des Buches ist es, möglichst klar die zentralen Begriffe der Luhmannschen Theorie darzustellen und nicht die persönlichen Einschätzungen der Autoren oder ihre Einwände und Ergänzungsvorschläge zu diskutieren. Auch wenn dies offensichtlich nie vollständig realisierbar ist, sollen die Autoren im Hintergrund bleiben und sich ganz in den Dienst einer neutralen Darstellung der Theorie stellen.

Allerdings haben wir oben schon gesehen, daß Entscheidungen der Autoren bereits an dem Punkt wichtig werden, an dem es um die Gliederung der Stichworte und der inneren Verweise geht. Auch zur Zusammenstellung des Buches und zur Selektion der Themen waren Entscheidungen zu treffen. Wir haben beschlossen, uns auf die Behandlung der Luhmannschen Fassung der Systemtheorie zu beschränken und uns mit denjenigen Grundbegriffen der Systemtheorie nicht ausführlich zu befassen, in denen Luhmanns Auffassung von der der traditionellen Systemtheorie nicht in bedeutsamer Weise abweicht und keine wesentlichen Ergänzungen vorsieht: Im Glossar gibt es zum Beispiel keine selbständigen Stichworte für Begriffe wie Homöostase oder Entropie. Es gibt gleichermaßen keine Stichworte für die klassischen Begriffe der soziologischen Tradition, die von Luhmann nicht revidiert worden sind oder in seiner Theorie nicht mehr den Stellenwert tiefer liegender Grundbegriffe besitzen: etwa Handlung, Individuum, Integration, Sozialisation etc.

Schließlich eine Bemerkung zur Bedeutung eines Glossars für eine Theorie, die (wie bereits angemerkt) immer noch heftig diskutiert und kritisiert wird. Wäre es unsere Absicht, die Debatte über die Systemtheorie in der Soziologie mit einer Art Luhmannscher Orthodoxie zu konfrontieren, würden wir bereits von der inneren Entwicklung der Theorie selbst sofort dementiert. Denn es handelt sich um eine sich ständig verändernde Konstruktion, die noch viele wenig entwickelte Punkte und viele nicht vollständig verarbeitete Begriffe aufweist. Da auch Luhmann intensiv publiziert, wird die heute formulierbare Darstellung der Theorie in wenigen Jahren sicher unvollständig und korrekturbedürftig sein. Es sind weniger die wohl notwendigen und wünschenswerten externen Kritiken, vielmehr ist es die innere Unruhe der Theorie selbst, die die Idee eines Glossars, das mit einem Anspruch auf Endgültigkeit über den Stand der Theorie sozialer Systeme berichtet, unplausibel werden läßt.

Dieses Buch soll nur ein Interpretationsraster liefern, das es angesichts der oben erwähnten Hindernisse erleichtert, sich ein Gesamtbild vom Stand der Luhmannschen Reflexionen zu verschaffen. Wir haben den Eindruck, daß die Debatte um die Theorie sozialer Systeme fruchtbarer laufen könnte und sollte; ein weniger bruchstückhafter Bezugsrahmen als derjenige, der aus Luhmanns labyrinthischer Produktion gewonnen werden kann, könnte dazu beitragen, einige der weniger gehaltvollen Polemiken zu entkräften und an deren Stelle kundigere und angemessenere Kritiken zu ermöglichen.

Claudio Baraldi · Giancarlo Corsi · Elena Esposito

Lesewege

Es ist nicht einfach, für dieses Glossar einige Lesewege anzugeben, da sich, wie schon gesagt, Luhmanns Theorie einer linearen Logik entzieht: Er selbst definierte einmal die Theorie als eine Art Labyrinth, in dem man sich früher oder später wieder am Anfangspunkt oder irgendwo in der Mitte befindet. Man hat über das Labyrinth etwas mehr herausgefunden, aber keinen direkten Weg gefunden. Man kann auch nicht, wie etwa bei der Zusammenstellung eines Puzzles, die einzelnen Wege addieren. Die Lektüre der im folgenden angegebenen Lesewege erlaubt deshalb auch nicht mehr als eine ausschnitthafte Beobachtung der entsprechenden Thematiken. Auch die Verweise in den jeweiligen Stichworten machen auf die Notwendigkeit aufmerksam, von einem Weg abzuweichen und anderen Wegen nachzugehen. Die Lesewege sind eine Art Integration der Verweise, auf die man auch bei einer punktuellen Lektüre stößt.

Trotz dieser offensichtlichen Beschränkung sind wir bei der Idee der Lesewege geblieben, weil sie dem Leser, der sich der Theorie Luhmanns zum erstenmal nähert, eine zusätzliche Orientierungsmöglichkeit bieten. Die Differenzierung der Lesewege dient vor allem dem Zweck, zu zeigen, wie abstrakte und konkrete Argumentationen der Luhmannschen Theorie konsequent organisiert und miteinander verbunden werden können.

Die Reihenfolge der verschiedenen Lesewege weist eine bestimmte Logik auf, die jedoch von Lesern mit eigenen Perspektiven und Interessen nicht respektiert werden muß. Wichtiger hingegen ist es, die Sequenz innerhalb der einzelnen Lesewege zu respektieren, denn diese Sequenz sichert gegenüber der Fragmentierung der Gedankengänge der Theorie in den Stichworten eine gewisse Einheit dieser Gedankengänge.

Grundsätzlich haben wir versucht, es innerhalb der Lesewege nicht zu einer Redundanz der Stichworte kommen zu lassen. In einigen Fällen haben wir es jedoch für erforderlich gehalten, dasselbe Stichwort in mehreren Lesewegen zu wiederholen. Dadurch werden spezialisierte Lektüren erleichtert.

Der erste Leseweg startet mit dem phänomenologischen Begriff des Sinns und folgt dessen Entwicklung in der Theorie sozialer

Systeme. Luhmann hat oft auf die Relevanz des Sinnbegriffs in seiner Theorie hingewiesen, die eine Integration eines humanistischen und eines technologischen Ansatzes leisten will. Dieser Leseweg folgt dem ersten Ansatz und klärt, welche Verwendung die aus der Philosophie entnommenen Begriffe finden und welche Bedeutung ihre Integration in die Systemtheorie hat. In den jüngsten Schriften Luhmanns wird die Relevanz dieser Komponente als selbstverständlich vorausgesetzt: Es ist deshalb um so wichtiger, diesen Hintergrund sehr klar vor Augen zu haben. Die Stichworte des ersten Lesewegs sind:
– Sinn
– Komplexität
– Welt
– Sinndimensionen
– Attribution
– Negation

Der zweite Leseweg stellt die Grundbegriffe der Luhmannschen Variante der Systemtheorie dar; er verhält sich also zu dem ersten komplementär. Wir haben nicht versucht, die Geschichte des Systembegriffs in Luhmanns Theorie zu rekonstruieren, sondern beziehen uns statt dessen auf die jüngste Formulierung der abstraktesten Aspekte der Theorie. Für Luhmann haben Einsichten der Systemtheorie eine für die Entwicklung der Soziologie ausschlaggebende Bedeutung – zumal sie es erlauben, das Fach von den klassischen Denkweisen unabhängig zu machen. Luhmann will damit die Relevanz der Klassiker für die Soziologie nicht verneinen; seine Absicht ist es vielmehr, aus der Soziologie eine wissenschaftliche Disziplin zu machen, die wie andere Disziplinen in der Lage ist, mit hohem Tempo neue Erkenntnisse zu produzieren – ohne sich dabei immer wieder auf das beziehen zu müssen, was früher gesagt worden ist. Die theoretische Forschung soll demnach in der Soziologie denselben Status erlangen wie die auf Datenverarbeitung basierende empirische Forschung. Und dazu dient die Systemtheorie, die sich heute schnell und vielseitig entwickelt. Die Stichworte des zweiten Lesewegs sind:
– System/Umwelt
– Autopoiesis
– Operation/Beobachtung
– Selbstreferenz
– Paradoxie

- Asymmetrisierung
- Redundanz/Varietät
- Struktur
- Prozeß

Der dritte Leseweg beschreibt die Grundlagen der Theorie auf ihrer »technologischen« Seite. Er betrifft wieder Luhmanns Epistemologie und insbesondere die Art und Weise, wie er sein theoretisches und epistemologisches Programm begründet. Dieser Leseweg betrifft vor allem die Bedeutung und die Folgen der Beobachtung der Umwelt durch die systemeigenen Operationen. Luhmann benutzt diesbezüglich einen »konstruktivistischen« Ansatz (auch »Kybernetik zweiter Ordnung« genannt), der sich auch in anderen Disziplinen (Biologie, Neurowissenschaften, Psychologie) schnell verbreitet. Zur Formulierung des Konstruktivismus haben sowohl Logiker (wie Gotthard Günther und George Spencer Brown) wie auch Naturwissenschaftler (wie Heinz von Foerster, Humberto Maturana, Francisco Varela, Henri Atlan und andere) beigetragen. Luhmann beansprucht, diese Epistemologie auf soziale Systeme anzuwenden und dadurch eine solide Grundlage für die Entwicklung der Soziologie anzubieten. Das heißt, daß die Soziologie von anderen Disziplinen lernen kann, ohne auf ihre Autonomie verzichten zu müssen: indem die Begriffe abstrahiert und mit Bezug auf die eigenen Fragestellungen respezifiziert werden. Der Leseweg endet mit der Darstellung der Grundlinien von Luhmanns theoretischem und soziologischem Programm. Die Stichworte sind:
- Wissenschaft
- Konstruktivismus
- Operation/Beobachtung
- Identität/Differenz
- Information
- Re-entry
- Reflexion
- Rationalität
- Soziologische Aufklärung
- Funktionale Analyse

Der vierte Leseweg betrifft eine Gruppe von Begriffen, die sich auf im engeren Sinne soziologische Fragen der Theorie sozialer Systeme beziehen. Hier wird deutlich, welche Umstellungen sich im klassischen Begriffsrepertoire der Soziologie ergeben, wenn

man systemtheoretische und soziologische Begrifflichkeiten aufeinandertreffen läßt. Luhmanns Theorie kennt alle Grundfragen der Soziologie: die Begriffe Gesellschaft, Interaktion und Organisation, Aufbau und Erhaltung sozialer Strukturen, Konflikt, Kommunikation, Handlung, das Verhältnis von Gesellschaft und Mensch, soziokulturelle Evolution. Wir können die Luhmannsche Behandlung dieser Themen natürlich nicht umfassend würdigen. Wir haben vielmehr versucht, einen Leitfaden zu liefern, mit dessen Hilfe man sich diesen Fragen nähern kann. Die Stichworte dieses Lesewegs sind:
– Doppelte Kontingenz
– Erwartungen
– Kommunikation
– Soziales System
– Gesellschaft
– Gesellschaftsdifferenzierung
– Semantik
– Interaktion
– Organisation
– Konflikt
– Interpenetration
– Strukturelle Kopplung
– psychisches System
– Inklusion/Exklusion

Der fünfte Leseweg konzentriert sich auf eine der von Luhmann hervorgehobenen Besonderheiten der modernen Gesellschaft: die funktionale Differenzierung. Zuerst werden die Idee der gesellschaftlichen Differenzierung im allgemeinen und die historisch früheren Gesellschaftsformen dargestellt. Dann wird Luhmanns Erklärung der strukturellen Veränderungen und der Komplexität der heutigen Gesellschaft analysiert. Dieses Thema steht im Zentrum von Luhmanns gesellschaftstheoretischem Projekt. Seit einigen Jahren schreibt er Monographien über die verschiedenen Teilsysteme der funktional differenzierten Gesellschaft. Der Leseweg endet mit einem der neueren Themen in Luhmanns Arbeit: der Frage des Risikos, die heute in der soziologischen Analyse der modernen Gesellschaft immer größere Bedeutung gewinnt. Die Stichworte dieses Lesewegs sind:
– Differenzierung
– Gesellschaftsdifferenzierung

- Code
- Programm
- Erziehungssystem
- Kunstsystem
- Medizinsystem
- politisches System
- Rechtssystem
- Religionssystem
- System der Familien
- Wirtschaftssystem
- Wissenschaftssystem
- Risiko/Gefahr

Der sechste Leseweg ist eine weitere Vertiefung soziologischer Fragestellungen und eine zweite Entwicklungsrichtung innerhalb Luhmanns allgemeiner Gesellschaftstheorie. Hier werden die Fragen der Unwahrscheinlichkeit der Kommunikation und die Mittel behandelt, die diese Unwahrscheinlichkeit in Wahrscheinlichkeit umwandeln. In diesem Rahmen wird auch das Thema der Strukturen der modernen Gesellschaft wieder behandelt. Der fünfte und der sechste Leseweg sind also komplementär in der Beschreibung der Eigenschaften der funktional differenzierten Gesellschaft. Dieser Leseweg stellt auch konkretere soziologische Folgen des Konstruktivismus dar, er schließt sich deshalb auch an den dritten Leseweg an. Auch in diesem Fall haben wir versucht, die Grundlinien der Themen zu schildern, die in Monographien ausführlich behandelt worden sind. Die Stichworte dieses Lesewegs sind:
- Kommunikation
- Medium/Form
- Code
- Sprache
- Verbreitungsmedien
- symbolisch generalisierte Kommunikationsmedien
- Geld
- Kunst
- Liebe
- Macht
- Wahrheit
- Werte
- Moral

Der siebte und letzte Leseweg betont eine sehr wichtige Dimension innerhalb der Luhmannschen Theorie, die in der Soziologie nicht immer explizit behandelt wird: die Zeitdimension. Dieser Leseweg kann etwas redundant erscheinen, weil er Stichwörter einschließt, die in anderen Lesewegen auch auftauchen (oder leicht vorkommen könnten). Die Bedeutung der Zeitdimension (auf die sich auch die Evolutionstheorie bezieht) verdient jedoch besondere Aufmerksamkeit. Das Abstraktionsniveau dieser Stichworte ist bemerkenswert, aber die Struktur der Verweise kann die Verknüpfung mit konkreteren, in den anderen Lesewegen dargestellten Fragen erleichtern. Gerade dank seines Abstraktionsgrades erlaubt es dieser Leseweg, einige Fragen zur Komplexität sozialer Systeme und zur Kommunikation genauer zu stellen. Die Stichworte dieses Lesewegs sind:
– Sinndimensionen
– Zeit
– Ereignis
– Struktur
– Prozeß
– Evolution

Gabriele Pavolini gewidmet

GLU

Glossar zu Niklas Luhmanns
Theorie sozialer Systeme

Asymmetrisierung

Sinnkonstituierende Systeme [*siehe* Sinn] sind selbstreferentielle Systeme, da jedes ihrer Elemente nur auf andere Elemente des Systems und durch sie wieder auf sich selbst verweist [*siehe* Selbstreferenz]. Diese Zirkularität wird nur dann operationsfähig, wenn es dem System gelingt, zu vermeiden, in jeder seiner Operationen unmittelbar auf sich selbst zurückzukommen, ohne auf anderes zu verweisen; mit anderen Worten, irgendeine Form von Asymmetrie ist erforderlich.

Die unmittelbare und symmetrische Schließung der Verweise (wie in dem Fall: »A ist A«) stellt die reine, tautologische Form der Selbstreferenz dar. In dieser Form bietet sie den Operationen des Systems keine bestimmbaren Anschlüsse, weil sie sich ohne Informationsgehalt und ohne jeden Ankerpunkt für die Operationen ereignet. Sinnkonstituierende Systeme unterbrechen die reine Selbstreferenz, indem sie Bezugspunkte auswählen, die in den Operationen vorausgesetzt werden, und eine Asymmetrie in die Zirkularität der Verweise einführen, wie in dem Fall: »A ist A nur, wenn ...«, wobei die Bedingung »nur ... wenn ...« die Aussage informativ macht und befähigt, Anschlüsse für (eventuelle) künftige Operationen zu bieten. Anschlußfähigkeit ist die Bedingung der Operationsfähigkeit dieser Systeme, und deshalb bildet sie die notwendige Bedingung ihrer autopoietischen Reproduktion [*siehe* Autopoiesis].

Die Formen, die die Asymmetrisierungen annehmen, sind historisch und semantisch variabel [*siehe* Semantik]: man denke nur an den Unterschied zwischen einer stratifizierten und einer funktional differenzierten Gesellschaft wie der modernen [*siehe* Gesellschaftsdifferenzierung]. Dementsprechend variieren auch die semantischen Formulierungen, die für die Kommunikation geschaffen werden können. Im Grunde genommen ist die Unterscheidung von Selbstreferenz und Asymmetrie schon ihrerseits eine Form von Asymmetrisierung.

Die Einführung von Asymmetrien ändert nichts daran, daß Systeme selbstreferentiell sind. In dem Fall sinnkonstituierender Systeme stellt sich das Problem der Tautologie, weil diese Systeme nur auf der Grundlage von Selbstreferenz operieren können. Soziale Systeme können nur kommunizieren und psychische Systeme nur denken: Jede Kommunikation kann sich nur an andere

Kommunikationen anschließen und jeder Gedanke nur an andere Gedanken. Deshalb sind soziale und psychische Systeme dazu gezwungen, ununterbrochen Bedingungen zu schaffen, die den Kurzschluß der Selbstreferenz vermeiden: Sie müssen sich selbst enttautologisieren und ihre Selbstreferenz entfalten. Die Tautologie verschwindet dann nicht in der Asymmetrisierung; sie bleibt als Bedingung der Selbstreferenz bestehen, und beide, Tautologie und Selbstreferenz, bleiben die Voraussetzungen der Existenz des Systems. Das Problem, das durch die Einführung von Asymmetrien gelöst wird, besteht darin, daß ein rein tautologischer Kreislauf unproduktiv ist. Das System muß in der Lage sein, Zusatzsinn in bezug auf den tautologischen Sinn hinzuzufügen, der bestimmt, in welcher Richtung das System informativ operieren kann.

An der Struktur der Sprache ist schon eine erste Form der Einführung von Asymmetrien zu beobachten; die sprachliche, kommunikative Unterscheidung von Subjekt und Prädikat läßt den Eindruck entstehen, die projizierten Gegenstände seien unabhängig von der Kommunikation für ihre eigenen Merkmale verantwortlich. Die allgemeinsten Formen von Asymmetrisierung können mit Bezug auf die drei Sinndimensionen [*siehe* Sinndimensionen] beobachtet und unterschieden werden:

(a) In der Zeitdimension erlaubt es die Irreversibilität der Zeit, eine Asymmetrie einzuführen, und zwar durch eine Unterscheidung zwischen der nunmehr verlorenen und unwiederbringlichen Vergangenheit einerseits und der kontingenten, unsicheren Zukunft andererseits. Die Vergangenheit bietet die Möglichkeit, die in der Gegenwart gegebene Situation anzunehmen und zu legitimieren, während die offene Zukunft, die erwartet werden kann, es ermöglicht, Zwecke zu setzen und Entscheidungen im Hinblick darauf zu finalisieren, was man im Einzelfall zu erreichen versucht oder sich als wahrscheinlich vorstellt. Die Situationen und die Ereignisse ergeben sich mit dem Zeitverlauf; und in der Gegenwart muß man etwas tun, um künftige Situationen oder Ereignisse zu schaffen bzw. zu vermeiden. Die Unveränderbarkeit der Vergangenheit und die Unsicherheit der Zukunft legen dann eine Asymmetrie in die Zeitdimension, eine Asymmetrie, die nur in der Gegenwart eingeführt werden kann: Vergangenheit und Zukunft sind imaginäre Konstruktionen eines nur in der Gegenwart existierenden Systems.

(b) In der Sachdimension wird die Asymmetrie als Unterschied von System und Umwelt [*siehe* System/Umwelt] eingeführt, der die Operationen des Systems leitet. Das System strukturiert sich selbst in bezug auf eine Umwelt, von der es sich abhängig hält und in der es kontrollierbare und unkontrollierbare Variablen beobachtet. Die Tautologie würde wiedereingeführt, wenn das System davon ausginge, daß seine Umweltbeziehungen unter anderen Strukturen andere wären. Kein System könnte aufgrund der Idee operieren, daß alles, was passiert, von ihm abhängt und daß die Wirklichkeit deshalb nur seine eigene Projektion ist.

(c) In der Sozialdimension besteht die Asymmetrisierung darin, daß eine Vielzahl von Beobachtern unterschieden wird, von denen jeder mittels jeweils eigener, unterschiedlicher Perspektiven beobachtet. In der modernen Gesellschaft drückt sich diese Form von Asymmetrisierung in der Anerkennung des Individuums als Bezugspunkt und als Letztentscheider persönlichen Verhaltens aus: Jede Person ist anders als die anderen und wird als solche in dieser asymmetrischen Beziehung anerkannt. Das gilt für die funktional differenzierte Gesellschaft, während stratifizierte Gesellschaften eine äquivalente Asymmetrisierung bilden, indem sie die Sozialdimension entlang dem Kriterium der Hierarchie strukturieren. Es geht um funktionale Äquivalente, die dasselbe Problem lösen; die tautologische Basis dieser Konditionierungen zeigt sich daran, daß für Ego Alter ein Alter ego ist, das heißt eine Projektion von ihm in eine andere Person.

Alle Formen von Asymmetrisierung sind fiktiv, das heißt, sie werden mit einer bestimmten Funktion und im Hinblick auf diese Funktion »erfunden«. Das erfordert, daß die semantischen Formen, in denen die Asymmetrisierungen bearbeitet werden, auf der sozialen Ebene plausibilisiert werden. Das operierende System, das diese Asymmetrien verwendet, behandelt sie als gegeben, als natürlich, als unvermeidlich oder notwendig, obwohl sie von dem System in das System selbstreferentiell eingeführt werden. Normalerweise können diese Bezugspunkte ihre Funktion nur dann erfüllen, wenn und solange das System sie als notwendig annimmt, ohne berücksichtigen zu müssen, daß es um systeminterne Konstruktionen geht, die spezifische Operationen benötigen.

[G. C.]

Selbstreferentielle Systeme, 1987; Die Paradoxie der Form, 1993; Sthenographie und Euryalistik, 1991

Attribution

Attribution ist eine Technik der Lokalisierung von Selektionen [*siehe* Sinn]: Die beobachteten Selektionen werden jemandem oder etwas zugeschrieben. Durch die Lokalisierung der Selektionen schafft die Attribution Bestimmtheit in den Sinndimensionen [*siehe* Sinndimensionen]: Durch die Zuschreibung von Selektionen kann ein beobachtendes System jedes Ereignis und jede Situation bestimmen. Die Attribution ist also eine Voraussetzung der Beobachtung.

In der Zeitdimension ist konstant/variabel der grundlegende Schematismus der Attribution: Man kann der Welt sowohl Konstanz (Objekte und Situationen) als auch Variabilität (Ereignisse) zuschreiben. In der Sozialdimension ist Ego/Alter der Schematismus: Man kann jedes Ereignis als Egos Selektion oder als Alters Selektion zuschreiben. In der Sachdimension ist intern/extern der Schematismus: Diese Dimension ist für das Thema der Attribution theoretisch besonders interessant, weil die Selektionen hier als Handeln oder als Erleben zugeschrieben werden.

Die Differenz Erleben/Handeln ist eine Differenz in der Selektionszuschreibung. Der Beobachter schreibt Selektionen entweder einem System oder dessen Umwelt zu. In beiden Fällen schreibt das beobachtende System die Selektion dem beobachteten System zu: im ersten Fall als Handlung; im zweiten Fall als Erleben von Umweltselektionen. Die Differenz besteht darin, daß der erlebte Sinn als extern (in der Umwelt des beobachteten Systems) konstruiert erfaßt wird, während der Sinn der Handlung als Komplexitätsreduktion [*siehe* Komplexität] durch das beobachtete System selbst erfaßt wird.

Diese Attribution verlangt die ständige Kopräsenz beider Seiten der Unterscheidung Erleben/Handeln: Erleben und Handeln können nur zusammen begriffen werden und sind funktional äquivalente Selektionsmodi. Es gibt jedoch einen wichtigen Unterschied zwischen der Handelns- und der Erlebensattribution.

Die Attribution von Handlungen erlaubt die Beobachtung der Reproduktion eines Systems: Ein System kann nur mittels der es kennzeichnenden Handlungen beobachtet werden [*siehe* Kommunikation]. Nur die Zuschreibung einer Handlung erlaubt es, ein System zu beobachten. Das bedeutet nicht, daß das System sich durch die Zuschreibung von Handlungen reproduziert; die Attribution ist nur ein Produkt der Beobachtung, die den Gesichtspunkt des Beobachters bezeichnet und die Autopoiesis des beobachteten Systems [*siehe* Autopoiesis] nicht betrifft. Die Attribution von Erleben erlaubt dagegen die Beobachtung der Sinnreproduktion, denn Sinn kann nur durch Erleben geschaffen und reproduziert werden, weil jede Beobachtung Erleben von etwas ist. Die Möglichkeit, Selektionen einem System als Handlung zuzuschreiben, ist stärker limitiert als die Möglichkeit, Selektionen als Erleben zuzuschreiben: Alles, was jeweils nicht Handlung ist – und unausweichlich im Hintergrund der Handlung bleibt –, wird erlebt.

Die Attribution aktualisiert die Selbstreferenz [*siehe* Selbstreferenz]: Selbstreferenz des Systems – wenn es sich um Handlungszuschreibung handelt – und Selbstreferenz von Sinn – wenn es sich um Attribution als Erleben handelt. Die Attribution ist eine Bedingung für die Selbstreferenz des Systems, weil sie erlaubt, die doppelte Kontingenz [*siehe* Doppelte Kontingenz] zu asymmetrisieren [*siehe* Asymmetrisierung]. Wenn Ego Alter eine Selektion (Mitteilung von etwas) zuschreiben kann, entsteht eine Kommunikation: Ego kann Alter eine Handlung (Alter teilt mit, was er entschieden hat) oder ein Erleben (Alter teilt mit, was er gewußt hat) zuschreiben. Die Produktion der Kommunikation verlangt die Möglichkeit, Alter Handlungen (als Mitteilungen) zuzuschreiben – was Attribution sowohl als Handlung als auch als Erleben bedeuten kann. Da sie von der Beobachtung abhängig ist, ist die Modalität der Zuschreibung kontingent: Was jeweils so zugeschrieben wird (zum Beispiel als Erleben), kann zu anderen Zeitpunkten, unter anderen Umständen, aus anderen Gesichtspunkten auch anders (als Handlung) zugeschrieben werden. Um ein soziales System zu bilden, müssen Attributionsregeln sowie Möglichkeiten entstehen, Erleben und Handeln zu koordinieren; nur so können sich Erwartungen irgendeiner Art stabilisieren.

Im Lauf der gesellschaftlichen Evolution nimmt die Kontingenz der Attribution von Erleben und Handeln zu und steigen die Koordinationsprobleme. Mit der Komplexitätszunahme der sozialen Systeme verbreitet sich außerdem der Bereich der

Attribution als Handlung, weil höhere Komplexität auch mehr Möglichkeiten der Attribution als Handlung bedeutet. Ein komplexeres soziales System kann sich selbst mehr Selektionen zuschreiben: Das Recht wird nicht mehr den Naturgesetzen zugeschrieben, sondern ist vom politischen System gesetzt; die Machtlokalisierung wird nicht mehr einem Gesetz Gottes, sondern den Entscheidungen des politischen Systems zugeschrieben; die Natur wird nicht mehr als unveränderbare Gegebenheit, sondern als vom Wissenschaftssystem konstituiert betrachtet etc. In dieser Perspektive ist vor allem die Veränderung in der Wissenschaft relevant: Kausalität und Deduktion werden als Attributionen eines Beobachters betrachtet, der Bestimmtheit aufbaut. Die funktionale Methode [*siehe* Funktionale Analyse] erlaubt, jede solche Attribution als eine Form von Asymmetrisierung zu betrachten, die das System operationsfähig macht.

[C. B.]

Soziale Systeme, 1984, S. 123 f.; Der Sinn als Grundbegriff der Soziologie, 1971

(Aus-)Diffenzierung

Man spricht in einem allgemeinen Sinne von Ausdifferenzierung, wenn ein System sich gegenüber der Umwelt differenziert und eine Grenze zu ihr zieht. Das ausdifferenzierte System kann auch eine Differenzierung in seiner Umwelt beobachten: In der Umwelt der Gesellschaft gibt es zum Beispiel psychische Systeme und lebende Systeme (Organismen). Die Umweltdifferenzierung hängt nicht vom System ab; sie nimmt jedoch besondere Formen in Abhängigkeit von den Unterscheidungen an, die die Beobachtung des Systems leiten. Jedes System kann beobachten, daß es in seiner Umwelt weitere Systeme gibt, die sich ihrerseits aus ihren eigenen Umwelten ausdifferenzieren. Diese Systeme in seiner Umwelt kann es jedoch nur nach Maßgabe eigener Unterscheidungen beobachten: Die Systeme in der Umwelt können als homogen oder heterogen, Freund oder Feind, nah oder fern beobachtet werden. Allgemein gilt, daß jedes ausdifferenzierte System in seiner Umwelt auf andere Systemreferenzen stößt, die ihm äußerliche und von ihm nicht kontrollierbare Beobachtungsperspektiven einsetzen. Die Umwelt eines Systems ist keine undifferenzierte Einheit, sondern ist nach System/Umwelt-Perspektiven differenziert.

Differenzierung läßt sich nicht nur als Differenzierung zwischen System und Umwelt vor dem unbestimmten Hintergrund der Welt [*siehe* Welt] beobachten. Sie kann auch innerhalb eines Systems beobachtet werden. Zur Systemdifferenzierung kommt es, wenn sich die Differenzierung auf sich selbst anwendet: es handelt sich um eine reflexive und rekursive Form der Systemkonstruktion, die innerhalb des Systems die Differenz System/Umwelt wiederholt.

Die innere Differenzierung eines Systems ist ein Produkt der Autopoiesis [*siehe* Autopoiesis] des Systems. Es werden nicht bloß die Ausdifferenzierung des Systems aus seiner Umwelt produziert, sondern auch System/Umwelt-Differenzen innerhalb des umfassenden Systems, also der Aufbau von Teilsystemen im System. Im Gesellschaftssystem gibt es zum Beispiel Differenzen zwischen Teilsystemen und ihren Umwelten (in der modernen Gesellschaft das politische System und seine Umwelt, das Wirtschaftssystem und seine Umwelt etc.) [*siehe* Gesellschaftsdifferenzierung]. Jedes Teilsystem hat seine eigene Umwelt, die anders als die der anderen Systeme ist, weil sie weitere Teilsysteme einschließt (die Umwelt des politischen Systems schließt das Wirtschaftssystem, das Wissenschaftssystem etc. ein; die Umwelt des Wirtschaftssystems schließt auch das politische System ein). Der Rest des umfassenden Systems gehört zur Umwelt jedes Teilsystems.

Systemdifferenzierung heißt Differenzierung von System/Umwelt-Differenzen aufgrund der Autopoiesis der Teilsysteme, und nicht Differenzierung eines Ganzen in komplementäre Teile durch Aufteilung oder Dekomposition. Das umfassende System kann dann nicht als ein Ganzes beobachtet werden, das in miteinander verbundene Teile aufgeteilt ist.

Die innere Differenzierung steigert die Beobachtungsfähigkeit eines Systems, also seine Fähigkeit, Komplexität zu reduzieren und zu erhalten [*siehe* Komplexität]. Das Ergebnis dieser Differenzierung ist ein zweifaches: Auf der einen Seite wird die Umwelt des umfassenden Systems von jedem Teilsystem unterschiedlich beobachtet (das politische System behandelt zum Beispiel die Probleme der Luftverschmutzung anders als das Wirtschaftssystem). Auf der anderen Seite variiert die innere Umwelt des umfassenden Systems je nach beobachtendem Teilsystem. Mit der inneren Differenzierung vermehren sich also spezifische Versionen der Identität des umfassenden Systems: Jedes Teilsystem stabilisiert einen Gesichtspunkt, der den Gesichtspunkt des umfassenden Systems reproduziert (die Realität kann zum Beispiel aus einer politischen, aus einer wirtschaftlichen oder aus einer wissenschaftlichen Perspektive heraus beobachtet werden). Die innere Differenzierung hat also die Funktion, die Selektivität des umfassenden Systems zu erhöhen.

Die innere Umwelt bildet einen Bereich reduzierter Komplexität, in dem Selektionen erleichtert werden. Das umfassende System stellt bloß eine erste Ordnung fest, die die Selbstselektion der Teilsysteme ermöglicht. Das umfassende System bestimmt die Außengrenzen und die innere Umwelt, worin die Teilsysteme sich autopoietisch bilden und reproduzieren können. Diese Reduktion des Freiheitsgrades der Teilsysteme wird als Systemintegration definiert. Der Begriff von Integration bezeichnet also keine einheitliche Normativität des Systems, der die Teilsysteme unterliegen müßten.

Die Art, wie ein System intern differenziert ist, variiert mit der Evolution des Systems selbst. Das wichtigste Beispiel ist die Differenzierung der Gesellschaft, deren Form sich evolutiv ändert [*siehe* Gesellschaftsdifferenzierung]. Im Lauf der Evolution der Gesellschaft kommt es nicht in erster Linie zu einer Veränderung (Zunahme oder Abnahme) des Differenzierungsniveaus, sondern zu einer Veränderung der Differenzierungsformen. Unterschiedliche Differenzierungsformen korrelieren mit unterschiedlichen Komplexitätsniveaus: Obwohl die Differenzierung nicht als solche eine Komplexitätszunahme bedeutet, löst sie eine Steigerung der inneren Komplexität aus.

[C. B.]

Soziale Systeme, 1984; Die Gesellschaft der Gesellschaft, 1997, S. 597 ff.; Gesellschaftsstruktur und Semantik, 2, 1981

Autopoiesis

Der Begriff der Autopoiesis wurde von dem chilenischen Biologen Humberto Maturana im Rahmen des Versuchs formuliert, eine Definition der Organisation von Lebewesen zu entwickeln. Danach ist ein lebendes System durch die Fähigkeit charakterisiert, die Elemente, aus denen es besteht, selbst zu produzieren und zu reproduzieren und dadurch seine Einheit zu definieren: Jede Zelle ist das Ergebnis des Netzwerks interner Operationen [*siehe* Operation/Beobachtung] des Systems, dessen Element sie ist – also nicht das Ergebnis eines externen Eingriffs.

Die Theorie sozialer Systeme nimmt den Begriff der Autopoiesis auf und erweitert seinen Bezugsrahmen. Während er im biologischen Bereich ausschließlich auf lebende Systeme angewendet wird, kann laut Luhmann von einem autopoietischen System in allen jenen Fällen gesprochen werden, in denen es möglich ist, eine spezifische Operationsweise festzustellen, die in diesem System und nur dort stattfindet. Damit werden zwei weitere Ebenen der Konstitution autopoietischer Systemen bestimmt, die jeweils durch ihre spezifischen Operationen gekennzeichnet sind: soziale Systeme und psychische Systeme. Die Operationen eines sozialen Systems sind Kommunikationen, die sich aufgrund anderer Kommunikationen reproduzieren und damit die Einheit des Systems herstellen [*siehe* Soziales System]; außerhalb von sozialen Systemen gibt es keine Kommunikationen. Die Operationen eines psychischen Systems sind die Gedanken [*siehe* Psychisches System]; und außerhalb von Bewußtseinssystemen gibt es keine Gedanken.

Alle autopoietischen Systeme sind also durch eine operative Schließung gekennzeichnet. Mit diesem Begriff wird die Tatsache bezeichnet, daß die Operationen, welche zur Produktion neuer Elemente eines Systems führen, von früheren Operationen desselben Systems abhängig und Voraussetzung für folgende Operationen sind [*siehe* Selbstreferenz]. Diese Schließung ist die Grundlage der Autonomie des betreffenden Systems und ermöglicht die Unterscheidung von seiner Umwelt. Im Fall eines lebenden Systems sind die zur Produktion einer neuen Zelle führenden Transformationen ausschließlich interne Transformationen – auch wenn die Reproduktion der Elemente des Organismus dabei zellexterne Materialien (die zu verarbeitenden organischen

Moleküle) benutzt: Es gibt keine Produktion von Zellen außerhalb eines lebenden Organismus. Dasselbe gilt für die anderen Typen autopoietischer Systeme: Die Operationen eines sozialen Systems – die Kommunikationen – sind das Ergebnis früherer Kommunikationen und lösen ihrerseits weitere Kommunikationen aus. Die Einheit eines sozialen Systems beruht ausschließlich auf der rekursiven Vernetzung der Kommunikationen und nicht zum Beispiel auf den psychischen Prozessen der teilnehmenden Bewußtseinssysteme oder gar der Organismen. Nur die Gesellschaft kann kommunizieren. Auch die Operationen eines psychischen Systems – die Gedanken – reproduzieren sich unaufhörlich aufgrund anderer Gedanken und reflektieren direkt weder organische noch kommunikative Prozesse. Nur ein Bewußtsein kann denken (es kann aber seine Gedanken nicht in ein anderes Bewußtsein überführen; dazu muß es sich auf Kommunikation einlassen). Leben, Bewußtsein und Kommunikation sind getrennte Ebenen der Autopoiesis, mit je eigener Autonomie.

Der Begriff der operativen Schließung ist eine Folge der These, daß kein System außerhalb seiner Grenzen operieren kann. Jedes System hat natürlich eine Umwelt und bleibt auf eine Kompatibilität mit ihr angewiesen [siehe Strukturelle Kopplung]: Würde zum Beispiel die Teilnahme der Bewußtseinssysteme fehlen, könnte ein soziales System sich nicht mehr reproduzieren. Auf der Ebene der Konstitution seiner Elemente operiert jedoch das System ausschließlich im »Selbstkontakt« – es bezieht sich also ausschließlich auf das Netzwerk seiner eigenen Operationen und kann nur so lange »überleben«, wie es diese Bedingung der Schließung aufrechterhalten kann. In dem Moment, in dem eine externe Instanz den Verlauf seiner Operationen bestimmen und in die Konstitution der Elemente eingreifen würde, könnte dies für das System nur das Ende seiner Autonomie bedeuten – und damit seine Beendigung. Im Fall eines lebenden Systems entspricht dieses Ende des Systembestands dem Tod: Ein Organismus ist so lange lebendig, wie er in der Lage ist, seine Zellen mit Hilfe seiner Zellen zu reproduzieren. Aber auch ein soziales System, das nicht in der Lage wäre, neue Kommunikationen zu generieren, wäre als System zum Verschwinden bestimmt – auch wenn die Bewußtseinssysteme immer noch mit vergangenen Kommunikationen verbundene Inhalte denken würden (ohne sie aber auszudrücken und ohne ein Verstehen durch andere). Die Existenz eines Systems ist also mit seiner Fähigkeit identisch, eine Grenze zur Umwelt aufrechtzuerhalten. Die autopoietische Reproduktion der Operationen generiert zugleich die Einheit der Elemente, die Einheit des Systems, zu dem sie gehören, und die Grenze zwischen dem System und seiner Umwelt. Die Radikalität des Begriffs, wenn er so verstanden wird, schließt die Vorstellung einer »relativen Autonomie« aus: Entweder ist ein System autopoietisch, oder es ist es nicht (und dann kann man nicht einmal von einem System sprechen).

Innerhalb des Gesellschaftssystems können weitere autopoietische Systeme entstehen, deren jedes eine spezifische Operationstypik reproduziert – das heißt eine spezifische Kommunikationsweise –, welche nur in diesem System auftritt. Dadurch wird eine weitere Grenze zwischen System und Umwelt gezogen, diesmal innerhalb des Systems [*siehe* Gesellschaftsdifferenzierung]. In der modernen Gesellschaft gibt es zum Beispiel mehrere Funktionssysteme, deren jedes die ihm zugehörigen Kommunikationen von anderen gesellschaftsinternen Kommunikationen mit Hilfe der Orientierung an einem spezifischen Code unterscheidet. Die Wissenschaft schließt zum Beispiel nur an dem Code wahr/unwahr orientierte Kommunikationen ein, die sich mit Hilfe anderer, am selben Code orientierter Operationen reproduzieren – und nirgendwo sonst innerhalb oder außerhalb der Gesellschaft kann sich eine wissenschaftliche Kommunikation ereignen.

Mit dem Ausschluß jedes direkten Außenkontakts gewinnt der Begriff der Schließung des Systems einen radikalen Sinn. Es gibt keinen Import oder Export von Einheiten von innen nach außen oder umgekehrt. Kommunikationen können sich zum Beispiel auf Umweltgegebenheiten nur indirekt beziehen, wenn und soweit über diese kommuniziert wird (nur in den systemspezifischen Formen). Auch die Interessen und Motivationen der an Kommunikation teilnehmenden Bewußtseinssysteme greifen nicht direkt in sie ein, sondern können nur in der Form eines Themas der Kommunikation auftauchen – falls sich die Kommunikation auf Interessen und Motivationen bezieht. Daraus folgt, daß kein System sich mit seiner Umwelt durch seine Operationen verbinden kann, noch kann es sie dazu benutzen, sich der Umwelt »anzupassen«. Ein System ist – insofern es existiert und operiert – der Umwelt immer schon angepaßt.

Die Betonung der Schließung des Systems soll selbstverständlich die Relevanz der Umwelt für das System nicht leugnen: Die mittlerweile klassisch gewordene Gegenüberstellung von offenen und geschlossenen Systemen wird mit der Behauptung überwunden, daß die Schließung Bedingung für die Öffnung des Systems ist. Nur unter der Bedingung der Autonomie ist das System in der Lage, eine Grenze zur Umwelt zu ziehen und sich von ihr zu unterscheiden. Nur indem es einen Bereich bestimmt, in dem spezifische Bedingungen gelten und in dem keine unmittelbare Anpassung an die Umstände der Welt erfolgen muß, kann es externe Materialien verarbeiten, um seine Elemente aufzubauen; nur so kann es (auf seine Weise) auf aus der Umwelt kommende Irritationen reagieren [*siehe* System/Umwelt]. Auf diese Weise kann das System eigene Unterscheidungen einführen [*siehe* Identität/Differenz] und die Zustände und Ereignisse der Umwelt aufgrund von Unterscheidungen behandeln, die als diese Unterscheidungen Information generieren [*siehe* Information].

Auf der Ebene der Autopoiesis beschränkt sich das System darauf, seine Operationen zu reproduzieren. Die Unterscheidung von System und Umwelt setzt einen Beobachter voraus, der die internen Prozesse mit einem Außenbereich verbindet [*siehe* Operation/Beobachtung]. Nur der Beobachter kann dann die Existenz von Kausalbeziehungen zwischen Umwelt und System feststellen. Alles, was über ein autopoietisches System gesagt werden kann – also auch Vorstellungen von Zeit, Funktion, Anpassung, Evolution usw. –, wird von einem Beobachter gesagt und betrifft nicht den Verlauf der Operationen. Aber auf einem gewissen Komplexitätsniveau kann das System selbst der Beobachter sein.

Der theoretischen Entscheidung für das Autopoiesiskonzept folgen wesentliche Revisionen auf der Ebene der Erkenntnistheorie und der Epistemologie im allgemeinen [*siehe* Konstruktivismus]. Die Einführung des Begriffs der Autopoiesis hat einen wichtigen Fortschritt gegenüber der Problematik des Konzepts der Selbstorganisation erbracht. Während in diesem Ansatz die Selbstreferenz des Systems [*siehe* Selbstreferenz] auf die Fähigkeit beschränkt wurde, die eigenen Strukturen aufzubauen und zu modifizieren, kann man jetzt behaupten, daß das System auch in der Konstitution seiner eigenen Elemente autonom operiert und damit alles, was es im System gibt (Elemente, Prozesse, Strukturen und das System selbst) intern generiert wird.

In den Sozialwissenschaften und insbesondere in der Luhmannschen Theorie ist die Einführung des Begriffs der Autopoiesis jedoch nicht das Ergebnis einer bloßen Übernahme eines Begriffs aus der Biologie. Die Tatsache, daß er sich in der Forschung über lebende Organismen als nützlich erweisen kann, sagt noch nichts über seine Explikationskraft im soziologischen Bereich aus. Die Voraussetzung für seine Relevanz in diesem Bereich ist, daß die Beobachtung von Analogien Verbindungen anregt, die von spezifisch soziologischem Interesse sind; und das impliziert unter Umständen Revisionen und Ergänzungen am ursprünglichen Begriff. Die wichtigste Innovation in der Luhmannschen Version der Autopoiesis ist die Betonung des notwendigen Ereignischarakters [*siehe* Ereignis] der Letztelemente der sozialen und psychischen Systeme. Die Ereignisse haben keine Dauer und verschwinden im selben Augenblick, in dem sie auftauchen. Soziale und psychische Systeme existieren nur im jeweils aktuellen Augenblick, und jede zeitliche Ausdehnung ist das Ergebnis einer Beobachtung, die die Differenz von vorher und nachher benutzt (aber ihrerseits eine aktuelle Operation ist).

[E. E.]

The Autopoiesis of Social Systems, 1986; Autopoiesis als soziologischer Begriff, 1987; Die Wissenschaft der Gesellschaft, 1990; S. 28 ff., 128 ff.; Die Gesellschaft der Gesellschaft, 1997, S. 65 ff.

Code

Mit Code wird eine »Duplikationsregel« bezeichnet, die es erlaubt, jede Einheit in seinem Beobachtungsbereich mit einer entsprechenden Einheit im System zu korrelieren. Das gilt zunächst für den Code der Sprache [*siehe* Sprache], der es erlaubt, jeder Ja-Fassung eine entsprechende Nein-Fassung zu korrelieren: Die positive Aussage »Heute regnet es« kann als Negation der negativen Aussage »Heute regnet es nicht« verstanden werden. Auf der Grundlage der Sprache gilt dies dann auch für die Codes der unterschiedlichen Funktionssysteme [*siehe* Gesellschaftsdifferenzierung], die sich immer auf einen binären Schematismus stützen.

Binäre Schematismen sind besondere Typen von Unterscheidungen [*siehe* Identität/Differenz], die durch eine rigide Binarität unter Ausschluß von dritten Werten gekennzeichnet sind. Diese Binarität wird in der Logik mit Hilfe des Satzes vom ausgeschlossenen Dritten formuliert: Eine wissenschaftliche Kommunikation ist wahr oder unwahr, eine andere Möglichkeit gibt es nicht; ein Organismus ist lebendig oder nicht-lebendig und nicht »nur ein wenig lebendig«. Binarität bedeutet also eine drastische Reduktion, die die unendliche Zahl der Möglichkeiten auf nur zwei durch eine Negation aufeinander bezogene Optionen reduziert. Man sagt auch, daß die Unterscheidungen, die diese Bedingung erfüllen, »technisiert« sind – wobei man unter Technik eine Erleichterung der Informationsverarbeitungsprozesse versteht, die daraus resultiert, daß nicht alle implizierten Sinnverweisungen berücksichtigt werden.

Damit ist angedeutet, daß die Binarität spezifische Vorteile bietet. Sie erleichtert den Übergang von einem Wert der Unterscheidung zum Gegenwert. Sobald der Ausschluß dritter Werte vorausgesetzt werden kann, reicht eine Negation aus, um von einer Seite der Unterscheidung zur Gegenseite zu wechseln: Es reicht aus, Recht zu negieren, um Unrecht zu bekommen, oder das Wahre zu negieren, um Unwahres zu erhalten. Die Verbindung mit dem Gegenwert ist direkter als mit den Werten anderer Unterscheidungen: Das Wahre ist unmittelbarer mit dem Unwahren als mit dem Recht oder dem Schönen oder anderem verbunden.

Damit wird die Vollständigkeit des Codes sichergestellt – das heißt seine Fähigkeit, für jede Einheit eine korrelierte Einheit zu bezeichnen: eine Negation genügt. In ihrem Anwendungsfeld haben binäre Unterscheidungen universelle Reichweite: Sie sind für jede mögliche Kommunikation zuständig. Die Kommunikation kann als wahr oder unwahr, als Recht oder Unrecht etc. bezeichnet werden. Gleichzeitig wird die Kontingenz [*siehe* doppelte Kontingenz] generalisiert, weil jede auf den Code bezogene Kommunikation unvermeidlich auf die Möglichkeit verweist, anders zu sein (auf den Gegenwert): Was wahr ist, ist wahr, weil es nicht unwahr ist. Die Wahrheit ist keine alternativlos gegebene Eigenschaft, sondern zeichnet sich in bezug auf die verworfene Möglichkeit einer Unwahrheit ab.

Dadurch wird auch die Fähigkeit generalisiert, Informationen zu gewinnen [*siehe* Information]. Die Information wird innerhalb des Systems als eine Unterscheidung generiert, die weitere Unterscheidungen produziert. Indem der Code jede Kommunikation auf die Form der Unterscheidung zwischen negativem und positivem Wert reduziert, erlaubt er dem System, jede Kommunikation als Unterscheidung – also als Information – zu verarbeiten.

Binäre Schematismen schaffen aber auch spezifische Schwierigkeiten; vor allem führt die Künstlichkeit des Ausschlusses dritter Werte eine nicht zu beseitigende Präsenz latenter oder nicht-latenter Paradoxien [*siehe* Paradoxie] mit sich. Ein Code generiert immer dann eine Paradoxie, wenn er auf sich selbst angewendet wird: Mit Hilfe des Codes wahr/unwahr kann man nicht entscheiden, ob die Unterscheidung zwischen wahr und unwahr ihrerseits wahr oder nicht wahr ist (daraus entsteht die Paradoxie des Epimenides: Ist die Aussage »ich lüge« wahr oder nicht wahr?); mit Hilfe der Unterscheidung zwischen Recht und Unrecht kann man nicht entscheiden, ob diese Unterscheidung selbst sich auf der Seite des Rechts oder des Unrechts befindet, usw. Der Code verfügt nur über zwei Werte und muß jede Kommunikation einen davon zuschreiben: Der Code wahr/unwahr kann nicht seine Binarität bewahren und behaupten, die Aussage »ich lüge« sei sinnlos (»sinnlos« wäre ein dritter Wert).

Wenn zur Binarität operative Schließung [*siehe* Autopoiesis] hinzutritt, kann es zur Ausdifferenzierung eines autopoietischen Systems kommen. Im Fall des Wissenschaftssystems zum Beispiel drückt sich das in der Bedingung der Limitationalität aus [*siehe* Wissenschaftssystem]. Limitationalität bedeutet, das Feld der möglichen Optionen so zu umschreiben, daß eine auf den Code bezogene Festlegung den Bereich dessen, was noch möglich ist, einschränkt: Die Entdeckung einer Falschheit ist nicht nur eine negative Tatsache, die der weiteren Suche nach Wahrheiten keine Information liefern würde, sondern ist gleichzeitig eine positive Information über den Bereich der noch möglichen Wahrheiten. Unter solchen Bedingungen trägt jede am Code orientierte Operation dazu bei, die Grenzen des Systems gegenüber dem Externen festzustellen und die inneren Verbindungen zu spezifizieren. Damit wird rekursiv ein Netzwerk von miteinander verbundenen Kommunikationen geschaffen, das eine Form der Unabhängigkeit von der übrigen Gesellschaft entwickelt. Die wissenschaftliche Kommunikation differenziert sich zum Beispiel in der Gesellschaft dank der Orientierung am Code wahr/unwahr aus und bildet ein autopoietisches System, dessen Operationen sich auf frühere, ebenfalls an wahr/unwahr orientierte Operationen (weil diese die Bedingungen und die Möglichkeiten von späteren Wahrheiten feststellen) und auf spätere Kommunikationen (weil sie auf die gleiche Art den Bereich der künftigen Operationen spezifizieren) beziehen.

Die Codes sind also Unterscheidungen, mit denen ein System die eigenen Operationen beobachtet; sie bestimmen die Einheit des Systems. Sie ermöglichen es dem System, wiederzuerkennen, welche Operationen zu seiner Reproduktion beitragen und welche nicht. Dem Wissenschaftssystem gehören alle und nur die Kommunikationen an, die sich am Code wahr/unwahr orientieren, dem Rechtssystem nur diejenigen, die sich an Recht/Unrecht orientieren usw. Jedes System behandelt alle seine Kommunikationen ausschließlich mit den Werten seines Codes: Das rechtliche Urteil oder die ästhetische Schönheit einer Kommunikation sind für ihre wissenschaftliche Wahrheit unbedeutend und umgekehrt. Jede am Code orientierte Operation zieht als Operation zugleich eine Grenze zwischen Innen und Außen (also die Unterscheidung zwischen Selbstreferenz und Fremdreferenz). Daraus ergibt sich die Unterscheidung zwischen Codierproblemen und Referenzproblemen [*siehe* Konstruktivismus].

Der Code ist die Form, in der ein Funktionssystem jedes mögliche Objekt – also auch die anderen Funktionssystemen zugehörigen Kommunikationen – behandelt. Eine am Code Recht/Unrecht orientierte rechtliche Kommunikation wird zum Beispiel von der Wissenschaft nur mit der Unterscheidung wahr/unwahr behandelt. Mit einem von Gotthard Günther vorgeschlagenen Ausdruck behauptet Luhmann, daß der Code jedes Funktionssystems als rejection value (Rejektionswert) in bezug auf jene Binarität dient, an der sich ein anderes System orientiert. Der Rejektionswert ermöglicht es also, den binären Schematismus dieser Kommunikation zu verwerfen und sie aus einer anderen Perspektive zu betrachten. Die gesamte Gesellschaft wird dann als »polykontextural« in dem Sinne bezeichnet, daß sie mehrere »contextures« einschließt, deren jede sich an einer anderen Unterscheidung orientiert.

Die Binarität ist grundlegend für das Funktionieren des Codes, der seine Werte symmetrisch behandeln muß: Eine institutionalisierte Präferenz für den positiven Wert (das Schöne oder das Recht oder das Wahre etc.) würde die Reversibilität zwischen positivem und negativem Wert erschweren und die Vorteile der Binarität zum Teil vernichten. Der Code an sich liefert keine Handlungskriterien und setzt keine Präferenzen. Innerhalb der am Code orientierten Operationen hat aber die Wahl des einen oder des anderen Wertes unterschiedliche Folgen. Das Wahre, das Recht, das Besitzen (die positiven Werte) stehen für die »Anschlußfähigkeit« der Operationen und für ihre Kompaktheit (die Wahrheiten gleichen sich einander an), während die negativen Werte für »Reflexionswerte« stehen (eine Unwahrheit führt dazu, frühere Wahrheiten zu revidieren). Die Form der Asymmetrie, die dadurch in die strenge Symmetrie des Codes eingeführt wird, leitet schon über auf die Problematik der Programme [*siehe* Programm], die den Code in Richtlinien für das Handeln überführen.

[E. E.]

›Distinctions directrices‹: Über Codierung von Semantiken und Systemen, 1986; Die Codierung des Rechtssystems, 1986; Die Wissenschaft der Gesellschaft, 1990, S. 173 ff., 194 ff.

Doppelte Kontingenz

Der Begriff der doppelten Kontingenz (oder sozialen Kontingenz), der aus der Theorie Talcott Parsons' stammt, bezeichnet die Tatsache, daß sowohl Ego als auch Alter ihre Selektionen wechselseitig als kontingent beobachten.

In der Logik bedeutet Kontingenz gleichzeitigen Ausschluß von Notwendigkeit und Unmöglichkeit. Der Begriff der Kontingenz bestimmt ein Datum mit Bezug auf die möglichen Alternativen: er bezeichnet den Sachverhalt, daß das, was aktuell (also nicht unmöglich) ist, auch anders möglich (also nicht notwendig) ist. Mit Kontingenz wird also die Möglichkeit bezeichnet, daß ein Datum anders ist, als es ist. Das Sein eines Datums entstammt einer Selektion, die sein Nicht-Sein als Sein anderer Möglichkeiten bestimmt. Ein Datum ist kontingent, wenn es als Selektion aus einem Bereich von Möglichkeiten beobachtet wird, die im Hintergrund bleiben.

Die Selektivität der sinnkonstituierenden Systeme [*siehe* Sinn] ist immer kontingent, das heißt, die Operationen [*siehe* Operation/Beobachtung] dieser (sozialen und psychischen) Systeme sind im vorhinein nicht eindeutig bestimmbar. Die Kontingenz ist also das Grundproblem für die Selektivitätskoordination in sozialen und psychischen Systemen, da Kommunikationsmöglichkeiten und Denkmöglichkeiten eben nur Möglichkeiten sind: Sie können sich anders als erwartet realisieren [*siehe* Erwartungen]. Kontingenz bedeutet also Enttäuschungsmöglichkeit und die Notwendigkeit, Risiken einzugehen. In der sozialen Dimension erscheint dieses Problem als doppelte Kontingenz: Jede Selektion hängt sowohl von Ego also auch von Alter ab, und beide sind sinnkonstituierende Systeme.

Für jedes Ego ist Alter ein Alter Ego, dessen Verhalten unvoraussagbar und variationsfähig ist. Sowohl Ego als auch Alter bestimmen das eigene Verhalten innerhalb der eigenen Grenzen selbstreferentiell [*siehe* Selbstreferenz]. Jeder ist für den anderen eine black box, weil seine Selektionskriterien von außen nicht beobachtet werden können. Was für Ego sichtbar wird, ist nur die aus Alters operationaler Schließung resultierende Selektivität: Jeder beobachtet den anderen als System-in-einer-Umwelt und kann vom anderen nur Input und Output aus der und in die Umwelt und nicht die selbstreferentiellen Operationen an sich beobachten. Jedes System zeigt dem anderen die Unbestimmtheit der eigenen Selbstreferenz zusammen mit der Bestimmbarkeit der eigenen Selektionen.

Aufgrund dieser Voraussetzungen bedeutet doppelte Kontingenz nicht zweimal einfache Kontingenz, sondern eine spezifisch soziale Qualität von Kontingenz: Sie bedeutet, daß der Aufbau der sozialen Welt durch einen doppelten Perspektivenhorizont (Egos und Alters Perspektiven) entsteht. Ego kann ein Datum auch in der Perspektive der von Alter aktualisierten Möglichkeiten beobachten, die dadurch auch Egos Möglichkeiten werden. Ego kann Alters Erfahrungen nicht erleben; er kann aber Alters Perspektive beobachten und sie gegebenenfalls als die eigene Perspektive übernehmen. Dadurch und mit diesen Beschränkungen wird Alters Welt Ego zur Verfügung gestellt (und umgekehrt): Die Welt wird sozial kontingent. Sowohl Ego als auch Alter erfahren doppelte Kontingenz; sie schließen die Perspektive des anderen in die eigene ein und müssen sie dann berücksichtigen.

Beide Partner beobachten die doppelte Kontingenz und die daraus folgende Verhaltensunbestimmbarkeit. Daraus entsteht eine tautologische Zirkularität – die weder von Ego noch von Alter abhängig ist –, in der Ego ständig auf Alter und umgekehrt verweist, und dies nach dem allgemeinen Muster: »Ich tue, was du willst, wenn du tust, was ich will.«

Diese Zirkularität wird durch eine neue systemische Ordnung unterbrochen und asymmetrisiert [*siehe* Asymmetrisierung]. Aufgrund der Komplexität der sie ermöglichenden Systeme (Ego und Alter) entsteht aus der doppelten Kontingenz eine neue Ordnung. Diese Ordnung stammt aus der gegenseitigen Beobachtung der Systeme und aus den von ihnen geschaffenen Informationen. Es handelt sich um ein soziales System, das sich durch die Koordination von Alters und Egos kontingenten Selektionen autopoietisch reproduziert. Die doppelte Kontingenz ist die Grundlage für die Autokatalyse der sozialen Systeme.

Die doppelte Kontingenz löst sich ständig auf, weil ihr Entstehen einen Prozeß in Gang setzt, der zur Problemlösung führt. In der »reinen« Form existiert sie also nicht; sie ist vielmehr ein ständiger Problembezug, der in den sozialen Systemen als Grundlage der eigenen Reproduktion eingeschlossen wird.

Ein soziales System entsteht, weil es in einer Situation der doppelten Kontingenz keine Sicherheit gibt. Das System regelt die Unsicherheit, weil es, ausgehend von der Unbestimmtheit von Egos Selektivität für Alter und von Alters Selektivität für Ego, die Kommunikationsmöglichkeiten strukturiert. Die Erwartungsstrukturen [*siehe* Erwartungen] im allgemeinen und die symbolisch generalisierten Kommunikationsmedien in bezug auf spezifische Probleme [*siehe* symbolisch generalisierte Kommunikationsmedien] im besonderen erfüllen die Funktion, die Unsicherheit zu regeln, den Selektionen Koordinationswahrscheinlichkeit zu sichern und die sozialen Systeme zu strukturieren.

[C. B.]

Soziale Systeme, 1984, Kap. 3; Generalized Media and the Problem of Contingency, 1976; Die Ausdifferenzierung von Erkenntnisgewinn, 1981

Eigentum/Geld

Geld ist ein symbolisch generalisiertes Kommunikationsmedium [*siehe* symbolisch generalisierte Kommunikationsmedien], das der Attributionskonstellation entspricht, in der Alters Handeln von Ego erlebt wird [*siehe* Attribution]. Solange ein solches Handeln nicht den Zugriff auf knappe Güter betrifft, ist die Lage unproblematisch. Ego beobachtet das Handeln von anderen, ohne daß dies sein Handeln hervorruft: Ego beobachtet zum Beispiel, daß der Nachbar die Wiese mäht. Im Moment jedoch, in dem eine Knappheitslage entsteht (wenn zum Beispiel der Ackerboden begrenzt ist), beschränkt Alters Zugriff (die Tatsache, daß Alter ein gewisses Grundstück bebaut) Egos noch verbleibende Zugriffsmöglichkeit. Es ist dann unwahrscheinlich, daß Ego bereit ist, nicht einzugreifen und sich auf Erleben zu beschränken.

Das Kommunikationsmedium Eigentum mit dem entsprechenden Code Haben/Nicht-Haben ist im Kontext dieser Problemlage entstanden: In bezug auf jedes eigentumsfähige Objekt befindet sich jeder in der Alternative, entweder Eigentümer oder Nicht-Eigentümer zu sein. Die soziale Bezeichnung als Eigentümer bezeichnet die Freiheit, über die eigenen Güter frei zu verfügen: Jeder kann mit den ihm gehörenden Objekten tun, was er will, und die Gesellschaft gewährleistet dieses Recht. Die anderen sind demzufolge motiviert, im eigenen Erleben sehr spezifische Selektionen durch den Eigentümer zu akzeptieren und nicht einzugreifen – auch wenn diese Selektionen ihre Möglichkeiten beschränken, über die Objekte zu verfügen. Auf der Grundlage des Eigentums, das den Austausch ermöglicht, kommt es zu einer ersten Form der Ausdifferenzierung der Wirtschaft [*siehe* Wirtschaftssystem].

Die volle Ausdifferenzierung der Wirtschaft bedarf jedoch der Zweitcodierung des Eigentums durch das Geld. Das Eigentum wird monetarisiert in dem Sinne, daß jedem Objekt ein Geldwert zugeschrieben wird. Der positive Wert (Haben) wird dupliziert, und dadurch entsteht der Code Zahlen/Nicht-Zahlen: Eigentum an Geld kann eingesetzt werden, um Zahlungen zu vollziehen oder nicht zu vollziehen. Es ist jetzt wahrscheinlicher, daß alle außer dem Eigentümer akzeptieren, vom Genuß eines Gutes ausgeschlossen zu werden und die Selektionen des Eigentümers zu akzeptieren, weil jeder Gebrauch des Geldes zugleich seine Übermittlung an andere – also Zirkulation des Eigentums – ist.

Die Monetarisierung erleichtert die Verfügbarkeit und Konditionierbarkeit des Mediums. Zunächst kommt es zu einer Duplikation der Knappheit: Neben der Knappheit der Güter gibt es jetzt die Knappheit des Geldes. Die Güter werden als Waren angesehen, also als Äquivalente von Geldsummen. Primär knapp ist jetzt das Geld, nicht die Waren (da man sie mit Geld kaufen könnte). Das Geld ist nicht einfach die Summe der Banknoten, sondern die Menge allen Eigentums unter dem Gesichtspunkt seiner Umsetzbarkeit in Liquidität. Daraus ergibt sich unter anderem eine Universalisierung der Knappheit – in dem Sinne, daß jeder immer mehr Geld braucht, während man möglicherweise ein bestimmtes Gut nicht braucht.

Diese Entwicklung ist möglich, weil Geld quantifizierbar ist. Während das Eigentum immer noch an die natürliche Nichtteilbarkeit der Dinge gebunden ist, kann das Geld beliebig zerteilt und multipliziert werden: Man kann also jedes mögliche Gut mit jedem anderen vergleichen, weil jedes einen Preis hat.

Eine Geldwirtschaft kann aus den anderen Bereichen der Gesellschaft vollkommen ausdifferenziert sein, weil der Tauschhandel unter rein ökonomischen Vorzeichen abläuft – ohne zum Beispiel vom sozialen Status der Teilnehmer beeinflußt zu werden. Die Wirtschaft kennzeichnet außerdem eine sehr hohe Kombinationsfreiheit – ohne außerwirtschaftliche Beschränkungen und ohne Gedächtnisbeschränkungen. Denn die Zahlungen im allgemeinen und die Preise insbesondere sind von einem hohen Informationsverlust gekennzeichnet: Wer zahlt, informiert nicht über die Herkunft des Geldes, und wer die Zahlung empfängt, braucht nicht zu erklären, was er damit machen will. Das bedeutet, daß ein preisorientiertes System fast ohne Gedächtnis funktionieren kann: Man erinnert nicht, wer die Zahlung vollzogen hat und warum und wer sie nicht vollziehen konnte. Der Empfänger ist sofort wieder frei, das Geld für jede andere Kombination zu verwenden.

Von einer Inflation des Mediums Geld spricht man, wenn der Wert des Geldes im Verhältnis zum Wert der Güter, die man damit kaufen kann, sinkt, während er bei Deflation im Verhältnis zu den erreichbaren Gütern steigt. Die symbiotischen Symbole des Kommunikationsmediums Geld sind die körperlichen Bedürfnisse der Menschen. Der Begriff des Bedürfnisses wird in einer Geldwirtschaft generalisiert und über den Bereich der reinen Überlebensbedürfnisse hinaus erweitert, heute schließt er alles ein, worauf sich die Produktion beziehen kann.

[E. E.]

Die Wirtschaft der Gesellschaft, 1988

Ereignis

Der Ereignisbegriff bezeichnet die zeitliche Qualität der Elemente sinnkonstituierender Systeme. Kommunikationen in sozialen und Gedanken in psychischen Systemen sind keine dauerhaften Zustände, sondern Ereignisse ohne Dauer. Die Autopoiesis [*siehe* Autopoiesis] dieser Systeme ist daher gezwungen, Elemente, die verschwinden, indem sie entstehen, ständig zu reproduzieren. Jedes Ereignis (Kommunikation oder Gedanke) ereignet sich nicht nur, sondern stellt die Differenz von Vorher und Nachher wieder her und mit ihr Verweisungshorizonte auf andere Möglichkeiten (von Kommunikation in sozialen und von Gedanken in psychischen Systemen): Nach dem Ereignis ist etwas anderes möglich als vorher, und dieser Unterschied (als Unterschied) gibt den Systemelementen trotz ihrer fehlenden Dauer eine gewisse operative Anschlußfähigkeit.

Dieses Verhältnis von Kontinuität und Diskontinuität und deshalb von Struktur und Letztelementen des Systems ist eine der wichtigsten Folgen der Einführung des Ereignisbegriffs in die Systemtheorie. Einerseits haben Elemente keine zeitliche Dauer und müssen dauernd produziert werden: Das System muß sie in jedem Moment neu selegieren. Andererseits müssen die Strukturen [*siehe* Struktur], die die Produktion der Elemente zulassen, trotz der Diskontinuität auf der Ebene der Elemente eine gewisse Kontinuität sicherstellen: Sie müssen auch jenseits des Moments verfügbar bleiben, in dem sich eine Kommunikation oder ein Gedanke ereignet. Die Beziehungen, die die Strukturen zulassen, sind Beziehungen, die mit den Beziehungen zwischen den Elementen nicht zusammenfallen; im Falle sozialer Systeme stellen zum Beispiel die Erwartungsstrukturen eine erste Selektion dessen dar, was geschehen kann, während die Kommunikationen (die Operationen) eine weitere Selektion benötigen, um sich zu ereignen. Wenn die Relationen zwischen den Elementen mit den von den Strukturen zugelassenen Relationen zusammenfielen, könnten die Elemente keine Ereignisse sein, weil mit dem Ereignis auch die Struktur und das System selbst verschwinden würde. Elemente müßten dann dauerhafte Zustände sein, mit der Folge, daß die interne Variabilität des Systems extrem reduziert werden würde. Das ist der Fall organischer Systeme, die sich aufgrund von dauerhaften Zellen reproduzieren. Die strukturelle Variabilität der Organismen ist in der Tat sehr begrenzt: Ein menschlicher Organismus, der sich in einer Wüste befindet, verwandelt sich deswegen noch lange nicht in ein Kamel.

Die Komplexität [*siehe* Komplexität] sozialer und psychischer Systeme ist daher eine temporalisierte Komplexität, und sie muß in der Zeitdimension konstruiert und strukturiert werden. Die Varietät der Zustände, die ein System erreichen kann, hängt dann nicht nur von den Relationen zwischen den Elementen ab, aus denen es besteht, sondern auch von der Variabilität dieser Zustände im zeitlichen Nacheinander.

Die Möglichkeit der Ausnutzung des zeitlichen Nacheinander führt zu höheren Komplexitätsgraden: Die Relationen zwischen Elementen können sich von einem Zeitpunkt zum nächsten ändern, und das System verfügt über eine breite Varietät von Anschlußmöglichkeiten, die es ihm erlaubt, je nach den Umweltsituationen verschiedene Zustände anzunehmen.

Eine andere Folge der Einführung des Ereignisbegriffs betrifft das Konzept des Interpenetrationsverhältnisses [*siehe* Interpenetration] von sozialen und psychischen Systemen. Da Kommunikation und Gedanken nur als Ereignisse stattfinden, kann das soziale System die Komplexität des Bewußtseins benutzen, ohne die psychischen strukturellen Merkmale im sozialen System abbilden zu müssen, und umgekehrt. Auch wenn jedes einzelne Ereignis als Element sowohl des Bewußtseins als auch der Kommunikation fungiert, verschwindet es sofort wieder, und das führt zum Aufbau von in beiden Systemen je unterschiedlichen Sinnzusammenhängen. Was als bewußte Operation produziert wird, gewinnt soziale und kommunikative Relevanz nur in Momenten ohne Dauer: Jede Person kann beginnen zu kommunizieren oder Adressat einer Kommunikation sein, aber die Kommunikation verschwindet, sobald sie sich ereignet, und mit ihr verschwindet auch das Zusammenfallen psychischer und sozialer Ereignisse. Im nächsten Moment muß eine weitere Kommunikation angefangen werden oder auch nicht. Der Zusammenfall kommunikativer und bewußter Operationen wird auf ein Ereignis reduziert, das aber als Kommunikation eine bestimmte Selektivität für das soziale System und als Gedanke eine andere Selektivität für das Bewußtsein hat. Beide Arten von Systemen bleiben jedes in der Umwelt des anderen, und ihre Grenzen bleiben erhalten: Die Momenthaftigkeit ihrer Kopplung gewährleistet, daß sie nicht miteinander verschmelzen und daß Interpenetration aufgelöst und wieder neu hergestellt wird. Wenn alles, was gedacht und gesagt wird, dauerte, entstünde in kurzer Zeit ein unkontrollierbares Chaos.

Der Ereignisbegriff betrifft auch das, was unter dem Begriff der »Systemveränderungen« zu verstehen ist. Auf der operativen Ebene sind sinnkonstituierende Systeme sehr instabile Systeme, deren basale Selbstreferenz [*siehe* Selbstreferenz] durch die ständige Zerstörung und Produktion von Elementen gekennzeichnet ist. Wenn Elemente als Ereignisse ohne Dauer begriffen werden, können sie nur anhand der Differenz von Vorher und Nachher identifiziert werden; das bedeutet, daß diese Art Elemente nicht geändert werden kann. Nur Strukturen sind in der Lage, sich zu verändern, weil ihre Identität relativ stabil in der Zeit bleibt: Eine wissenschaftliche Disziplin kann ihre Paradigmen wechseln, wenn sich neue Unterscheidungen durchsetzen, die die Entwicklung der Forschung leiten (natürlich immer unter der Bedingung der Zweiwertigkeit des Codes); und damit das passiert, ist es nötig, daß Kommunikationen produziert werden, die sich an diesen Unterscheidungen orientieren. Das heißt, daß soziale Systeme auf der Ebene ihrer Erwartungsstrukturen und nicht auf der Ebene der Kommunikation lernfähig sind, weil die Kommunikation irreversibel fließt. Die Stabilität der mit temporalisierter Komplexität ausgestatteten Systeme muß also auf ihre Strukturen zurückgeführt werden und nicht auf ihre Autopoiesis, wo sie statt dessen konstitutiv instabil sind. Die Dauer solcher Systeme erfordert die eigene Instabilität als Bedingung. Das Gedächtnis hat in dieser Perspektive nicht die Funktion, Elemente zu bewahren, sondern die Funktion, ihre strukturgenerative Fähigkeit zu erhalten; das ist nur dank der ständigen Reproduktion von Desintegration und Reintegration möglich.

So gesehen kann jedes Ereignis nur anhand der Differenz von Vorher und Nachher beobachtet werden, also anhand dessen, was vorausgegangen ist, und dessen, was folgt. Im Unterschied zu Objekten, die nur den eigenen Zustand aufweisen, bedarf die Identifizierung von Ereignissen der Unterscheidung zweier Zustände: des Zustands vorher und des Zustands nachher. Das gibt dem Ereignis einen paradoxen Charakter, weil es weder das Vorher noch das Nachher ist, sondern die Einheit dieser Unterscheidung; seine Identität selbst ist eine Differenz, und in jedem Ereignis ist immer beides vorhanden, das Vorher und das Nachher.

[G. C.]

Systeme verstehen Systeme, 1986; The Autopoiesis of Social Systems, 1986; Selbstreferentielle Systeme, 1987

Erwartungen

Erwartungen sind Kondensate von Sinnverweisungen [siehe Sinn], die zeigen, wie eine gewisse Situation beschaffen ist und was in Aussicht steht. Sie haben die Funktion, Kommunikation und Gedanken trotz der Komplexität und Kontingenz der Welt auf relativ stabile Weise zu orientieren. Sie bilden in diesem Sinne die Strukturen [siehe Struktur] sozialer und psychischer Systeme, weil sie die Selektivität dieser Systeme stabilisieren und für sie einen Horizont von Möglichkeiten offenhalten. Vor allem Erwartungen von Erwartungen dienen als Strukturen sozialer Systeme.

Erwartungen bilden sich durch die Selektion einer beschränkten Auswahl von Möglichkeiten, an denen sich das System orientieren kann (man erwartet, daß der Asphalt trocken oder naß ist, aber nicht, daß er versinkt). Die Selektion vollzieht sich durch eine Kondensierung von Sinnverweisungen: diese Kondensierung bildet eine Erwartung. Kondensierung kommt durch eine Generalisierung des Sinns zustande, die es erlaubt, Identitäten (der Asphalt, das Versinken, die Idee der Solidität) unabhängig von ihren jeweiligen Spezifikationen aufrechtzuerhalten; Identitäten, die Erwartungen kondensieren, können im System über das einzelne Ereignis oder die einzelne Situation hinaus erhalten werden (man erwartet immer weiter, daß der Asphalt nicht ver-

sinkt). Die Kondensierung zu Erwartungen hat eine doppelte Funktion:
(a) aus einem allgemeinen Bereich von Möglichkeiten auszuwählen und dann die Komplexität in reduzierter Form zu erhalten (man erwartet, daß der Asphalt nur bei Erdbeben versinkt);
(b) die Generalisierungen so zu benutzen, daß die Grenzen der jeweiligen Situation überwunden werden (wer schon einmal Auto gefahren ist, erwartet immer, daß der Asphalt nicht versinkt).

Durch die Einheit beider Aspekte ermöglicht die Kondensierung von Erwartungen eine Strukturierung der Komplexität und die Erkenntnis der Außenrealität ohne die Möglichkeit eines direkten Zugangs [*siehe* Konstruktivismus]. Ein System beobachtet die Kontingenz seiner Umwelt in der Form von Erwartungen und verwandelt sie dadurch in seine eigene Unsicherheit (Erwartungsunsicherheit). Was in der externen Wirklichkeit absolut unbestimmbar und unvorhersehbar ist, wird intern in etwas verwandelt, was das System verstehen und benutzen kann: die Unsicherheit der Erwartung – eine Unsicherheit, die zur Orientierung wird.

Durch ihre Orientierungsfunktion organisieren die Erwartungen Episoden der Autopoiesis der Systeme [*siehe* Autopoiesis], sie werden zu Strukturen der Systeme. Sie ermöglichen in der Tat die Reproduktion der Operationen der psychischen und sozialen Systeme und gewährleisten die Anschlußfähigkeit zwischen den Elementen (Gedanken oder Kommunikationen). Wie geschieht das, insbesondere in sozialen Systemen?

Erwartungen werden in bezug auf stabile Identitäten aufgebaut – wie etwa Objekte, Individuen, Ereignisse, Werte, Begriffe, Normen. Einfache Erwartungen sind zum Beispiel, daß der Asphalt nicht versinkt, daß die Blätter im Frühling grün werden, daß die Kinder wachsen. Es werden unter anderem auch Erwartungen in bezug auf weitere Individuen aufgebaut, denen eine eigene Selektivität zugeschrieben wird: Man erwartet, daß Alter anders als der Asphalt und die Blätter eigene Selektionen vollziehen kann.

Von einem selektionsfähigen Alter muß man Variabilität und Unvorhersehbarkeit erwarten. Man muß von Alter kontingente und unvorhersehbare Selektionen erwarten, und diese Erwartung erhöht die Risiken der Kontingenz der Welt, die zur doppelten Kontingenz wird [*siehe* Doppelte Kontingenz]. Alter ist frei zu variieren: er kann sich auch irren und Ego täuschen. Die Annahme von Egos Erwartungen in Alters Perspektive hat die Einführung von Variabilität und Unvorhersehbarkeit in die Realität, die Ego erwartet, zur Folge.

Ego muß dann Erwartungen aufbauen, die die Variabilität und Unvorhersehbarkeit von Alters Handeln vorsehen und erwartbar machen. Ego kann aber erwarten, daß Alter (der ein alter Ego ist) sich selbst an Erwartungen orientiert. Um gegenüber Alter handeln zu können, muß Ego sich nicht nur an der Erwartung von Alters Handeln, sondern auch und vor allem an der Erwartung von Alters Erwartungen orientieren. Die Kommunikation vollzieht sich nicht einfach aufgrund der Erwartung der Selektivität des Partners durch jeden Teilnehmer, sondern jeder muß erwarten können, was der andere von ihm erwartet. Nur die Erwartung der Erwartung des anderen ermöglicht Ego und Alter, die Orientierung der Selektivität des anderen in die eigene Orientierung einzuführen.

Durch Erwartungen von Erwartungen können Situationen doppelter Kontingenz geordnet werden: Ego erwartet, daß Alter erwartet, daß Ego so handelt. Er kann dann Alters Orientierung verstehen und eigenes Handeln daran orientieren. Der Vollzug der Kommunikation [*siehe* Kommunikation] stützt sich auf diese Möglichkeit, die Vorhersagen des anderen vorauszusehen. Wäre es nicht möglich, die Erwartung des Partners zu erwarten, gäbe es keine Möglichkeit, die Handlung zu orientieren und die Kommunikation fortzuführen; es gäbe kein soziales System. Daraus ergibt sich die soziologische Relevanz der Erwartung von Erwartungen: In sozialen Systemen wird das Problem der doppelten Kontingenz in das Problem verlagert, Erwartungen erwarten zu können.

Das bedeutet, daß in sozialen Systemen die Erwartungen von Erwartungen Strukturen sind – und sie sind die einzig möglichen Strukturen: Die Strukturen der sozialen Systeme bestehen aus Erwartungen von Erwartungen (oder reflexiven Erwartungen: Erwartungen, die sich auf andere Erwartungen beziehen). Diese Struktur von reflexiven Erwartungen ermöglicht, die Selektivitäten der Kommunikationspartner zu koordinieren: Dadurch, daß sie Kommunikation erlauben, erlauben sie auch die Autopoiesis eines sozialen Systems. Die reflexiven Erwartungen dienen als Strukturen der sozialen Systeme, gerade weil sie Voraussetzung jeder Einheit und jeder Selektionssequenz in der Kommunikation sind. Die Stabilisierung von reflexiven Erwartungen bestimmt also einen Bereich strukturierter Komplexität innerhalb eines sozialen Systems.

Da die Selektivität der Partner in der Kommunikation kontingent und unvorhersagbar ist, können reflexive Erwartungen enttäuscht werden.

Dabei ist allerdings unwahrscheinlich, daß Erwartungen in einer konkreten, nicht besonders voraussetzungsreichen Kommunikation enttäuscht werden: zum Beispiel die Erwartung, daß der Kommunikationspartner auf die Frage »Wie spät ist es?« nicht mit »Es regnet« antwortet oder nicht während der Konversation einschläft (außer in begründbaren außergewöhnlichen Fällen). In diesen Fällen werden die Erwartungen für sicher gehalten.

In Situationen höherer Komplexität, wenn die Erwartung an etwas Unsicheres gerichtet ist, muß man unausweichlich auch Enttäuschungen erwarten. Die Enttäuschung der Erwartungen hat eine wichtige Funktion, weil sie es ermöglicht, insbesondere in Situationen doppelter Kontingenz überraschungsreiche Ereignisse in der Umwelt zu behandeln: ein System kann unbestimmte Komplexität in Enttäuschung umwandeln und sich dann mit den unterschiedlichen Situationen in seiner Umwelt konfrontieren. Die Enttäuschung macht den Bezug einer Erwartung auf die Außenrealität offensichtlich – auf eine Realität, deren perturbative Relevanz gerade durch Enttäuschungen erfaßt werden kann.

Da Erwartungsstrukturen die unbestimmte Komplexität in Enttäuschungsmöglichkeit umwandeln, muß das Problem der Enttäuschung behandelt werden: Es ist fast unmöglich, auf eine Enttäuschung nicht zu reagieren. Es wird dann ratsam, im voraus festzustellen, wie man reagieren wird. Man muß auch erwarten können, wie man auf die Enttäuschung der Erwartung reagieren wird. Man braucht also Vorrichtungen für die Behandlung der Enttäuschungen; diese Vorrichtungen sind Bestandteile der Strukturen selbst und bestimmen unterschiedliche Erwartungsweisen.

Die Gesellschaft stellt zwei unterschiedliche Möglichkeiten zur Verfügung, um auf Erwartungsenttäuschungen zu reagieren – also zwei Erwartungsmodalitäten: (1) die Erwartung zu verändern, um sie an die enttäuschende Realität anzupassen; (2) trotz der enttäuschenden Realität an der Erwartung festzuhalten. Im ersten Fall spricht man von kognitiven Erwartungen (Kognitionen), im zweiten Fall von normativen Erwartungen (Normen). Im ersten Fall lernt das System, und im zweiten Fall lernt es nicht. Es handelt sich hinsichtlich der Bewältigung von Situationen der Erwartungsenttäuschung um zwei funktional äquivalente Strategien [*siehe* Funktionalismus]: Man kann bereit sein zu lernen (kognitive Erwartungen), oder man kann entscheiden, nicht zu lernen (normative Erwartungen). Durch diese Strategien können Situationen der Enttäuschung von Erwartungen bewältigt werden, weil das Risiko der Enttäuschung in der Erwartungsstruktur behandelt werden kann.

Auf konkreterer Ebenen vermischen sich kognitive und normative Erwartungen und können nicht deutlich getrennt werden. In den gesellschaftlich wichtigeren Fällen müssen jedoch die Stabilitätsbedingungen der kognitiven und normativen Erwartungen getrennt generalisiert werden. Diese Generalisierung wird von sozialen Strukturen wie dem Recht [*siehe* Rechtssystem] für die normativen Erwartungen und der wissenschaftlichen Wahrheit [*siehe* Wahrheit] für die kognitiven Erwartungen geleistet. Das Recht generalisiert eine normative Strategie der Enttäuschungsabsorption (ein Rechtsverstoß als solcher impliziert gerade nicht, daß das Gesetz geändert wird) und die wissenschaftliche Wahrheit generalisiert eine kognitive Strategie (neue wissenschaftliche Entdeckungen implizieren, daß die Theorie geändert wird).

Im Fall normativer Erwartungen werden Erfüllung und Enttäuschung mit der Unterscheidung zwischen konformem (den Erwartungen entsprechenden) und abweichendem (die Erwartungen enttäuschenden) Verhalten betrachtet. Im Fall der kognitiven Erwartungen werden Erfüllung und Enttäuschung mit der Unterscheidung zwischen Wissen (das den Erwartungen entspricht) und Nicht-Wissen (das die Erwartungen enttäuscht) betrachtet. So taucht die Differenz zwischen Erfüllung und Enttäuschung in den Unterscheidungen Konformität/Abweichung und Wissen/Nicht-Wissen wieder auf, die sich auf die normative bzw. kognitive Erwartungsmodalität beziehen.

[C. B.]

Soziale Systeme, 1984, S. 139 f., 362 f., 396 ff.; Rechtssoziologie, 1972, S. 31 ff.; Die Wissenschaft der Gesellschaft, 1990, S. 136 ff.

Erziehung

Das Erziehungssystem ist ein Teilsystem der modernen Gesellschaft [*siehe* Gesellschaftsdifferenzierung] mit der Funktion, Veränderungen in den einzelnen psychischen Systemen [*siehe* psychisches System] auszulösen, so daß diese auch an unwahrscheinlicherer Kommunikation teilnehmen können, die die Gesellschaft (re)produziert und die vor allem in den anderen Funktionssystemen stattfindet.

Die Besonderheit des Erziehungssystems besteht somit darin, daß seine Funktion primär nicht auf die Verarbeitung von Kommunikation oder die Generierung kommunikativen Konsenses gerichtet ist, sondern auf die Veränderung der psychischen Umwelt der Gesellschaft. Die Wirkungen der Erziehung treten außerhalb der Gesellschaft auf, und zwar in den Fähigkeiten und Kenntnissen der Individuen, das heißt in ihrer Kompetenz, an der Kommunikation teilzunehmen.

Aufgrund dieser Besonderheit fehlt der Erziehung ein Code [*siehe* Code] im engeren Sinne, da es unmöglich ist, das zu codieren, was außerhalb der Gesellschaft stattfindet. Deswegen fehlt auch ein symbolisch generalisiertes Kommunikationsmedium [*siehe* symbolisch generalisierte Kommunikationsmedien], das den Erfolg erzieherischer Kommunikation wahrscheinlicher macht, weil nicht einmal solche Medien in der Umwelt der Gesellschaft operieren können: Es gibt keine Chance, die einzelnen zu erziehenden Individuen dazu zu motivieren, die erzieherische Absicht der Lehrer anzunehmen und ihr Verhalten den Lehrererwartungen entsprechend zu orientieren.

Ein weiteres besonderes Merkmal der Erziehung besteht darin, daß sie nur funktioniert, wenn Interaktionen zwischen Lehrern und Schülern in den Schulklassen regelmäßig organisiert werden können. Schulische Interaktion ist ein funktionales Äquivalent des hier fehlenden symbolisch generalisierten Kommunikationsmediums, weil sie Situationen schafft, in denen Sozialisation [*siehe* Interpenetration] auf eine sehr unwahrscheinliche Weise forciert wird, und diese Unwahrscheinlichkeit erlaubt es der Erziehung, gezielte Wirkungen in den Bewußtseinssystemen der Schüler zu planen und gegebenenfalls auszulösen.

Der Lehrer weiß jedoch nie, welche Wirkungen sein pädagogisches Verhalten haben kann; er kann nur beobachten, wie sich die

Schüler verhalten, und die Abweichung oder Nichtabweichung von seinen Erwartungen bewerten. In diesem Sinne hat Erziehung die Möglichkeit der Selektion, das heißt der Produktion von Bewertungen aufgrund der Differenz zwischen Verbesserung und Verschlechterung der Leistungen der Schüler. Die Selektion hat daher einen Code, dessen zwei Werte diese Tendenzen zur Verbesserung bzw. Verschlechterung bezeichnen. Der Code der Selektion bezieht sich also nicht auf die erzieherische Tätigkeit selbst, sondern auf den Aufbau von schulischen und universitären Karrieren. Der einzige Weg, das Lernen im Erziehungssystem gesellschaftlich bearbeitbar zu machen, ist der Vergleich, die Bewertung und die Beurteilung des Verhaltens der Schüler, bis hin zum Aufbau von Karrieren als Formen längerer und komplexer Selektionssequenzen.

Obwohl die erzieherische (im Unterschied zur selektiven) Tätigkeit nicht codiert werden kann (es sei denn im Hinblick auf ermittelbare/nicht ermittelbare Inhalte), muß sie programmiert [*siehe* Programme] werden, zum Beispiel in der Form von Curricula. Diese sind Zweckprogramme, die feststellen, welche Veränderungen der psychischen Zustände der Zöglinge durch die Kommunikation in der Schulklasse erzielt werden sollen. Die Absicht, zu erziehen, macht es zugleich nötig, daß die Ergebnisse evaluiert werden; das geschieht in der Form von Konditionalprogrammen (Selektionen), zum Beispiel durch Zeugnisse, Zertifikate, Titel, Qualifizierungen usw., die aufgrund angemessener Leistungen verliehen werden können.

Erziehung wird in der Gesellschaft erforderlich, wenn Sozialisation alleine nicht mehr ausreicht, ein adäquates Verhaltensvermögen zu sichern. Neben der normalen Sozialisation, die durch eine einfache Teilnahme an der Kommunikation ständig mitlaufend stattfindet, entwickelt sich eine besondere, intentionale und deshalb erziehende Sozialisation; zur Erziehung kommt es in dem Moment, in dem von einer pädagogischen Absicht ausgehend ein Verhalten als richtig vorgestellt wird. Sozialisation und Erziehung sind nicht dasselbe, obwohl Sozialisation natürlich eine Voraussetzung der Erziehung ist: Nur wer schon sozialisiert ist, kann erzogen werden.

Die Pädagogik erfüllt für das Erziehungssystem die Funktion einer Reflexionstheorie [*siehe* Reflexion] und beschäftigt sich mit den erzieherischen Bedingungen der Erziehung: Sie liefert, mit anderen Worten, eine Theorie der Erziehung, die innerhalb des Systems brauchbar ist. Unter ihren klassischen Themen finden sich: die Frage der Autonomie der Erziehung gegenüber den anderen gesellschaftlichen Bereichen; das Verhältnis der Funktion der Erziehung als Entfaltung der menschlichen individuellen Möglichkeiten einerseits und ihren Leistungen [*siehe* Gesellschaftsdifferenzierung] für die Ausbildung und Brauchbarkeit der erworbenen Kompetenzen andererseits; die Bestimmung der Studienrichtungen; das Problem des Fehlens einer Technologie, die den Erfolg der Erziehung gewährleisten könnte; die Neigung zur ständigen Reform der schulischen und universitären Einrichtungen als Bedingung der Verbesserung der Erziehung.

[G. C.]

Reflexionsprobleme im Erziehungssystem, 1979; System und Absicht der Erziehung, 1992; Das Kind als Medium der Erziehung, 1991

Evolution

Die Evolutionstheorie beschreibt und erklärt, daß und wie ein strukturdeterminiertes System seine Strukturen durch seine Operationen ändern kann [*siehe* System/Umwelt]. Strukturelle evolutionäre Veränderungen werden auf der Grundlage der Unterscheidung dreier Mechanismen – (1) der Variation, (2) der Selektion von Variationen und (3) ihrer Retention oder Stabilisierung – beschrieben.

Von Evolution spricht man nur dann, wenn diese drei Mechanismen unterschieden werden können, wobei die Mechanismen ihrerseits unterschiedliche Ausprägungen haben können in Abhängigkeit von dem jeweils evoluierenden System. Das Verhältnis von Variation, Selektion und Stabilisierung muß zirkulär gedacht werden und nicht als eine lineare Kausalität. Die Möglichkeit zu variieren erfordert schon stabilisierte Selektionen, so wie die Stabilisierung von Veränderungen nur aufgrund von Mechanismen möglich ist, die eine Selektion der stattfindenden Veränderungen sichern.

Anders als in der klassischen Evolutionstheorie, die im Falle der Organismen Variation endogenen Ursachen (Mutation) zurechnet und Selektion als einen von der Umwelt in Richtung auf Anpassung ausgeübten Selektionsdruck auf Organismen begreift, behauptet die Systemtheorie, daß selbstreferentielle autopoietische [*siehe* Selbstreferenz, Autopoiesis] Systeme von Störungen (aus) der Umwelt irritiert, aber zur Anpassung an die Umwelt nicht gezwungen werden können. In einem engeren Sinne ist jedes System schon angepaßt, zumindest solange es weiterexistieren kann; man kann daher nicht von besserer bzw. schlechterer Anpassung sprechen. Eine grundsätzliche Eigenschaft der Systeme ist, daß sie nicht Punkt für Punkt mit ihrer Umwelt verbunden sein können [*siehe* Komplexität]: Umweltkomplexität kann von einem System nur in reduzierter und begrenzter Form erfaßt werden. Diese Trennung von System und Umwelt (und nicht die Anpassung) muß als der entscheidende Sachverhalt angesehen werden, wenn man zum Beispiel die Stabilität des Lebens und die Tatsache erklären will, daß es Organismen gibt, die im Laufe der Evolution völlig unverändert bleiben. Das stimmt auch mit dem Begriff der Autopoiesis überein: Autopoietische Systeme sind mit Strukturen ausgestattet, die es ihnen erlauben, sich zu reproduzieren, aber diese Reproduktion findet nur auf der Grundlage der Systemelemente statt und nicht in bezug auf die Umwelt. Die Umwelt ist ihrerseits eine Voraussetzung dafür, daß das System weiterexistieren kann; sie kann aber auch inkompatibel mit der Autopoiesis des Systems werden, das in diesem Falle verschwindet.

Unter diesen Prämissen muß die Anregung zur strukturellen Variation sozialer Systeme nicht auf die Instabilität dieser Systeme (wie im Falle der genetischen Mutation) zurückgeführt werden, sondern auf Störungen aus der Umwelt, auf die das System nur auf eine mit der Fortsetzung der eigenen Autopoiesis kompatible Weise reagieren kann. Welche Störungen das System irritieren und strukturelle Veränderungen auslösen können, hängt von den Strukturen selber ab: Das System kann indifferent oder empfindlich sein und davon hängt sein Grad an Irritabilität und deshalb auch seine Fähigkeit ab, seine Strukturen zu verändern. Die Variation zeigt sich immer als Abweichung von existierenden Strukturen, das heißt als kommunikativer Mißerfolg, der für einen Beobachter als interner Fehler oder als Problem innerhalb des Verhältnisses von System und Umwelt erscheinen kann, auf die das System reagiert, weil die Kommunikation gestört wird. In diesem Sinne kann kein System aus sich allein heraus evoluieren:

Die Umwelt muß instabil sein, und diese Instabilität darf nicht mit der des Systems synchronisiert sein. Die Diskontinuität zwischen System und Umwelt garantiert eine Produktion von Irritationen, auf die das System durch Erhöhung seiner Indifferenz oder durch Variation seiner Strukturen reagieren kann.

Die Selektionsprozesse finden nur innerhalb des Systems statt, das auf der Grundlage der Anschlußfähigkeit selegiert, die die Variation in der autopoietischen Reproduktion gewinnt; im Wissenschaftssystem wird zum Beispiel eine neue Unterscheidung selegiert, wenn sie in der wissenschaftlichen Kommunikation zureichende Anschlüsse findet, indem sie die Produktion von Forschung, Experimenten, Überprüfungen, Publikationen usw. stimuliert. Im Falle sozialer Systeme kann man daher von einer Selbstselektion der Kommunikation sprechen.

Was den dritten evolutionären Mechanismus betrifft, so stabilisiert das System die selegierten Variationen, wenn es das, was an ihnen neu ist, in die inneren strukturellen Merkmale integrieren kann.

Man kann sowohl von einer Evolution des Gesellschaftssystems [*siehe* Gesellschaftsdifferenzierung] als auch von einer Evolution der funktional differenzierten Teilsysteme sprechen.

Im Falle der Gesellschaft besteht der Mechanismus der Variation in der Sprache [*siehe* Sprache], die der Varietät der Kommunikation praktisch keine Grenze setzt. Mit Hilfe der Sprache können Themen in die Kommunikation eingeführt werden, ohne daß es sprachlich aufgezwungene Begrenzungen gäbe. Die Sprache bietet außerdem die Möglichkeit, sowohl positive als auch negative Aussagen zu formulieren: die Negation [*siehe* Negation] ist die Basis der Möglichkeit, strukturelle Variationen auszulösen, weil sie erlaubt, Abweichungen von den existierenden Erwartungsstrukturen der Kommunikation vorzuschlagen. Die von der sprachlichen Codierung zugelassenen Variationen der Kommunikation können in der funktional differenzierten Gesellschaft von den symbolisch generalisierten Kommunikationsmedien [*siehe* symbolisch generalisierte Kommunikationsmedien] selegiert werden, die Bedingungen schaffen, unter denen die Wahrscheinlichkeit der Annahme vorgeschlagener Variation relativ hoch ist. Diese Kommunikationsmedien, wie Geld, Macht oder Wahrheit, stellen den Grad gesellschaftlicher Nutzbarkeit kommunikativer Selektionen fest. Wissenschaftliche Kommunikation stellt zum Beispiel eine Art unwahrscheinlicher und abweichender Kommunikation dar, die in der modernen Gesellschaft ein besonderes Kommunikationsmedium benötigt – die wissenschaftliche Wahrheit –, um sich einen gewissen Erfolg zu sichern; ohne dieses Medium wären wissenschaftliche Aussagen kaum annehmbar. Damit die selegierten Variationen Stabilität auf struktureller Ebene gewinnen, muß außerdem das Gesamtsystem der Gesellschaft die interne Differenzierung von Teilsystemen auslösen, die ihrerseits die Reproduzierbarkeit selegierter Variationen auch unter wechselnden Umweltbedingungen sichern.

Im allgemeinen ist das Komplexitätsgefälle zwischen System und Umwelt entscheidend für die Fortsetzung der Evolution [*siehe* Komplexität]. Die Evolution sozialer Systeme kann auf das Interpenetrationsverhältnis [*siehe* Interpenetration] von psychischen und sozialen Systemen zurückgeführt werden. Bewußtseinssysteme können zur Variation sozialer kommunikativer Strukturen nur deshalb beitragen, weil sie mit der Kommunikation strukturell gekoppelt sind und diese daher durch bewußte kommunikative Beiträge irritieren können. Diese Beiträge sind jedoch in ihren Inhalten unvorhersehbar und können unvorhergesehene Abweichungen von den sozialen Erwartungsstrukturen induzieren. Die »Zufälligkeit« (das heißt die Unvorhersehbarkeit), die durch die Interpenetration in die Kommunikation eingeführt wird, wird dann von der Kommunikation selbst beobachtet und bewertet und eventuell angenommen und stabilisiert oder verworfen.

Hervorzuheben ist schließlich, daß die Mechanismen der Variation, der Selektion und der Stabilisierung nicht miteinander koordiniert sind, da die positive Selektion von Variationen oder die Stabilisierung von Selektionen nicht automatisch erfolgen. Die positive Selektion einer Variation ist ihrerseits Zufall. Tatsächlich wird die Evolution sogar beschleunigt, wenn die Mechanismen, die diese drei Funktionen erfüllen, unterschiedlich wirken und noch die Ergebnisse der Evolution zur ihrer Differenzierung beitragen.

[G. C.]

Die Gesellschaft der Gesellschaft, 1997, Kap. 3; The Direction of Evolution, 1992

Familie

In der modernen Gesellschaft [*siehe* Gesellschaftsdifferenzierung] bilden die Familien ein Teilsystem mit der Funktion, die ganze Person der Kommunikationsteilnehmer einzuschließen [*siehe* Inklusion/Exklusion]. Da es keine einzelne Familie gibt, die diese Funktion repräsentiert, besteht dieses System aus der Vielzahl der Familien.

Die gesellschaftliche Bedeutung der Familie hat sich im Lauf der Evolution der Gesellschaft verändert. In der segmentären Gesellschaft dient die Familie als Grundform der Differenzierung. In der stratifizierten Gesellschaft wird die Familie in den Schichten eingeschlossen. In beiden Gesellschaftsformen wird die Zuschreibung der Zugehörigkeit der Menschen zu den Teilsystemen aufgrund der Segmentierung in Familien geordnet. Das gilt nicht mehr in der funktional differenzierten Gesellschaft: Hier erfüllen die Familien eine spezifische Funktion, und kein anderes Funktionssystem kann aufgrund von Familien geordnet werden. Die Familien sind das einzige System der funktional differenzierten Gesellschaft, in dem die Menschen ausschließlich als Personen behandelt werden. Die Funktion der Familien besteht in der Inklusion der ganzen Person der Teilnehmer in die Kommunikation: Alles, was die Teilnehmer betrifft – alle Handlungen und Erfahrungen, auch diejenigen außerhalb der Familie – ist potentiell für die Kommunikation in der Familie relevant. Diese Funktion wird durch ein re-entry [*siehe* Re-entry] der System/Umwelt-Differenz mittels der Person erfüllt: Die Familie ist eine Form, die durch die Person in sich selbst wiedereintritt. Alles, was für die Person relevant ist (was am Arbeitsplatz geschieht, wie man geschlafen hat, welche Note gegeben worden ist, wen man kennengelernt hat), ist für die Familie relevant. Die Person ist die Perspektive, durch die eine Familie das behandeln kann, was über diese Grenzen hinausreicht, ohne ihre Grenzen aufzuheben.

Die Tatsache, daß das re-entry über die Person läuft, impliziert, daß jede Familie eine besondere Geschichte hat: Es ist nicht möglich, daß verschiedene Familien zusammen operieren, weil nichts sie zusammenhält oder uniformiert. Nur das Fehlen der Einheit der vielen Familiensysteme sichert die Generalisierung der Funktion der Inklusion der Personen. Eine einzige Familie könnte diese Funktion für die Gesamtgesellschaft nicht erfüllen.

Um die Eigenschaften der Kommunikation in der Familie zu definieren, genügt es nicht zu beobachten, daß alle Teilnehmer Personen sind und sich persönlich gut kennen. Die relevante Kommunikation ist intime persönliche Kommunikation. Die Intimität entsteht, wenn die Welt eines Menschen für einen anderen Menschen relevant wird und wenn das gegenseitig gilt. Intimität bedeutet, daß nichts Persönliches außerhalb der Kommunikation bleiben kann. Geheimnisse sind nicht zugelassen: Man kann nicht die Kommunikation über sich selbst mit dem Argument »Das geht dich nichts an« ablehnen (mit problematischen Ausnahmen in der Kommunikation zwischen Eltern und Kindern). Man hat das Recht, daß einem zugehört wird, und die Pflicht, über alles, was die Personen betrifft, zu sprechen und Rede zu stehen.

Die Kommunikation läßt sich von allem irritieren, was die psychischen Systeme der Partner betrifft. Die strukturelle Kopplung [*siehe* strukturelle Kopplung] des Kommunikationssystems mit den psychischen Systemen ist geräuschvoll: Die Kommunikation thematisiert, was und wie die teilnehmenden psychischen Systeme denken, verstehen, zuhören. Die psychische Perturbation wird in der Kommunikation beobachtet (»Woran denkst du?«) und reflektiert (»Woran denkst du, wenn du merkst, daß ich versuche, deine Gedanken zu verstehen?«). Die Beobachtung zweiter Ordnung [*siehe* Operation/Beobachtung] ist deswegen relevant und findet ununterbrochen statt: Jede Beobachtung kann leicht das Thema einer weiteren Beobachtung werden, weil das Interesse an allem, was geschieht, auf den Beobachter bezogen wird. Deshalb ist die Familie ein historisches System, das stärker als die anderen Funktionssysteme für Erwartungsveränderungen empfindlich ist. Besonders hoch ist natürlich die Empfindlichkeit für die Veränderungen der Personen.

Liebe kommt als Code des Systems der Familien in Frage, weil sie die Grenzen einer intimen Kommunikation gegenüber einer nicht-intimen Kommunikation – also auch die Grenzen der autopoietischen Reproduktion eines Systems der intimen persönlichen Kommunikationen – festlegt. Innerhalb der Familien gibt es jedoch nicht nur intime Kommunikationen; es gibt auch Interaktionen, die mit trivialen alltäglichen Tätigkeiten verbunden sind.

Es ist deshalb schwer zu entscheiden, ob familiale Kommunikation allein durch eine Liebessemantik gekennzeichnet ist. Sicher kann man nicht behaupten, daß die ganze Kommunikation in der Familie durch Liebe codiert ist (wie zum Beispiel die ganze Rechtskommunikation durch Recht codiert ist oder die ganze Wirtschaftskommunikation durch Geld). Interaktion ist relevant, weil eine deutliche Kopplung zwischen dem Medium Liebe und dem System der Familie fehlt. Auf jeden Fall sichert Liebe den Familien keine Stabilität: Sie stellt zu hohe Ansprüche und führt damit zu möglichen Erwartungsenttäuschungen und Auflösungsmöglichkeiten.

Obwohl persönliche Kommunikation in allen sozialen Systemen zu finden ist, ist sie als Grundlage der Ausdifferenzierung eines sozialen Systems ein besonders Merkmal der Familien. Diese Ausdifferenzierung macht es möglich, den Familien und nur den Familien die Funktion der Inklusion der Personen zuzuschreiben. Diese Eigenschaften betreffen nicht nur die rechtlich institutionalisierten Familien, sondern alle Fälle von Intimbeziehungen: Systeme, in denen es nicht erlaubt ist, der Kommunikation etwas Persönliches zu entziehen. [C.B.]

Teoria della società, 1992; Sozialsystem Familie, 1988; Glück und Unglück der Kommunikation in den Familien, 1990

Form/Medium

Die Unterscheidung Form/Medium entstammt einer Idee von Fritz Heider. Heider hat die Unterscheidung benutzt, um die Wahrnehmung von Objekten zu erklären, die mit dem Körper nicht direkt in Kontakt stehen – wie z. B. die visuelle oder die akustische Wahrnehmung. Laut Heider ist diese Wahrnehmung dank eines Mediums (Licht oder Luft) möglich, das selbst nicht wahrgenommen wird, aber die Eigenschaften des betreffenden Objekts (die Formen) übermittelt, ohne sie zu verändern: unter normalen Bedingungen werden nicht das Licht oder die Luft wahrgenommen, sondern die von ihnen übermittelten Bilder oder Laute. Die Wahrnehmungsobjekte setzen sich dank ihrer höheren »Rigidität« gegenüber der »Flexibilität« des Mediums durch, das immer bereit ist, Formen anzunehmen.

Das Medium ist durch eine lose Kopplung zwischen Elementen (die praktisch als voneinander unabhängig betrachtet werden können) gekennzeichnet und leistet keinen inneren Widerstand gegen die Durchsetzung von Formen von außen. Die Formen »verdichten« ihrerseits die Verbindungen zwischen den Elementen des Mediums in rigidere Kopplungen, die wahrgenommen werden. Das Medium ist also formenlos: Die Luft ist nicht laut, und die elektromagnetischen Wellen sind nicht sichtbar. Die Spur eines Fußes im Sand setzt zum Beispiel zwischen den Sandkörnern eine rigidere Kopplung durch, der sie (da sie keine starke Verbindung miteinander aufweisen) keinen Widerstand leisten können. Je schwächer die stabilen Verkopplungen zwischen den Elementen des Mediums sind, desto besser eignet es sich, Formen anzunehmen: Die Anwesenheit von Steinen oder größeren Sandkörnern, die mit ihrer Form die Form der Spur konditionieren, macht das Medium weniger geeignet, als Medium zu fungieren.

In diesem Beispiel wird die Menge der Sandkörner – die gegenüber der Luft oder den sie bildenden Molekülen ihrerseits Formen sind – als Medium für die Durchsetzung der Spur des Fußes behandelt. Die Unterscheidung zwischen Form und Medium ist also immer relativ: Nichts ist »an sich« Form oder Medium, sondern immer Medium in bezug auf eine sich durchsetzende Form oder Form, die sich in einem Medium niedrigerer Ebene durchsetzt. Die Elemente der Sprache (die Worte) setzen sich zum Beispiel als Formen im Kontinuum der Laute durch und kondensieren in ihm als stabilere Konfigurationen; sie bilden aber zugleich ein Medium für die Übermittlung von Kommunikationsinhalten. Die Unterscheidung Form/Medium operiert immer als Unterscheidung, wobei jede Seite auf die andere Seite verweist.

Mit dem Beispiel der Sprache leitet man schon über auf einen soziologisch interessanten Bereich. Die für die Theorie sozialer Systeme relevanten Medien sind die Kommunikationsmedien, die etwas wahrscheinlich machen können, was ohne sie unwahrscheinlich wäre. Die Kommunikationsmedien verbinden die Kommunikationen, die sonst keine Anschlüsse finden würden. Diese Kommunikationsmedien sind die Sprache [*siehe* Sprache], die Verbreitungsmedien [*siehe* Verbreitungsmedien] und die symbolisch generalisierten Kommunikationsmedien [*siehe* symbolisch generalisierte Kommunikationsmedien]. Die Funktion dieser Medien liegt darin, die ständige Kopplung/Entkopplung der Elemente des Mediums – also die ständige Produktion von Formen – zu ermöglichen. Die Formen entsprechen zum Beispiel den Worten und Sätzen der Sprache, den geschriebenen und gedruckten Texten, den Zahlungen, den wissenschaftlichen Theorien, den Rechtsnormen usw. Die Kommunikationsmedien bilden also ein schwaches und formloses Substrat: Die Sprache spricht nicht, der Buchdruck bestimmt nicht, was geschrieben wird, die wissenschaftliche Wahrheit als Medium bildet keine Erkenntnis usw.

Die Unterscheidung Form/Medium wird in allen Fällen angewendet, in denen die Kondensation und Versteifung der Verbindung zwischen zuvor lose gekoppelten Elementen beobachtet wird: in der Varietät des Mediums setzen sich redundantere Konfigurationen durch [*siehe* Varietät/Redundanz]. Auf der Ebene der Gesamtgesellschaft kann eine evolutionäre Ausdifferenzierung von Kommunikationsmedien (wie Schrift, Buchdruck, Macht, Geld, etc.) beobachtet werden, die es ermöglichen, Kommunikation mit weiterer Kommunikation zu verbinden und dadurch Formen zu schaffen, die generalisiert und erwartbar gemacht werden können [*siehe* Evolution]. In diesem Sinne sind die Kommunikationsmedien soziale Strukturen, die die Autopoiesis der Kommunikation ermöglichen.

[G. C., E. E.]

Die Gesellschaft der Gesellschaft, 1997, S. 190 ff.; The Form of Writing, 1992; Zeichen als Form, 1993; Die Kunst der Gesellschaft, 1995, S. 165 ff.

Funktionale Analyse

Die funktionale Analyse ist die mit der Theorie sozialer Systeme assoziierte wissenschaftliche Methode. Sie erlaubt es, jedes Phänomen und jedes Gegebene als kontingent und mit anderem vergleichbar zu erfassen. Die Erkenntnis wird durch den Vergleich des Gegebenen mit alternativen Möglichkeiten konstruiert, wobei der Vergleich von einem Beobachter vorgenommen wird.

In der funktionalen Analyse wird jedes Phänomen zu einem Problem, das unterschiedliche Anschlußmöglichkeiten eröffnet. Die Analyse beschreibt die Beziehung zwischen den Problemen und ihren möglichen Lösungen: Die Daten sind die Ausgangsprobleme, die angebotenen Lösungen sind kontingent und könnten auch anders ausfallen. Die Funktion ist also ein Vergleichsschema für unterschiedliche Problemlösungen, die mit Bezug auf die Funktion als äquivalent gelten. Die Leistung der Analyse besteht darin, funktional äquivalente Lösungen für das betreffende Problem in Betracht zu ziehen.

Die Beziehung zwischen dem Problem und seiner Lösung dient dazu, die Forschung auf andere funktional äquivalente Möglichkeiten zu lenken. Dadurch, daß Daten als Probleme angesehen werden, ermöglicht es die Methode, sie mit mehreren alternativen Lösungen zu verbinden – also mehrere Möglichkeiten zu berücksichtigen. Man kann mögliche funktionale Äquivalente angeben, weil nur eine Möglichkeit unter anderen aktualisiert wird, die die betreffende Funktion erfüllt. Damit erlaubt die funktionale Analyse sowohl die Erweiterung als auch die Beschränkung dessen, was beobachtet werden kann. Durch die Aufdeckung funktionaler Äquivalente widerspricht der Funktionalismus einer ontologisierenden Annahme, nach der jedes aktuelle Sein notwendigerweise das Nicht-Sein (anderer Seinsmöglichkeiten) einschließt.

In der Wissenschaft werden Probleme und ihre Lösungen mit Hilfe der Angabe von Ursache/Wirkungs-Beziehungen spezifiziert. Deshalb ist der Rekurs auf Ursache/Wirkungs-Hypothesen eine Spezifizierung des Funktionalismus. Die Grundleistung der funktionalen Methode besteht jedoch nicht darin, die Verbindung zwischen Ursachen und Wirkungen festzustellen, sondern darin, den durch diese Verbindungen ermöglichten Vergleich hervorzuheben: zwischen unterschiedlichen Ursachen derselben

Wirkung oder zwischen unterschiedlichen Wirkungen derselben Ursache. Es handelt sich um einen Vergleich funktionaler Äquivalente: unterschiedliche Ursachen sind funktional äquivalent, wenn sie dieselbe Wirkung produzieren, und unterschiedliche Wirkungen sind funktional äquivalent, wenn sie von derselben Ursache hervorgebracht werden. Die Beziehungen zwischen Ursachen und Wirkungen werden auf das Problem der Komplexität [*siehe* Komplexität] bezogen, also auf den Verweis auf weitere funktional äquivalente Möglichkeiten. Die funktionale Analyse widerspricht also der Analyse der Kausalbeziehungen nicht, sondern schließt sie ein.

In der Soziologie bezieht sich die funktionale Analyse auf die Probleme und die Problemlösungen sinnkonstituierender Systeme [*siehe* Sinn, soziales System]. In bezug auf die Beobachtung dieser Systeme erfüllt die funktionale Methode eine doppelte Leistung. Die funktionale Analyse hebt (1) Unterscheidungen hervor, die für die beobachteten Systeme selbst (wegen der Funktion der Latenz: s. soziologische Aufklärung) nicht sichtbar sind, und schließt (2) das, was in den Systemen bekannt und vertraut ist (manifeste Strukturen und Funktionen), in einem Bereich alternativer Möglichkeiten ein und zeigt seine Kontingenz auf. Die Begriffe der Latenz und Kontingenz verbinden die funktionale Methode mit der Begrifflichkeit der Systemtheorie.

Diese funktionale Methode unterscheidet sich vom traditionellen Funktionalismus, weil sie mit einer neuen Version der Systemtheorie verbunden ist. Der traditionelle Funktionalismus beobachtet ein soziales System als ein Ganzes, das aus Teilen besteht, die seine Erhaltung sichern. Es handelt sich um Strukturfunktionalismus, weil die Funktion auf die Erhaltung der Strukturen, also der Stabilität (oder des dynamischen Gleichgewichts), bezogen ist. Entsprechend dem Paradigmawechsel der Systemtheorie betrachtet das Funktionalismus im Rahmen der Theorie Luhmanns nicht mehr die Erhaltung oder Nicht-Erhaltung der Stabilität (oder des Gleichgewichts) eines Systems als das Problem, sondern die Fortsetzung oder Unterbrechung der Reproduktion der Elemente und der Operationen [*siehe* Autopoiesis] – also die Aufrechterhaltung der operationalen Schließung. In bezug auf dieses Problem erlaubt es die funktionale Analyse, aktuelle Lösungen und funktionale Äquivalente aufzuzeigen.

[C. B.]

Soziologische Aufklärung I, 1970, S. 9 ff., 31 ff.; Soziale Systeme, 1984, S. 83 ff.; Die Wissenschaft der Gesellschaft, 1990

Gesellschaft

Die Gesellschaft ist ein besonderer Typ eines sozialen Systems [*siehe* System]. Sie ist dasjenige soziale System, das alle Kommunikationen einschließt: Es gibt also keine Kommunikation außerhalb der Gesellschaft. Die Gesellschaft zieht die Grenzen der sozialen Komplexität, weil sie die Möglichkeiten beschränkt, die in der Kommunikation erfaßt und aktualisiert werden können. Jede Differenzierung besonderer sozialer Systeme vollzieht sich in der Gesellschaft.

Entgegen entsprechenden Formulierungen der traditionellen Soziologie sind nicht Individuen, Beziehungen zwischen Individuen oder soziale Rollen die Elemente der Gesellschaft, sondern Kommunikationen. Die Grenzen der Gesellschaft sind auch keine Territorialgrenzen, sondern die Grenzen der Kommunikation. Die Menschen (psychische Systeme und Körper) sind Umwelt der Gesellschaft. Die Gesellschaft bezieht sich auf die Menschen wie auf Systeme in der Umwelt [*siehe* strukturelle Kopplung, Interpenetration].

Die Gesellschaft ist nur ein Typ sozialer Systeme neben jenen der Interaktion und der Organisation. Ihre Eigentümlichkeit kann auch als besondere Leistung einer Komplexitätsreduktion beobachtet werden: Die Gesellschaft ist dasjenige soziale System, das die letzten grundlegenden Komplexitätsreduktionen institutionalisiert und dadurch die Prämissen für das Operieren aller anderen sozialen Systeme (Interaktionen und Organisationen) setzt. Die Selektivität der Gesellschaft ermöglicht die Selektivität aller anderen sozialen Systeme; sie ist die Grundlage jeder weiteren Differenzierung [*siehe* Differenzierung] der Kommunikationsbereiche.

Das Gesellschaftssystem dient als Bezugspunkt für die Erforschung der sozialen Evolution. Es ist immer intern differenziert [*siehe* Gesellschaftsdifferenzierung]. Was evolutiv variiert, ist die Form ihrer primären Differenzierung. Diese Form ist die Struktur der Gesellschaft; die soziale Evolution besteht aus Veränderungen der Gesellschaftsstruktur.

Die Gesellschaft differenziert sich primär in Teilsysteme, die Kommunikationen unter stärker beschränkenden Bedingungen produzieren. Es handelt sich nicht um Interaktionen oder Organisationen, sondern um spezifische Gesichtspunkte, die die Gesamtgesellschaft aus einer besonderen Perspektive reproduzieren und mit der Veränderung der Gesellschaftsstruktur variieren (Funktionssysteme, Schichten, Stämme etc.). Diese Systeme brauchen nicht die Kommunikation von dem zu unterscheiden, was keine Kommunikation ist: dafür reicht ihre Lokalisierung innerhalb der Gesellschaft. Auf der Grundlage der ersten von der Gesellschaft vollzogenen Komplexitätsreduktion können sie spezifischere Kommunikationsformen konstituieren.

Die Gesellschaftstheorie ist eine spezifische Theorie innerhalb der Soziologie (bezogen auf einen besonderen Fall der Theorie sozialer Systeme). Sie liefert eine Selbstbeschreibung [*siehe* Reflexion] der Gesellschaft in der Perspektive der Wissenschaft; es handelt sich um eine interne Perspektive, die die Gesellschaft selbst thematisiert. Da sie das Ergebnis des Operierens eines autopoietischen Teilsystems ist, spiegelt die Gesellschaftstheorie keine objektive Realität wider, sondern stellt eine Perspektive unter anderen Beobachtungen von Gesellschaft bereit. Dank ihrer Wissenschaftlichkeit unterscheidet sich die soziologische Beobachtung von anderen Beobachtungen, denn sie kann den Beobachter einschließen: Die Soziologie weiß, daß ihre Beschreibung der Gesellschaft ein inneres Ergebnis der Gesellschaft selbst ist. Gerade deshalb kann die Soziologie auf die strukturellen Bedingungen dieser Beschreibung reflektieren.

Die soziologische Selbstbeschreibung thematisiert die Sinndimensionen [*siehe* Sinndimension], in denen die Operationen der Gesellschaft Form gewinnen. Sie realisiert sich als Theorie der Kommunikation und der Medien, die die Kommunikation wahrscheinlich machen (Sozialdimension), als Evolutionstheorie (Zeitdimension) und als Theorie der Differenzierung (Sachdimension). Diese spezifischen Theorien bilden zusammen die Gesellschaftstheorie.

[C. B.]

Die Gesellschaft der Gesellschaft, 1997, S. 16 f., 78 ff.; Soziale Systeme, 1984; Soziologische Aufklärung I, 1970, S. 137 ff.; The Self-Description of Society, 1984

Gesellschaftsdifferenzierung

Unter der primären Differenzierung der Gesellschaft versteht man die Bildung von Teilsystemen und System/Umwelt-Beziehungen [*siehe* Ausdifferenzierung]. Die Form der primären Differenzierung bildet die Struktur [*siehe* Struktur] der Gesellschaft.

Die Form der Differenzierung bestimmt die Art und Weise, wie im umfassenden System die Beziehungen zwischen den Teilsystemen realisiert werden: Sie betrifft die Differenz zwischen Systemen, die füreinander zur jeweiligen Umwelt gehören. Die Differenzierungsform bildet die Struktur der Gesellschaft, weil sie eine Ordnung in den Beziehungen zwischen den Teilsystemen bestimmt, die die Kommunikationsmöglichkeiten vorselegiert. Dadurch bestimmt sie die Grenzen, die die Komplexität [*siehe* Komplexität] der Gesellschaft erreichen kann. Wenn die Komplexität diese Grenzen übersteigt, reproduziert sich die Gesellschaft nur dann weiter, wenn sich die Form ihrer Differenzierung ändert. Die Form der primären Differenzierung variiert also evolutiv unter dem Druck der Komplexitätszunahme und bestimmt jeweils neue Niveaus der erreichbaren Komplexität.

Die Differenzierungsformen unterscheiden sich je nachdem, wie die Grenzen zwischen den Teilsystemen und ihren Umwelten innerhalb der Gesellschaft gezogen werden. Sie ergeben sich aus der Kombination zweier Differenzen: (a) der Differenz System/Umwelt; (b) der Differenz Gleichheit/Ungleichheit in bezug auf die Verhältnisse der Teilsysteme zueinander. Im Lauf der Evolution der Gesellschaft haben vier Differenzierungsformen als Strukturen gedient: Differenzierung in gleiche Teilsysteme (Segmentation); Differenzierung Zentrum/Peripherie; hierarchische Differenzierung in Schichten; funktionale Differenzierung.

Die segmentäre Differenzierung ist die Form, die in archaischen Gesellschaften nach einer ersten Phase der Differenzierung nach Geschlecht und Alter erschienen ist. Die Teilsysteme der segmentären Gesellschaft sind gleich hinsichtlich des Differenzierungsprinzips: dieses Prinzip ist die Abstammung (die Teilsysteme sind Stämme oder Clans oder Familien) oder die Residenz (die Teilsysteme sind Häuser oder Dörfer). Die Segmentierung kann sich außerdem innerhalb der primär ausdifferenzierten Teilsysteme wiederholen (Familien in Stämmen, Häuser in Dörfern).

In einer segmentär differenzierten Gesellschaft ist die zugelassene Komplexität nicht besonders hoch: Jedes Teilsystem kann in der gesellschaftsinternen Umwelt nur andere gleiche Systeme beobachten, und die Gesellschaft verfügt insgesamt nur über eine beschränkte Selektivität. Die Grenzen der Gesellschaft sind eng gezogen: Die beobachtete Welt wird immer auf die Differenz familiär/nicht-familiär bezogen – mit dem ständigen Bedürfnis, alles auf Familiarität zurückzuführen. Die gesamte Kommunikation vollzieht sich als Interaktionen unter Anwesenden, weil es keine Mittel gibt, abwesende Adressaten zu erreichen [*siehe* Verbreitungsmedien]. Der Begriffsvorrat der Gesellschaft [*siehe* Semantik] wird mündlich tradiert. Die Norm der Reziprozität ist grundlegend, weil sie die Funktion hat, die Gleichheit zwischen den Teilsystemen (Stämme, Familien, Dörfer etc.) zu erhalten, die die Form der Differenzierung definiert.

Die Veränderung der Gesellschaftsstruktur beginnt mit einem Zerbrechen dieser Norm. Infolge der Kontakte zwischen unterschiedlichen Ethnien und innerer Veränderungen werden einige Familien reicher als andere, so daß die auf Gleichheit bezogene Reziprozität nicht mehr möglich ist. Die Abweichung von der Gleichheit erweist sich als vorteilhaft.

Die Gesellschaften, die sich dann bilden, kombinieren die Prinzipien der Verwandtschaft und der Kontrolle des Territoriums, auf die sie nicht verzichten können. Man kann jedoch trotzdem das Primat des einen oder des anderen Prinzips als Form der Gesellschaftsdifferenzierung feststellen. Auf der Basis von Residenz, also von Territorialität, kann sich die Differenzierung zwischen einen Zentrum und einer Peripherie bilden. Auf der Basis von Abstammung, also von Verwandtschaft, kann sich die hierarchische Differenzierung in Schichten bilden. Diese neuen Differenzierungsformen teilen die Eigenschaft, daß die Teilsysteme ungleich in bezug auf das Bildungsprinzip (Territorium oder Verwandtschaft) sind. Die Strukturveränderung wird durch die gleichzeitige Aufrechterhaltung segmentärer Differenzierung außerhalb des Zentrums (Stadt) oder der höheren Schichten gemildert.

Die Differenzierung Zentrum/Peripherie erlaubt es, daß sich die Kommunikation ausgehend vom Zentrum (der Stadt) territorial in der Gesellschaft verbreitet. Es handelt sich um eine hierarchische Differenzierung nach dem Muster zivilisiert/nicht-zivilisiert. Man beobachtet eine Ungleichheit aufgrund der Residenz in der Stadt oder auf dem Lande. Auch die aus der Segmentierung entstandenen großen Reiche weisen diese Differenzierungsform auf (im Zentrum befinden sich der Kaiser und die Bürokratie). Das Problem dieser Form sind die knappen Kontakte, die zwischen Zentrum und Peripherie möglich sind. Die Machtausübung ist deshalb sehr begrenzt. Das Zentrum ist eine Art Insel in der Gesellschaft.

Im Zentrum kann sich auch eine neue Differenzierungsform entwickeln: eine Stratifizierung, die sich auf den Adel stützt (Beispiel ist Europa zwischen dem Spätmittelalter und dem 17. Jahrhundert). Damit entsteht eine Differenzierung der Differenzierungsformen: Im Zentrum kommt es zur Stratifikation und in der Peripherie wird Segmentation reproduziert. Die Stratifikation ist das deutlichste Beispiel des hierarchischen Prinzips, demgemäß die Teilsysteme der Gesellschaft einen ungleichen Rang haben. Die Ungleichheit entsteht mit der Schließung der Oberschicht (die Adligen) durch die Endogamie (das Verbot von Ehen außerhalb der Schicht). Stratifikation bedeutet ungleiche Verteilung der Ressourcen und der Kommunikationsgelegenheiten. Auf der Basis der Stratifikation gibt es die Rangdifferenz zwischen Adligen und Volk; innerhalb dieser beiden Schichten entwickeln sich dann weitere Differenzierungen.

Innerhalb des Prinzips der Hierarchie müssen die Verhältnisse zwischen Teilsystemen immer auf den Rang bezogen werden. Die Oberschicht bestimmt durch die Ungleichheit die innere Ordnung der Gesellschaft. Die Gleichheit regelt dagegen die Kommunikation innerhalb der Schichten (Gleichheit zwischen den Adelsfamilien). Stratifikation bedeutet also Gleichheit im Rahmen von Ungleichheit. Die interne Gleichheit in der Oberschicht (die nicht unbedingt Kooperation bedeutet) sichert den beschränkten Zugang zu den verfügbaren Ressourcen: Gleichheit ist auf wenige beschränkt, weil nur wenige Familien von den Ressourcen profitieren können.

Dank der Akkumulation von Selektionsfähigkeiten in der Oberschicht erlaubt die Stratifikation die Ausbildung höherer Komplexität, verglichen mit den früheren Strukturen. Der wichtige Begriffsvorrat wird in der Oberschicht produziert (nur dort wird über Schrift verfügt), während die Unterschichten mit den Alltagsproblemen des Überlebens beschäftigt sind. Es ist dann die Oberschicht, die die Selbstbeschreibung der Gesellschaft produziert [*siehe* Semantik].

Die Stratifikation produziert eine deutliche und offensichtliche Ordnung; diese Ordnung macht weitere evolutive Veränderungen wahrscheinlich. Es ist dann kein Zufall, wenn um das 18. Jahrhundert in Europa (wenn die Komplexität zu hoch für die Stratifikation geworden ist) eine neue Strukturveränderung in Gang kommt. Die Differenzierung in autopoietische, an einer Funktion orientierte Teilsysteme erscheint. Sie zerbricht die hierarchische Ordnung der Stratifikation und ist heute für die Weltgesellschaft kennzeichnend.

In dieser funktional differenzierten Gesellschaft sind die Teilsysteme unter dem Gesichtspunkt der von jedem einzelnen erfüllten Funktion ungleich. Jedes Teilsystem differenziert sich nach seiner spezifischen Funktion in der Gesellschaft aus: Die wichtigsten Teilsysteme sind das politische System, das Wirtschaftssystem, das Wissenschaftssystem, das Erziehungssystem, das Rechtssystem, die Familien, die Religion, das Medizinsystem, das Kunstsystem. Die wichtigste Kommunikation in der Gesellschaft ist nach diesen Funktionen strukturiert.

Jede Funktion wird autonom von einem Teilsystem erfüllt. Jedes Teilsystem hypostasiert den Primat der eigenen Funktion. Jedes Teilsystem beobachtet also die Gesellschaft aus der Perspektive der eigenen Funktion. Diese Orientierung wird von einer binären Unterscheidung angeleitet [*siehe* Code], die keinen Eingriff von außen in der Erfüllung der Funktion toleriert. In jedem Teilsystem bedeutet der Code die Verwerfung der Unterscheidungen der anderen Teilsysteme, aber auch die Akzeptanz ihrer Relevanz in der Gesellschaft. Im Wirtschaftssystem wird zum Beispiel die Orientierung an der wissenschaftlichen Wahrheit verworfen, aber die Relevanz der Wissenschaft für die Gesellschaft akzeptiert. Mit einem Begriff des Logikers Gotthard Günther kann man sagen, daß die funktional differenzierte Gesellschaft polykontextural definiert ist; mehrere Codierungen gelten zugleich, obwohl sie sich gegenseitig verwerfen.

Die Beziehungen zwischen den Funktionen sind nicht-hierarchisch auf der Ebene der Gesamtgesellschaft geregelt; die Ungleichheit zwischen den Systemen stützt sich also nicht mehr auf die Hierarchie. Trotz der Ungleichheit zwischen den Funktionen und der Hypostasierung der eigenen Funktion in jedem System hat die Gesellschaft kein Zentrum und keine Spitze. Alle Funktionen müssen erfüllt werden, weil alle für die Gesellschaft grundlegend sind, und keine kann das Primat besitzen. Das hat auch die Unmöglichkeit einer Selbstbeschreibung der Gesellschaft unter einem einzigen Gesichtspunkt (des Zentrums oder der Spitze) zur Folge.

In der funktional differenzierten Gesellschaft beobachten die Teilsysteme die Welt nicht gleichförmig (wie in den segmentären Gesellschaften) oder dogmatisch (wie in den stratifizierten Gesellschaften). Die Differenz System/Umwelt hat je nach Teilsystem eine andere Bedeutung. Jedes Funktionssystem produziert Selektionen nach Maßgabe der eigenen Unterscheidungen und toleriert eine sehr komplexe Umwelt – unter der Voraussetzung, daß die anderen Funktionen auch erfüllt werden. Im Vergleich zu früheren Gesellschaften wird Redundanz reduziert und Varietät erhöht [siehe Redundanz/Varietät]. Die Probleme der Gesamtgesellschaft werden in jedem Teilsystem behandelt, das eigene Typologien und eigene Problemlösungen produziert: In den unterschiedlichen Funktionssystemen vollzieht sich also die gleichzeitige Behandlung der wichtigsten Probleme der Gesellschaft. Tatsachen, Ereignisse und Probleme werden durch ihre Spezifizierung in den Teilsystemen generalisiert. Die Komplexitätszunahme im Vergleich zu früheren Gesellschaften entsteht aus dieser prioritätenlosen Vielseitigkeit der Beobachtung.

Jedes Teilsystem kann nicht nur die Gesellschaft, sondern auch weitere Teilsysteme beobachten. In diesem Fall spricht man von Leistung. Auch wenn es sich hauptsächlich auf die Funktion für die Gesellschaft bezieht, muß jedes Funktionssystem Leistungen für andere Teilsysteme berücksichtigen: im politischen System werden Gesetze für die Wirtschaft erlassen, im Wirtschaftssystem wird wissenschaftliche Forschung finanziert, im Erziehungssystem wird für die Arbeit ausgebildet. Das bedeutet, daß die Funktionssysteme nicht nur unerläßlich autonom operieren, sondern auch auf eine enge Weise interdependent sind. Die Interdependenzen haben eine je nach System unterschiedliche Bedeutung: Das Erziehungssystem beobachtet zum Beispiel die Politik anders als das Rechtssystem, und für das politische System sind diese unterschiedlichen Perspektiven eine Differenzierung der Umwelt, die in den Umwelten des Erziehungssystems oder des Rechtssystems nicht zu finden ist.

Einzelne kommunikative Ereignisse können auch als Simultanoperationen von unterschiedlichen Teilsystemen identifiziert werden [*siehe* strukturelle Kopplung]: Der Vollzug einer Ehe ist zum Beispiel sowohl eine Rechtskommunikation als auch eine Kommunikation in der Familie (und vielleicht auch eine religiöse Kommunikation). Die autopoietische Schließung der beteiligten Funktionssysteme wird jedoch nie aufgehoben. Sie bestimmt die Fortsetzung der Kommunikation: Nach der Eheschließung orientiert sich die Kommunikation in der Familie nicht an Gesetzen, während die rechtliche Stellung der Ehepartner sich nicht an der Frage ihrer Liebe orientiert.

Außer der Gesellschaft und den anderen Teilsystemen kann ein Funktionssystem auch sich selbst durch Reflexion [*siehe* Reflexion] beobachten. Das politische System kann sich zum Beispiel mit Hilfe der politischen Theorie und das Erziehungssystem kann sich mit Hilfe der Pädagogik beschreiben. Jedes System bezieht aus der Reflexion die Möglichkeit, sich selbst als aus der Umwelt ausdifferenziert zu beobachten, also auch sich auf andere Systeme (die Gesellschaft oder andere Teilsysteme) zu beziehen.

Um sich selbst reproduzieren zu können, muß jedes Funktionssystem seine Funktion – für die Gesellschaft –, seine Leistungen – für andere Teilsysteme – und seine Reflexion – auf sich selbst – differenzieren und kombinieren können.

Die funktional differenzierte Gesellschaft ist das erste Beispiel einer Weltgesellschaft: Sie schließt alle in der Welt produzierten Kommunikationen ein – ohne Beschränkungen aufgrund territorialer Diskontinuitäten. In der vormodernen Zeit war jede Gesellschaft durch territoriale Grenzen definiert, außerhalb deren andere Kommunikationsbedingungen galten; heute existieren dagegen in der Welt uniforme Gesellschaftsbedingungen: Die unterschiedlichen Funktionen (Wirtschaft, Politik, Erziehung, Wissenschaft usw.) werden nicht nur innerhalb der Territorialgrenzen erfüllt, sondern simultan in der ganzen Welt. Die Einheit der Gesellschaft kann also nicht mehr durch diese Territorialgrenzen bestimmt werden; die Differenzen zwischen den geographischen Gebieten können nur in bezug auf eine umfassende Gesellschaft beobachtet werden – etwa mit Hilfe der Unterscheidung zwischen entwickelten und unterentwickelten Gebieten.

In der funktional differenzierten Gesellschaft verschwinden

Stratifikation und Segmentation als Differenzierungsmuster nicht. Sie sind aber nicht mehr die primären Differenzierungsformen und gewinnen deshalb eine neue Bedeutung. Auch wenn die Stratifikation keine Grundprämisse in der Gesellschaft mehr ist, wird sie ständig durch Auswirkungen der funktionalen Differenzierung reproduziert und sogar verstärkt als Differenzierung in mehr oder weniger offenkundige soziale Klassen. Die Segmentation reproduziert sich ihrerseits in Formen, die von Funktionen abhängig sind: zum Beispiel als Differenzierung der Nationalstaaten in der Politik, der Unternehmen in der Wirtschaft, der Schulen im Erziehungssystem.

Die Differenzierung nach Funktionen verbreitert und differenziert den Horizont der Möglichkeiten, die für jedes Funktionssystem verfügbar sind; sie reichert die Beziehung zwischen Independenzen und Interdependenzen der Teilsysteme an; sie regt Variationen in der Gesellschaft an und erhöht die Bedingungen für Selektivität im Vergleich zu früheren Differenzierungsformen. Das bedeutet sowohl Vorteile als auch Probleme, weil dadurch den sozialen und den psychischen Systemen sehr viel höhere Komplexität verfügbar wird.

Zur Differenzierung von Systemen innerhalb der Gesellschaft kommt es nicht nur in der Form der primären Differenzierung, sondern auch in der Form innerer Differenzierung zahlreicher weiterer sozialer Systeme, die mit den Teilsystemen verbunden oder auch nicht verbunden sein können. Diese weitere Differenzierung ergibt sich aus Situationen doppelter Kontingenz [*siehe* doppelte Kontingenz] innerhalb einer schon strukturierten Gesellschaft. So entstehen zunächst viele kleine soziale Systeme, die ständig aufgelöst und wiederaufgebaut werden: die Interaktionen [*siehe* Interaktion]. Und im Zusammenhang mit den Funktionssystemen bilden sich in der modernen Gesellschaft besondere organisierte Systeme [*siehe* Organisation].

[C. B.]

Die Gesellschaft der Gesellschaft, 1997, S. 609 ff.; Gesellschaftsstruktur und Semantik I, 1980; Ökologische Kommunikation, 1986; Differentiation of Society, 1977

Identität/Differenz

Luhmanns Systemtheorie ist ein konstruktivistischer [*siehe* Konstruktivismus] und differenztheoretischer Ansatz. Dies bedeutet, daß sie nicht an Identität ansetzt – also kein Objekt oder einen Begriff als etwas Gegebenes voraussetzt, zum Beispiel die Existenz von Individuen oder den Begriff des Systems. Der Ausgangspunkt ist eine Unterscheidung – die Unterscheidung System/Umwelt [*siehe* System/Umwelt] –, an die weitere Unterscheidungen angeschlossen werden: Operation/Beobachtung [*siehe* Operation/Beobachtung], Identität/Differenz, aktuell/möglich [*siehe* Sinn] etc. Die so verstandene Unterscheidung wird auch mit dem Ausdruck Zwei-Seiten-Form bezeichnet: eine Form ist die Form einer Unterscheidung, also einer Trennung, einer Differenz.

Die Orientierung an Unterscheidungen (oder an Formen) folgt aus der Entscheidung, als Grundbegriff den Begriff der Beobachtung zu nehmen und sich an der Logik von George Spencer Brown zu orientieren. Nach dieser Theorie ist Beobachtung nur dann möglich, wenn ein Kontinuum unterbrochen wird durch das Treffen einer Unterscheidung zwischen dem Beobachteten und dem Hintergrund: Man bezieht sich auf etwas – das bezeichnet wird (*indication*) –, und gleichzeitig unterscheidet man es vom Hintergrund (*distinction*). Die Operation der Beobachtung schließt immer beide Momente der Bezeichnung und der Unterscheidung ein, die nur zusammen erscheinen: Wenn es eine Bezeichnung gibt, gibt es immer auch eine Unterscheidung und umgekehrt, aber ihre Gleichzeitigkeit muß nicht dazu führen, sie zu vermischen. Die Beobachtung ist eine Artikulation der Differenz von Unterscheidung und Bezeichnung; verarbeitet wird nicht die Identität von Bezeichnung und Unterscheidung, sondern ihre Differenz – oder anders gesagt: die Differenz zwischen dem, was festgehalten wird (Identität), und dem, wovon sie unterschieden wird (Differenz).

Die Anfangsunterscheidung, die die Operationen eines Systems leitet, bestimmt das, was es beobachten kann, und auch das, was es nicht sehen kann [*siehe* Operation/Beobachtung]. Dies gilt auch für eine Theorie, die die Artikulation einer »Leitdifferenz« ist, die die Möglichkeiten der Informationsverarbeitung leitet. Im Fall der Theorie sozialer Systeme ist die Leitdifferenz die Unterscheidung System/Umwelt. Im Fall der Funktionssysteme ist die Leitdifferenz der jeweilige Code [*siehe* Code]. Die Beobachtung der Einheit der Anfangsdifferenz im System, das sich an ihr orientiert, produziert die Figur des »re-entry« [*siehe* Re-entry].

Durch die Orientierung an Differenzen kann man die Informationsverarbeitung erklären [*siehe* Information], die sich auf eine Unterscheidung stützt und nach dem von Spencer Brown skizzierten Schema verläuft: Aus einer Unterscheidung entstehen andere Unterscheidungen, bis ein komplexes Netzwerk von Verbindungen (und von Unterscheidungen) entsteht. Eine Unterscheidung ist immer relativ zum Beobachter und ist nicht unabhängig von dessen Kategorien in der Welt gegeben; durch die Orientierung an Differenzen und die ihr folgende Informationsverarbeitung entzieht sich ein System der Eins-zu-eins-Entsprechung zur Umwelt und baut eigene Komplexität auf.

Mit Hilfe einer Anfangsunterscheidung kann eine Identität später durch die Wiederholung der Bezeichnung einer Seite der Unterscheidung »kondensiert« und dadurch wiedererkennbar gemacht werden. Wenn man sich also im Rahmen einer Unterscheidung mehrmals auf eine bestimmte Seite der Unterscheidung bezieht, gewinnt diese Seite eigene Konturen und eine zum Teil vom jeweils aktuellen Kontext unabhängige Identität, die eventuell (aber nicht notwendigerweise) mit einem Namen bezeichnet werden kann. Wenn zum Beispiel die Unterscheidung »Stuhl/andere Objekte« benutzt wird, bildet die Identität des Objekts »Stuhl« eine Referenz, die die Vielzahl der unterschiedlichen auf sie bezogenen Eindrücke sammelt und koordiniert. Wenn man sich an der Unterscheidung System/Umwelt orientiert, wird das System als eine Einheit erfaßt, die gegenüber einer Umwelt, von der es unterschieden ist, feststeht. Anstatt nur ein Fluß sich laufend verändernder Erlebnisse zu sein, artikuliert sich der Sinn in relativ stabilen Konfigurationen, die in anderen Situationen, in unterschiedlichen Zeitpunkten und mit anderen Kommunikationspartnern wieder aufgerufen werden können.

Eine Identität ist eine symbolische Generalisierung, die sich im Fluß des Sinnerlebens [*siehe* Sinn] durchsetzt und es dadurch dem Sinn ermöglicht, sich auf sich selbst zu beziehen und die eigene Komplexität zu steigern. Unter Generalisierung versteht man die Behandlung einer Mehrheit von Referenzen als Einheit. Die Generalisierung kann in allen Sinndimensionen [*siehe* Sinndimensionen] realisiert werden; man kann also eine Einheit (Sachdimension: ein Stuhl bleibt ein Stuhl, auch wenn er aus Plastik besteht) aufgrund eines Konsenses (Sozialdimension: der Stuhl ist auch für die anderen ein Stuhl) mit der Voraussetzung einer gewissen Dauer (Zeitdimension: der Stuhl wird auch morgen ein Stuhl sein) generalisieren.

Unter Identität wird hier also keine einfache Qualität der Objekte verstanden, sondern damit ist die Verweisung auf einen Beobachter impliziert, der sie aufstellt; man spricht immer von einer Identität von etwas für jemanden aufgrund einer spezifischen Unterscheidung. Die Identitäten werden also eingeführt, um die Differenzen, mit denen der Sinn arbeitet, zu organisieren. Die Identitäten sind keine primären Gegebenheiten, sondern werden nur negativ durch ihre Differenzen von etwas anderem definiert; sie kombinieren eine Reihe von Unterscheidungen in einer Form, die behandelt werden kann. Der Begriff des »Stuhls« (die Referenzidentität) ist immer eine Reduktion einer Fülle der Sinnverweisungen jedes konkreten Stuhls (seiner spezifischen Form, der Farbschattierungen, der individuellen Eigenschaften). Sowohl ein Hocker als auch ein Sessel können als »Stuhl« bezeichnet werden, und ihre vielen Unterschiede werden beiseite gelassen. Die Identität dient als Bezug, um die in ihr kondensierten Unterschiede und zugleich die Unterschiede der Kontexte, in denen sie erscheint, zu organisieren.

Sowohl für psychische wie für soziale Systeme dienen Identitäten dazu, Erwartungen [*siehe* Erwartung] zu organisieren, indem sie auf etwas bezogen werden, das relativ stabil bleibt. Der Bereich dessen, was erlebt werden kann, wird durch Identitäten organisiert, deren jede auf eine spezifische Weise eine Reihe voneinander unterschiedener Erwartungen verbindet; man erwartet von einem Buch nicht, was man von einer Tür erwartet – und auch wenn von beiden erwartet wird, daß sie geschlossen werden können, lernt man nichts über Bücher, wenn eine Tür geschlossen wird. Von einem Buch kann man dann wie von einem Glas erwarten, daß es einem aus der Hand fällt, was mit einer Tür nicht passieren kann.

Im eigentlich sozialen Bereich der Erwartungen von Erwartungen ist die Konstruktion von abstrakteren Identitäten als jenen nötig, die den Bezug auf Dinge organisieren. Man muß berücksichtigen, daß das »Objekt«, auf das man sich bezieht, seinerseits über eine eigene Beobachtungsperspektive verfügt. Dadurch entsteht eine Situation der doppelten Kontingenz [*siehe* Doppelte Kontingenz]. Die Verbindungen der Erwartungen werden auf einer Skala von zunehmender Abstraktion aufgrund vier unterschiedlicher Modi der Identitätskonstitution kondensiert. Es gibt zunächst die Identität von Personen [*siehe* Person]: Von jeder Person wird Unterschiedliches erwartet, und es werden ihr bestimmte Charakterzüge, ein bestimmter Geschmack und andere Eigenschaften zugeschrieben, die sie kennzeichnen. Es gibt dann die Identität von Rollen, die von verschiedenen Personen angenommen werden können und nur einen beschränkten Ausschnitt ihres Verhaltens betreffen, zum Beispiel die Rolle eines Verkäufers oder einer Ehefrau oder eines Gelehrten. Die Identität von Programmen [*siehe* Programm] kann mehrere Individuen betreffen. Die Programme werden als Komplexe von Bedingungen des korrekten Verhaltens definiert, die mehrere Rollen zugleich vorsehen können, zum Beispiel die Planung einer chirurgischen Operation oder der Aufbau eines neuen Automobilmotors oder die Aufführung einer Oper. Die abstraktesten Bezugspunkte, die die Erwartungen organisieren, sind die Werte [*siehe* Werte], die sehr allgemeine Orientierungen festlegen, welche den Aufbau von Präferenzen steuern: man ist für Freiheit oder gegen Umweltverschmutzung oder für die Gleichberechtigung der Rassen.

In bezug auf ein System werden Einheit und Identität unterschieden; die Einheit des Systems wird von seinen Operationen generiert [*siehe* Autopoiesis], die die Grenze zwischen System und Umwelt ziehen, aber nicht notwendigerweise in der Lage sind, sie zu beobachten. Die Einheit eines Systems kann als Einheit nur von einem externen Beobachter beobachtet werden. Wenn dagegen der Beobachter das System selbst ist, spricht man von Identität. Die Identität eines Systems entsteht also nur in der Reflexion [*siehe* Reflexion] des Systems auf die eigene Einheit.

[E. E.]

Soziale Systeme, 1984, S. 19, 26 f., 100 f., 112 ff., 426 ff.; Identität – was oder wie?, 1990; Die Wissenschaft der Gesellschaft, 1990, S. 311, 376, 482, 547; Die Gesellschaft der Gesellschaft, 1997, S.46 ff.

Information

Die Information wird als ein Ereignis [*siehe* Ereignis] definiert, das Zustände eines Systems auswählt – ein Ereignis also, das einen selektiven Einfluß auf die Strukturen [*siehe* Struktur] eines Systems ausübt und dadurch Veränderungen auslöst.

Die Fähigkeit, Informationen zu verarbeiten, hängt von der Fähigkeit ab, sich an Unterscheidungen zu orientieren [*siehe* Differenz]: die erhaltene Nachricht gilt als Information aufgrund der Differenz zu dem, was erwartet war. Die Information ist also eine Differenz. Die Information löst dann weitere Differenzen in der daraus resultierenden inneren Restrukturierung aus; die Differenz zwischen dem aktuellen Zustand des Systems und dem erwarteten Zustand zwingt zu zahlreichen Justierungen in der Struktur des Systems selbst, die sich verändert, um die Information zu berücksichtigen. Die Information produziert also weitere Differenzen innerhalb des Systems. Deshalb sagt man auch – mit einer Formulierung Gregory Batesons –, daß die Information »a difference which makes a difference« ist. Als Orientierung an Unterscheidungen wird die Information auf jeden Fall nur in den Strukturen eines Systems produziert, das eigene Zustände infolge der Veränderungen an anderen Stellen des Systems verändert.

Die Umwelt hat nur eine Funktion der Irritation und der Störung; was in der Umwelt passiert, wird vom System nur als »Störung« erfaßt. Zur Information kommt es, wenn Irritationen durch eigene Strukturen des Systems behandelt werden. Die Information ist also nicht als solche in der Umwelt anwesend, darauf wartend, erfaßt zu werden – in den Worten Heinz von Foersters: »Die Umwelt enthält keine Information; die Umwelt ist, was sie ist.«

Im Fall eines sozialen Systems, dessen Strukturen Erwartungsstrukturen sind [*siehe* Erwartung], entsteht Information, wenn ein unerwartetes Ereignis dazu führt, das, was man später erwarten wird, zu verändern. Das Ereignis der Veränderung des Preises eines Produkts bedeutet für das Wirtschaftssystem eine Restrukturierung der Zahlungserwartungen; von nun ab bereitet man sich vor, mehr (oder weniger) zu bezahlen – oder entscheidet man, das betreffende Produkt nicht mehr zu kaufen (oder erst jetzt zu kaufen).

Ein Element der Neuheit ist notwendig, um von Information sprechen zu können: Eine wiederholte Nachricht (zum Beispiel eine ohne Ergänzungen in einer zweiten Zeitschrift nochmals gelesene Nachricht) hat keinen Informationswert mehr, weil sie keine Restrukturierung der Erwartungen mit sich führt. Die Erwartungen sind in diesem Fall bereits restrukturiert worden, um die Information zu berücksichtigen. Was als Information für ein bestimmtes System gilt, ist nicht notwendigerweise auch für ein anderes (das zum Beispiel die Nachricht schon kennt oder nicht versteht) eine Information: Informativität ist immer relativ zu den Strukturen des jeweiligen Systems.

Auch weil die Information immer Information für jemanden ist, ist es unangemessen, Kommunikation [*siehe* Kommunikation] als Informationsübertragung zu definieren. Es wird nichts übertragen, denn die Information geht dem Mitteilenden nicht verloren; und der Verstehende bekommt nicht etwas, sondern er verarbeitet infolge eines kommunikativen Reizes autonom seine Strukturen entsprechend seiner eigenen Formen.

Der Begriff der Information setzt also ein selbstreferentielles System [*siehe* Selbstreferenz] voraus, das die eigenen inneren Zustände aufgrund der eigenen inneren Zustände verändert, auch wenn die Selektion im System selbst der Umwelt und nicht dem System zugeschrieben wird [*siehe* Attribution]. Wenn das System zum Beispiel lernt, daß Quecksilber krebserzeugend sein kann, behandelt es das Datum als Umweltzustand; es handelt sich jedoch nur um eine Information, weil das System sie verarbeiten kann.

Von Information spricht man nicht im Fall einer von außen bestimmten Veränderung, sondern nur im Fall einer »Bestimmung zur Selbstbestimmung« – wenn also das System einen einer Umwelt zugeschriebenen Reiz benutzt, um die eigenen Strukturen entsprechend eigener Formen und auf die eigene Art und Weise zu verändern. Es handelt sich immer um innere Prozesse selbstreferentieller Systeme.

Diese im Differenzbegriff zentrierte Bedeutung von Information erlaubt es, auch etwas Nicht-Gegebenem (wie einen Mangel, einen Fehler, eine Enttäuschung) Informationswert zu geben, und erlaubt es außerdem zu akzeptieren, daß das System sich im Vergleich mit der eigenen Vergangenheit oder mit früheren Zuständen der eigenen Strukturen »selbst-informieren« kann. Denn alles, was als Unterscheidung behandelt werden kann, kann als Information fungieren.

[E. E.]

Soziale Systeme, 1984, S. 68, 102 ff., 194 f.; Selbstorganisation und Information im politischen System, 1991

Inklusion/Exklusion

Die Differenz von Inklusion und Exklusion bezieht sich auf die Art und Weise, in der eine Gesellschaft es den Individuen erlaubt, Personen zu sein und daher an der Kommunikation teilzunehmen.

Der Personbegriff bezeichnet weder das Bewußtsein noch den Körper der Individuen, die eigenständige autopoietische Systeme sind. Er rastet auf der kommunikativen Ebene ein: Unter »Person« versteht man eine soziale Struktur, die es der Gesellschaft ermöglicht, Adressaten für die Weiterproduktion von Kommunikation [*siehe* Kommunikation] zu finden. Personen erlauben daher die Zurechnung kommunikativer Verantwortung (für Mitteilungen) und die Lokalisierung von Verstehensmöglichkeiten; in diesem Sinne sind Personen keine Systeme wie Bewußtseinssysteme und Körper, sondern kommunikative Artefakte. Sie identifizieren individuelle Zusammenhänge, von denen begrenzte Verhaltensmöglichkeiten [*siehe* Identität/Differenz] zu erwarten sind und in denen das einzelne Individuum vor die Alternative gestellt ist, diese Erwartungen zu bestätigen oder die Kommunikation mit unerwarteten Anregungen zu überraschen. Die gewählte Entscheidung hat dann eine unterschiedliche Bedeutung für das psychische und für das soziale System; unter Umständen hat sie entscheidende Folgen für die Geschichte des Bewußtsein, bleibt jedoch irrelevant für die Geschichte der Kommunikation. Die Person und ihre Merkmale, die sozial beobachtbar sind, entstehen aus der instabilen Zirkularität der doppelten Kontingenz [*siehe* doppelte Kontingenz]: Ego und alter Ego beobachten sich wechselseitig und gerade das Beobachtetwerden führt beide zur Stabilisierung jener persönlichen Züge, die in der Kommunikation sowohl von der Person selber als auch von anderen erwartet werden können. Die Art und Weise, in der man beobachtet wird, bestimmt dann den Persönlichkeitstyp, der als Adressat der Kommunikation gelten kann.

Inklusion und Exklusion treten in unterschiedlichen Formen auf, je nach der gesellschaftlichen Struktur [*siehe* Gesellschaftsdifferenzierung], in der man Person ist. In segmentären Gesellschaften besteht Inklusion in der Zugehörigkeit zu einem Segment, zum Beispiel zu einem Stamm oder zu einem Dorf. Die Exklusion aus dem eigenen Segment kann durch ein Übersiedeln in einen anderen Stamm oder ein anderes Dorf stattfinden, während es praktisch unmöglich ist, außerhalb aller Segmente, das heißt außerhalb der Gesellschaft, zu überleben.

In den stratifizierten Gesellschaften wird die Zugehörigkeit zur Gesellschaft durch die Schichten geordnet, und die Zugehörigkeit zu einer Schicht bestimmt sich vor allem über die Familienherkunft. Exklusion wird vor allem durch die endogame Geschlossenheit der Schicht praktiziert, die feststellt, wer würdig ist, an der (schichtspezifischen) Kommunikation teilzunehmen, und wer anders behandelt werden soll. Ein von einem Haushalt unabhängiges Leben ist sehr schwer, obwohl es gewisse Überlebenschancen gibt, zum Beispiel als Mönch oder Nonne, als Soldat, als Vagabund, im Grenzfall als Pirat. In diesen Fällen wird jedoch die normale Reziprozität unterbrochen, die die Zukunft und Stabilität der Erwartungen sichert; die Relevanz der Situationen und der Ereignisse wird von einem »normalen« kommunikativen Ablauf weg und auf die dann nur noch entscheidende Alternative von Heil und Verdammnis verschoben.

Mit der funktionalen Differenzierung verlieren die typischen stratifikatorischen Rangunterschiede ihre primäre Relevanz, und an deren Stelle tritt eine Gesellschaftsstruktur, die von der Voraussetzung ausgeht, daß alle im Prinzip an allen Kommunikationsformen teilnehmen können und eventuelle Unterschiede nicht innerhalb der Differenzierungsform selbst festgehalten werden. Jeder kann wirtschaftlich aktiv sein, und alle können erzogen werden, eine Familie gründen oder vor dem Gericht gleich behandelt werden. In diesem Sinne findet die moderne Inklusion ihre semantischen Korrelate in den Postulaten der Freiheit und der Gleichheit; die Gleichheit bezeichnet die Bedingungen für die sozialen Kontakte, das heißt das Fehlen von vorentschiedenen Diskriminierungen, während die Freiheit einfach die Tatsache bezeichnet, daß zur Herstellung sozialer Kontakte eine individuelle Entscheidung nötig ist. Differenzen im Gebrauch dieser Freiheit können nur innerhalb einzelner Teilsysteme und nicht von der Gesamtgesellschaft gerechtfertigt werden.

Die Postulate der Freiheit und der Gleichheit sind jedoch nur die semantischen Korrelate der Inklusion und sagen wenig über die Struktur aus, die Inklusion und Exklusion jeweils bestimmt. Im Vergleich zu stratifizierten Gesellschaften zum Beispiel ist eine strukturelle Veränderung vor allem daran erkennbar, daß Qualität und Würde (*dignitas*) der Person als Selektionskriterien nicht mehr fungieren können. Indem sich die typisch hierarchischen Unterschiede auflösen, hat die moderne Gesellschaft eine alternative und äquivalente Lösung (er)finden müssen: sie besteht in der Beobachtung der Personen anhand ihrer Biographien; die Temporalisierung der Person wird als Karriere konstruiert. Die auf Personen bezogenen Erwartungen gründen sich vor allem auf die in der Biographie zentrierte Unterscheidung von Vergangenheit und Zukunft. Jede Antizipation der Zukunft kann nur von dem ausgehen, was die Vergangenheit zu erwarten erlaubt, während zugeschriebene Faktoren nunmehr nur eine sehr marginale Rolle spielen und jedenfalls als Selektionskriterien zur Teilnahme an der Kommunikation im Prinzip nicht akzeptiert werden. Die Verschulung der Gesamtbevölkerung kann zum Beispiel als generalisierte Inklusion in das Erziehungssystem angesehen werden; gerade weil sich das Inklusionskriterium in Richtung Karriere gewandelt hat, gewinnen die ersten biographischen Etappen eine erhebliche Bedeutung, da sie die Vergangenheit ausmachen (werden), deren sich die Karriere in Zukunft bedienen wird. Gerade weil es sich um eine der wichtigsten Phasen der Karriere handelt, wird die schulische Karriere jedoch so gebaut, daß sie nicht zu streng begrenzt, was im folgenden getan werden kann; die schulische Geschichte der einzelnen erlaubt eine gewisse Kapitalisierung der Vergangenheit, die nicht bestimmend wirkt, sondern nach dem Bedarf der jeweils aktuellen Situationen rekombiniert werden kann.

In einem gewissen Sinne schließt die moderne Gesellschaft alle Personen zugleich ein und aus; obwohl alle an jeder Kommunikation teilnehmen können, kann niemand voll und ganz in ein Teilsystem integriert werden. Es gibt keinen nur ökonomischen oder nur wissenschaftlichen Menschen. Die Differenz von Inklusion und Exklusion wird innerhalb der Teilsysteme auch dadurch behandelt, daß sie irgendeine Form der Organisation [*siehe* Organisation] von Kommunikation braucht; die Wirtschaft zum Beispiel kann sich nur reproduzieren, wenn es Unternehmen gibt, so wie die Erziehung ohne die Schulen nicht existieren könnte. Während jedoch jedes Teilsystem generell alle einschließt, schließen formale Organisationen die Personen nur in einem sehr begrenzten Umfang ein: in einem Unternehmen können nur Mitglieder organisationsinterne Entscheidungen treffen; in einer Schulklasse sitzen nur einige Schüler und ein(e) Lehrer(in). Während das Teilsystem keinen Grund hat, jemanden auszuschließen, kann die formale Organisation nicht alle Personen zum Mitglied machen; dieser Unterschied zwischen Teilsystem und Organisation bildet eine moderne Fassung der Differenz Inklusion/Exklusion.

Im Vergleich zu älteren Gesellschaften verändert die Moderne die Inklusionskriterien vor allem unter einem Aspekt: Ausschließung aus einem Teilsystem heißt nicht Einschließung in ein anderes. Wenn in stratifizierten Gesellschaften die Zugehörigkeit zu einer Schicht die Ausschließung aus anderen Schichten impliziert, so sind in der modernen Gesellschaft die Verbindungen zwischen den verschiedenen Teilsystemen lockerer; eine gute Ausbildung gibt wenige Hinweise auf eine Tätigkeit in der Wirtschaft oder in anderen Bereichen. Die moderne Form der Inklusion bringt eine starke Lockerung der sozialen Integration mit sich, da die Inklusion in ein Teilsystem noch nichts über die Inklusion in ein anderes aussagt. Das gegenteilige Phänomen ist statt dessen auf der Seite der Exklusion zu beobachten, da die Exklusion aus einem Teilsystem eine Art Dominoeffekt bewirkt, die das Individuum als Person sehr rasch gesellschaftlich irrelevant machen kann. Verliert man die Arbeit, dann wird es schwierig, die Wohnung und die Krankenversicherung zu behalten, oder umgekehrt; in Extremfällen wird es unmöglich, den Kindern die Erziehung in der Schule zu sichern usw. Diese starke Integration der Exklusion kann dazu führen, Individuen immer weniger als Personen und als mögliche Kommunikationspartner zu beobachten; in Fällen wie Slums oder Favelas geht das so weit, daß Individuen nur noch als Körper angesehen werden, für die völlig andere Bedingungen gelten als für Personen (Überlebensprobleme, Gewalt, Krankheiten usw.).

Die Unterscheidung von Inklusion und Exklusion ist gerade

deswegen von erheblicher Bedeutung für die Selbstbeschreibung der Gesellschaft, weil durch sie Kriterien des Zugangs zur Kommunikation festgestellt werden: Die innere Seite (Inklusion) bezeichnet die Bedingungen und die Möglichkeiten der Teilnahme an der Kommunikation und verlangt so Aufmerksamkeit und Berücksichtigung, während die Außenseite, die Exklusion, das bezeichnet, was übrigbleibt und die Gesellschaft zur Reflexion zwingt. Das wird heute an der Bedeutung sichtbar, die Karrieren und Leistungsorientierung einerseits und Situationen andererseits, in denen gegenteilige Bedingungen gelten, gewonnen haben, wie zum Beispiel das Ghetto, die Armut, die Hungersnot oder die Überbevölkerung usw.

[G. C.]

Wie ist soziale Ordnung möglich?, 1981; Individuum, Individualität, Individualismus, 1989; Inklusion und Exklusion, 1995; Die Gesellschaft der Gesellschaft, 1997, S. 618 ff.

Interaktion

Die Interaktion ist ein soziales System, das die physische Anwesenheit der Kommunikationspartner verlangt. Interaktionen bilden sich, wenn die Wahrnehmung der physischen Anwesenheit die Grundlage der Kommunikation ist, die sich ausgehend von der doppelten Kontingenz [*siehe* Doppelte Kontingenz] bildet.

Reflexive Wahrnehmung (Wahrnehmung der Wahrnehmung) ist eine vorsoziale Voraussetzung der Interaktion; die Kommunikation setzt die wechselseitige Wahrnehmung des Wahrnehmens – die Teilnehmer nehmen wahr, daß sie wahrgenommen werden – voraus. Diese Wahrnehmung erzwingt die Kommunikation; wer wahrnimmt, daß er wahrgenommen wird und daß seine Wahrnehmung ihrerseits wahrgenommen wird, kann nicht vermeiden zu beobachten, daß sein Verhalten als Mitteilung in der Kommunikation verstanden wird [*siehe* Kommunikation]. Das macht Kommunikation unvermeidbar: auch ein Nichtkommunizieren wird als Kommunikation (der Ablehnung der Kommunikation) beobachtet.

Das Selektionsprinzip für die Bildung des Interaktionssystems ist also die physische Anwesenheit; die einzige Voraussetzung ist eine Face-to-face-Konstellation. Da kein Abwesender zur interaktiven Kommunikation beitragen kann, gilt für die Beobachtung der Interaktion die Unterscheidung zwischen Anwesenden und Abwesenden als Grundunterscheidung (obwohl nicht alle Anwesende notwendigerweise an der Kommunikation teilnehmen müssen; der Kellner nimmt nicht notwendigerweise an der Kommunikation der Gäste am Tresen teil). Die Unterscheidung anwesend/abwesend erlaubt eine relativ einfache Definition der Grenzen der Kommunikation, die Interaktion ist das einfachste soziale System. Die Interaktion ist trotzdem ein komplexes soziales System, weil die Zahl der möglichen Kommunikationen eine Selektion notwendig macht [*siehe* Komplexität].

Die Komplexität der Interaktion wird mit Hilfe binärer Schematismen behandelt [*siehe* Code]. Die Kommunikationsoptionen sind aufgrund von Differenzschemata vorstrukturiert, die als Prämissen der Kommunikation gelten. Es lassen sich drei Schematismen der Interaktion unterscheiden, die den drei Sinndimensionen entsprechen: Ego/Alter (Sozialdimension), konstant/variabel (Zeitdimension), intern/extern (Sachdimension). In jeder Interaktion operieren alle drei Schematismen zugleich.

Die Zuschreibung von Selektionen auf Ego oder Alter in der Sozialdimension ordnet die Kommunikation als Attribution von Verantwortung und Intentionalität; man kann wissen, wer was gesagt hat, und dementsprechend handeln. Die Unterscheidung zwischen konstanten Eigenschaften und variablen Errungenschaften in der Zeitdimension erlaubt es, Bedingungen der Konstanz und Selektionen des Variablen zu bestimmen; auf der einen Seite gibt es strukturelle Konditionierungen und auf der anderen Seite kontingente Selektionsprozesse. In der Sachdimension erlaubt die interne (als Handlung) oder externe (als Erleben) Zuschreibung auf Ego und Alter, Intentionen des Handelns zu erfassen oder Erleben festzustellen.

Die Interaktion bildet die minimale Ebene der Produktion der Kommunikation: ohne Interaktionen wäre kein soziales System möglich. Die Interaktion ist jedoch mit der Gesellschaft nicht gleichzusetzen: Interaktionen sind Episoden, die zur Realisierung der Gesellschaft beitragen und sich zugleich in der Gesellschaft ausdifferenzieren. Die Gesellschaft ist immer Voraussetzung und zugleich Umwelt der Interaktion.

Die Differenz zwischen Gesellschaft und Interaktion entsteht schon in den ältesten segmentär differenzierten Gesellschaften, in denen die gesamte Kommunikation interaktiv und mündlich ist; keine einzelne Interaktion kann alle Kommunikationen einschließen, und nicht alle Partner können immer gleichzeitig anwesend sein. Später variiert die Beziehung zwischen Gesellschaft und Interaktion evolutiv in Verbindung mit der Veränderung der Struktur der Gesellschaft [*siehe* Gesellschaftsdifferenzierung] und der Möglichkeit, die Adressaten der Kommunikation zu erreichen [*siehe* Verbreitungsmedien].

In stratifizierten Gesellschaften wird die Interaktion von der hierarchischen Struktur der Gesellschaft abhängig, und zugleich wird es dank der Erfindung der Schrift möglich, unabhängig von der Anwesenheit der Partner zu kommunizieren. Die Interaktion erhält eine wichtige Funktion innerhalb der Schichten und bleibt für die Reproduktion der Gesellschaft unerläßlich (man denke zum Beispiel an die Relevanz der höfischen Interaktion für die Oberschichten – also für die Gesellschaft).

Mit der funktionalen Differenzierung sowie der Entdeckung des Buchdrucks und später der neueren Verbreitungsmedien wird die nicht-interaktive Kommunikation immer häufiger und gesellschaftlich immer wichtiger. Große Teile der unwahrscheinlichsten und gesellschaftlich relevanteren Kommunikation (Zahlungen, wissenschaftliche Diskussionen, politische Debatte etc.) verlangen nicht mehr die physische Anwesenheit der Teilnehmer und schließen auch Abwesende ein (durch Buchdruck, Fernsehen und Computer).

In dieser Situation zeigen sich zahlreiche strukturelle Beschränkungen der Interaktion. Sie ist auf physische Anwesenheit angewiesen; sie macht es notwendig, jeweils nur über ein Thema zu reden; sie löst sich leicht auf bei Konflikten, unangenehmen Kommunikationen oder Versuchen, Hierarchien durchzusetzen. Die Partner ziehen sich zurück. Die Überwindung dieser strukturellen Beschränkungen wird durch Medien möglich, die den Erfolg der nicht-interaktiven Kommunikation wahrscheinlich machen [*siehe* symbolisch generalisierte Kommunikationsmedien].

Die Gesellschaft bestimmt allgemein die Voraussetzungen für die Realisation spezifischer Interaktionen und schafft (in den Teilsystemen und in den Organisationen) eine strukturierte soziale Umwelt, an die die Interaktionen sich anpassen müssen. Die

Interaktionen selbst betreffen oft Probleme, die jenseits ihrer Grenzen liegen (Parlamentsdebatten, Arbeitsbesprechungen, Liebestreffen etc.). In diesen Fällen kann die Interaktion eine neue Bedeutung gewinnen. Eine Interaktion kann zum Beispiel die Rollenerwartungen der Teilnehmer ignorieren, die außerhalb der Interaktion gelten; oder sie kann gerade eine Intimität realisieren, die die ganze Person der Teilnehmer einschließt. Die Interaktion kann sowohl innerhalb der Funktionssysteme (Wirtschaft, Politik, Wissenschaft, Erziehung, Familie etc.) als auch in funktionsfreien Kontexten (in einer Schlange an der Theaterkasse, im Bus, in der Kneipe) beobachtet werden.

Die so verstandene Unterscheidung von Gesellschaft und Interaktion ist mit der traditionellen Unterscheidung von Mikrosoziologie (Interaktionsanalyse) und Makrosoziologie (Analyse der komplexen sozialen Systeme) inkompatibel. Denn Gesellschaft und Interaktion sind keine unterschiedlichen Niveaus des Sozialen, sondern Systemreferenzen, die sich in der Art der Grenzziehung, in den strukturellen Regeln der Kommunikation und in der zugelassenen Komplexität unterscheiden.

[C. B.]

Soziale Systeme, 1984, S. 560 ff.; Schematismen der Interaktion, 1979; The Evolutionary Differentiation of Interaction and Society, 1987; Die Gesellschaft der Gesellschaft, 1997, S. 812 ff.

Interpenetration

Unter dem Begriff der Interpenetration wird eine spezifische Weise der strukturellen Kopplung [*siehe* strukturelle Kopplung] von Systemen verstanden, die sich in wechselseitiger Ko-Evolution entwickeln. Keines dieser Systeme kann in diesem Fall ohne das andere existieren. Interpenetration gibt es zum Beispiel in den Verhältnissen von Bewußtseinssystemen und Gehirnen oder auch – und das ist der soziologisch wichtigste Fall – im Verhältnis von psychischen und sozialen Systemen. Jedes interpenetrierende System stellt die eigene Komplexität [*siehe* Komplexität] bei der Konstitution des anderen zur Verfügung.

Anders als die humanistische Tradition, an die die Soziologie vorwiegend anschließt und die den Menschen als etwas Ganzes (als Einheit von psychischem und organischem System), als das nicht weiter auslösbare Letztelement der Gesellschaft betrachtet, verortet die Theorie sozialer Systeme den Menschen außerhalb des sozialen Systems (dessen Letztelemente Kommunikationen sind): in seiner Umwelt. Diese Entscheidung bedeutet allerdings keine Abwertung der Relevanz der Menschen für die Gesellschaft, denn der Paradigmawechsel der Systemtheorie mit dem Übergang zur Leitdifferenz System/Umwelt schreibt der Umwelt mindestens dieselbe Bedeutung zu wie dem System. Die Lokalisierung in der Umwelt bedeutet also keineswegs, daß die Menschen von der Gesellschaft vernachlässigt oder manipuliert werden können. Es gilt genau das Gegenteil: Da die Umwelt immer komplexer als das System ist und von diesem nie bestimmt werden kann, ermöglicht die Lokalisierung des Menschen in der Umwelt der sozialen Systeme, den Menschen weitaus höhere Freiheit und Unvoraussagbarkeit zuzuschreiben, als es der Fall sein könnte, wenn sie als Elemente des sozialen Systems angesehen würden. Die Gesellschaft kann ihrerseits von den Wünschen oder den Vermutungen der Menschen nie völlig bestimmt werden, und ihre Komplexität übersteigt immer die Verständnisfähigkeit der einzelnen psychischen Systeme.

Kommunikationssysteme und psychische Systeme (oder Bewußtsein) bilden zwei klar getrennte autopoietische Bereiche; ausgeschlossen sind sowohl ein direkter Eingriff der Kommunikation in die psychischen Prozesse der Teilnehmer (nicht alles, was kommuniziert wird, wird vom Bewußtsein rezipiert – das Bewußtsein bestimmt autonom, was eine Information darstellt) als auch ein operativer Eingriff des Bewußtseins in die Kommunikation (die Gedanken sind nur sozial relevant, wenn sie zum Gegenstand von Kommunikation werden, und ihre kommunikative Bedeutung ist von der psychischen Bedeutung getrennt). Diese beiden Systemarten sind jedoch in einem besonders engen Verhältnis miteinander verbunden und bilden wechselseitig eine »Portion notwendiger Umwelt«: Ohne Teilnahme von Bewußtseinssystemen gibt es keine Kommunikation, und ohne Teilnahme an Kommunikation gibt es keine Entwicklung des Bewußtseins. Die Gesellschaft muß sich eine ausreichende Einbeziehung der Bewußtseinssysteme in die Kommunikationsprozesse sichern – in den Formen, die in der soziologischen Analyse unter dem Stichwort der Integration beschrieben werden [*siehe*

Inklusion/Exklusion]. Jedes psychische System kann seinerseits nur dank dieser Einbeziehung ein hohes Komplexitätsniveau und eine Selbstkontrollfähigkeit erreichen – also dank der Sozialisationsprozesse, denen es durch die Teilnahme an sozialen Systemen ausgesetzt wird.

Wie in allen Fällen struktureller Kopplung ist die Koinzidenz zweier interpenetrierender Systeme ein Ereignis, das im Moment seines Erscheinens schon wieder verschwindet. Die Spezifität des Verhältnisses von Kommunikation und Bewußtsein hängt jedoch mit der Tatsache zusammen, daß diese Koinzidenz dank der Verfügbarkeit über Sprache [*siehe* Sprache] nicht zufällig passiert, sondern erwartet und zum Teil geplant werden kann. Die Eigenschaften einer sprachlich formulierten Kommunikation führen dazu, daß sie nahezu unvermeidlich die anwesenden Bewußtseinssysteme »fasziniert« und in die eigenen Prozesse hineinzieht; wenn in der Nähe eine Konversation stattfindet, ist es fast unmöglich, den eigenen Gedankengang davon unbeeindruckt weiterzuführen. Bei gleicher Intensität haben sprachlich artikulierte Laute für psychische Systeme eine weitaus höhere Störfähigkeit als (andere) Hintergrundgeräusche. Mit Bezug auf die Unterscheidung Medium/Form [*siehe* Medium/Form] kann man sagen, daß die sprachliche Kommunikation die psychischen Systeme als ein Medium behandeln kann, das immer bereit ist, kommunikative Formen anzunehmen. Das Bewußtsein kann seinerseits die Sprache benutzen, um die Kommunikation als ein Medium zu behandeln, dem es immer seine Formen einprägen kann; denn ein sprachlich ausgedrückter Gedanke kann immer kommuniziert werden und dadurch den Kommunikationsprozeß zwingen, einen psychischen Reiz zu verarbeiten.

Kennzeichnend für sprachliche Formen ist die Flexibilität, die es ihnen ermöglicht, von unterschiedlichen Systemen (jeweils auf eigene Weise) als Medium behandelt zu werden und gleichzeitig die Koinzidenz in einem Ereignis zu sichern. Die Sprache schafft damit die strukturelle Kopplung zweier Systeme, die, auch wenn sie immer getrennt bleiben, mit wechselseitiger Teilnahme an der Konstitution ihrer Systemkomplexität rechnen können.

Auf diese Weise – durch die Wiederholung und Erwartbarkeit der Konvergenz – entsteht eine Ko-Evolution der interpenetrierenden Systeme. Jede Entwicklung in der Abstraktion und Komplexität der Kommunikation setzt eine entsprechende Entwicklung der Bewußtseinssysteme voraus und löst sie aus, die es diesen erlaubt, an einem zunehmend unwahrscheinlichen Kommunikationskontext teilzunehmen. Die so veränderten Bewußtseinssysteme zwingen dann die Kommunikation dazu, neue Bedürfnisse zu berücksichtigen. Die Einführung der Erziehung für alle (durch die allgemeine Schulpflicht) löst zum Beispiel große Veränderungen in der psychischen Umwelt der Gesellschaft aus, und die Gesellschaft muß heute die Probleme bewältigen, die aus der generalisierten Steigerung des Bildungsniveaus resultieren. Durch Interpenetration schaffen die Systeme (unter Bedingungen der gegenseitigen Intransparenz) die notwendigen Umweltvoraussetzungen, um zu evoluieren, und gleichzeitig (in einem zirkulären Prozeß) die Irritationen, die zu weiterer Evolution führen werden.

Als Interpenetration wird also ein privilegiertes Verhältnis zweier operational geschlossener Systeme vermutet, die in der Lage sind, in einer zirkulären Beziehung gegenseitiger Störung besonders gezielte und wirkungsvolle Reizaktionen auszuüben. Das bedeutet für jedes System einen Beitrag zur Konstitution der Komplexität des anderen, aber keineswegs einen Durchgriff auf seine Operationen und auch nicht die Möglichkeit, diese Komplexität zu kontrollieren.

Die scharfe Trennung zwischen psychischen und sozialen Operationen bedeutet natürlich nicht, daß innerhalb der Kommunikation kein Bezug auf psychische Systeme möglich ist. Dieser Bezug ereignet sich jedoch durch kommunikative Strukturen, die von den durch die Autopoiesis der Bewußtseinssysteme produzierten Einheiten unterschieden werden müssen. Die Kommunikation benutzt dafür die Identität der Personen [*siehe* Inklusion/Exklusion].

[E.E.]

Interpenetration – Zum Verhältnis personaler und sozialer Systeme, 1977; Interpenetration bei Parsons, 1978; Soziale Systeme, 1984, S. 286 ff.; Wie ist Bewußtsein an Kommunikation beteiligt?, 1988

Kommunikation

Die Kommunikation ist das Letztelement oder die spezifische Operation [*siehe* Operation/Beobachtung] sozialer Systeme. Sie besteht aus der Synthese dreier Selektionen: (1) Mitteilung; (2) Information; (3) Verstehen der Differenz zwischen Information und Mitteilung.

Man spricht von Kommunikation, wenn Ego versteht, daß Alter eine Information mitgeteilt hat; diese Information kann ihm dann zugeschrieben werden. Die Mitteilung einer Information (Alter sagt zum Beispiel »Es regnet«) ist nicht an sich Information. Die Kommunikation realisiert sich nur, wenn sie verstanden wird: wenn die Information (»Es regnet«) und Alters Intention für die Mitteilung (Alter will zum Beispiel Ego dazu bringen, einen Regenschirm mitzunehmen) als unterschiedliche Selektionen verstanden werden. Ohne Verstehen kann Kommunikation nicht beobachtet werden: Alter winkt Ego zu, und Ego läuft ruhig weiter, weil er nicht verstanden hat, daß der Wink ein Gruß war. Das Verstehen realisiert die grundlegende Unterscheidung der Kommunikation: die Unterscheidung zwischen Mitteilung und Information.

Dank dieser Unterscheidung ist die Kommunikation keine einfache Wahrnehmung des Verhaltens anderer; es genügt nicht, daß Ego Alter sieht oder seine Stimme hört. Die Wahrnehmung unterscheidet sich darin von der Kommunikation, daß ihr die Unterscheidung zwischen Information und Mitteilung fehlt. Wahrnehmung erlaubt es nicht, Alters Selektivität zu erfassen: Wenn ich das Geknurre von Alters Magen höre, kommuniziere ich mit dem Magen nicht, weil ich ihm keine Mitteilungsabsicht zuschreibe.

Information, Mitteilung und Verstehen sind Selektionen. Die Tatsache, daß Alter etwas sagt (mitteilt) (zum Beispiel »Es regnet«), ist Alters Selektion; er trägt die Verantwortung dafür, gesprochen zu haben, und spricht außerdem aus irgendeinem Grund, der ihm zugeschrieben werden kann (zum Beispiel, weil ihm eine Frage über das Wetter gestellt wurde oder weil er zu verstehen geben will, daß er lieber zu Hause bleiben würde).

Die Information (zum Beispiel, daß es regnet) ist eine Selektion in dem Sinne, daß sie in der Welt eine Unterscheidung zwischen dem zieht, was gesagt wurde, und dem, was dadurch ausgeschlossen bleibt (sie schließt zum Beispiel den Fall aus, daß es schneit oder daß die Sonne scheint). Es handelt sich um eine autonome Selektion, die von der Selektion von Alters Mitteilung unterschieden wird; man nimmt den Regenschirm mit, weil es regnet, und nicht weil Alter die Verantwortung trägt, es gesagt zu haben. Die Information wird also in der Kommunikation als spezifische Selektion konstruiert und nicht etwa übertragen: Die Information geht Alter nicht verloren und wird von Ego nicht gewonnen (Alter verliert die Aussage »Es regnet« nicht, und Ego gewinnt sie nicht), sondern sie wird von Alter mitgeteilt und von Ego verstanden. In der Kommunikation wird Information also nicht übertragen, sondern produziert [*siehe* Information].

Das Verstehen ist schließlich eine Selektion, weil es eine besondere Differenz zwischen Mitteilung und Information aktualisiert (Ego versteht, daß Alter ihn hastig begrüßt, weil er verärgert über ihn ist ...) und andere Möglichkeiten der Aktualisierung dieser Differenz ausschließt (... und nicht, weil Alter einen dringenden Termin hat). So verstanden, impliziert Verstehen nicht, daß die Authentizität der Motive oder der Gefühle der Teilnehmer – oder auch die objektive Realität der Information – erfaßt wird. Das Verstehen impliziert nur, daß eine Mitteilung und eine Information als Selektionen unterschieden und zugeschrieben werden. Das Verstehen (also die Kommunikation) vollzieht sich auch, wenn es Mißverständnisse über die Motive (Alter wollte nur den Rat geben, den Regenschirm mitzunehmen, und nicht andeuten, daß er lieber zu Hause bleiben würde) oder über die Information (man erfährt später, daß Alter »Es regnet nicht« gesagt hatte) gibt – und auch wenn eine Täuschung vorliegt (obwohl Alter es aus bestimmten Gründen sagt, regnet es nicht). Das einzig grundlegende Datum ist, daß die Differenz zwischen zwei Selektionen verstanden wird: die Mitteilung (Alter sagt) und die Information (es regnet).

Das Verstehen realisiert nicht nur die einzelne Kommunikation, sondern erlaubt der Kommunikation auch, sich selbst zu beobachten und festzustellen, wer mitgeteilt hat und was mitgeteilt worden ist. Nur dann kann die Kommunikation sich auf die Unterscheidung zwischen Information und Mitteilung beziehen und fortgesetzt werden. In jeder Kommunikation bildet also das Verstehen auch die Voraussetzung für weitere Kommunikationen. Es schafft die Anschlußfähigkeit einer Kommunikation für weitere Kommunikationen. Wenn das Verstehen als Selektion in der Kommunikation beobachtet wird, bezieht man sich nicht auf die psychischen Aspekte, obwohl sie immer mit der Kommunikation gekoppelt sind [*siehe* Interpenetration, strukturelle Kopplung]. Das psychische Verstehen ist relevant für die Reproduktion der Gedanken; in der Kommunikation erlaubt jedoch das Verstehen nur die Reproduktion eines sozialen Systems.

Information, Mitteilung und Verstehen können in der Beobachtung der Kommunikation unterschieden werden. Für die Kommunikation selbst bilden sie jedoch eine nicht weiter auflösbare Einheit. Diese Einheit hat keine Dauer, weil das Verstehen sich in dem Moment realisiert, in dem Information und Mitteilung unterschieden werden. Die Kommunikation ist also ein Ereignis [*siehe* Ereignis], das sofort verschwindet, und keine Sequenz von Selektionen. Da jede einzelne Kommunikation ein Ereignis ohne Dauer ist, schafft die Kommunikation ständig neue Sinninhalte. Die Sequenz realisiert sich nur in einem Kommunikationsprozeß [*siehe* Prozeß], in dem jeder Kommunikation eine weitere Kommunikation folgt.

In sozialen Systemen werden die Kommunikationen in einem rekursiven Netzwerk von Kommunikationen produziert, das die Einheit des Systems definiert. Die Kommunikation ist also auch die Operation, die die Elemente der sozialen Systeme produziert. Die Kommunikation ist die spezifische Operation, die soziale Systeme kennzeichnet; die Fortsetzung der Kommunikation ist die Fortsetzung der Autopoiesis der sozialen Systeme [*siehe* Autopoiesis]. Soziale Systeme realisieren keine andere Operation als Kommunikationen, und außerhalb der sozialen Systeme gibt es keine Kommunikation. Da jede Kommunikation eine interne Operation eines sozialen Systems ist, gibt es keine Kommunikation zwischen den sozialen Systemen und ihrer Umwelt. Da ein soziales System Kommunikation durch Kommunikation produziert, ist es gegenüber der Umwelt geschlossen; es erhält keine Information aus der Umwelt.

Durch die Operation der Kommunikation öffnet sich jedoch ein soziales System auch gegenüber der Umwelt – und zwar in dem Sinne, daß es die Umwelt beobachten kann [*siehe* Operation/Beobachtung]; die Umwelt wird kommunikativ als Information konstruiert. Alles, was keine Kommunikation ist (Bewußtsein, organisches Leben, Maschinen, elektromagnetische

Wellen, chemische Elemente etc.), wird im System beobachtet, wenn es Thema der Kommunikation wird. Die psychischen Systeme selbst sind nicht Teil der sozialen Systeme, sondern gehören zu ihrer Umwelt.

In der Kommunikation können die Zuschreibung der Selektionen auf das System (als Mitteilung) und die Zuschreibung auf die Umwelt (als Information) beobachtet und unterschieden werden. In der Kommunikation können also Selbstreferenz (Referenz auf das System) und Fremdreferenz (Referenz auf die Umwelt) [*siehe* Selbstreferenz] unterschieden und rekombiniert werden. Diese Möglichkeit ist Grundlage der Reproduktion der Kommunikation, die Mitteilung und Verstehen durch das Verstehen unterscheidet und kombiniert.

Die Zuschreibung der Selektionen auf das System verweist auf die Beziehung zwischen Kommunikation und Handlung. Kommunikation ist nicht mit Handlung identisch. In einem früheren Ansatz hatte Luhmann vorgeschlagen, Handlung als Letztelement der sozialen Systeme anzusehen, weil die Selektionen von diesen Systemen nur als Handlungen zugeschrieben werden können [*siehe* Attribution]. Eine Handlung ist die Selektion, die sich in der Kommunikation als Mitteilung realisiert – als Zuschreibung auf das System. Mit dem Begriff der Handlung wird deshalb in der neueren Theorie Luhmanns eine vereinfachte Beschreibung der Kommunikation bezeichnet; eine Kommunikation (zum Beispiel »Es regnet«) wird als Handlung beobachtet, wenn man sich nur auf die Tatsache, daß Alter sie mitgeteilt hat, bezieht und nicht auf das Verstehen. Um eine Handlung zu beobachten, braucht man nicht die rekursive autopoietische Verbindung der Kommunikationen zu berücksichtigen – also die Tatsache, daß die Einheit jeder Kommunikation sich nur durch eine weitere Kommunikation realisiert. Es genügt, zuschreiben zu können: also zu beobachten, daß Ego etwas gesagt hat (zum Beispiel, daß es regnet).

In der Beobachtung der Handlung können Verantwortungen, Absichten, Motive zugeschrieben werden: man weiß, an wen man sich wenden muß. Die Handlung hat also eine unerläßliche Funktion für die Realisierung der Autopoiesis. Man kann nur über die Zuschreibung einer Handlung beobachten, daß jemand etwas gesagt hat (die Unterscheidung zwischen Information und Mitteilung beobachten). Die darauf folgende Kommunikation kann sich auf das beziehen, was als Antwort, Reaktion oder Ablehnung gesagt wurde. Durch die Zuschreibung von Handlungen kann der Kommunikationsprozeß sich auf sich selbst beziehen; die Zuschreibung von Handlungen ist eine notwendige Selbstvereinfachung, die es einem System erlaubt, eigene Operationen mit Bezug auf eigene Operationen aufzubauen. Die Zuschreibung von Handlungen setzt jedoch immer die Fortsetzung der Autopoiesis der Kommunikation voraus, die das Letztelement der sozialen Systeme bleibt.

Ohne Produktion von Kommunikation gibt es keine sozialen Systeme. Die Kommunikation ist aber ein unwahrscheinliches Ereignis. Sie weist drei Unwahrscheinlichkeitsniveaus auf. Auf einer ersten Ebene ist es unwahrscheinlich, daß die Kommunikation verstanden wird – also daß sie sich überhaupt vollzieht. Auf einem zweiten, voraussetzungsreicheren Niveau ist es unwahrscheinlich, daß die Mitteilung den Adressaten erreicht. In noch komplexeren Situationen ist es schließlich unwahrscheinlich, daß die Kommunikation akzeptiert (angenommen) wird.

Das Problem der Soziologie besteht darin, zu erklären, wie eine an sich unwahrscheinliche Kommunikation wahrscheinlich wird. Die drei Unwahrscheinlichkeiten werden behandelt (und die Kommunikation wird wahrscheinlicher) durch eine Reihe von Medien [*siehe* Medium/Form]: die Sprache bearbeitet die Unwahrscheinlichkeit des Verstehens, Verbreitungsmedien reduzieren die Unwahrscheinlichkeit, Adressaten zu erreichen, und symbolisch generalisierte Kommunikationsmedien bearbeiten die Unwahrscheinlichkeit der Annahme der Kommunikation.

[C. B.]

Soziale Systeme, 1984, S. 193 ff.; Die Gesellschaft der Gesellschaft, 1997, S. 81 ff.; The Autopoiesis of Social Systems, 1986; Was ist Kommunikation?, 1987

Komplexität

Der Begriff der Komplexität bezeichnet den Sachverhalt, daß nicht alle Elemente einer Einheit zugleich miteinander verbunden werden können. Komplexität bedeutet also, daß eine Selektion notwendig ist, um Relationen zwischen Elementen zu aktualisieren. Grundlegend für die Definition von Komplexität ist somit die Unterscheidung zwischen Element und Relation, die es erlaubt, eine Situation der selektiven Verknüpfbarkeit zu beobachten. Um Komplexität zu beobachten, muß man eine Situation der selektiven Verknüpfbarkeit von einer anderen unterscheiden, die nicht selektiv ist; die Komplexität kann dann auch als die Form definiert werden, deren beide Seiten die selektive und die komplette Verknüpfbarkeit der Elemente sind.

Komplexität kann im System oder in seiner Umwelt [*siehe* System/Umwelt] oder auch in der Welt [*siehe* Welt] beobachtet werden. Nur die Komplexität eines Systems ist organisierte Komplexität. Sie besteht in der selektiven Verknüpfbarkeit der Elemente des Systems; sie ist die selektive Organisation der Autopoiesis [*siehe* Autopoiesis].

Die Zahl der abstrakt möglichen Relationen zwischen den Elementen eines Systems nimmt exponentiell mit der Zunahme der Zahl der Elemente zu (zwei Elemente bilden vier Relationen, drei Elemente neun Relationen usw.). Wenn in einem System die Zahl der Elemente sehr groß wird, erreicht deshalb die Zahl der Relationen Größenordnungen, die vom System selbst nicht unmittelbar kontrolliert werden können. Das impliziert, daß im System nicht alles aktualisiert und zugleich mit allem anderen verbunden werden kann; jede Operation des System verweist auf einen Bereich weiterer Möglichkeiten.

Komplexität bezeichnet die Tatsache, daß es immer mehr Möglichkeiten gibt, als in sozialen Systemen als Kommunikation und in psychischen Systemen als Gedanke jeweils aktualisiert werden kann. Eine bestimmte Kommunikation (»Was hältst du davon?« oder »Der Wechselkurs ist gestiegen«) kann zum Beispiel direkt nur an eine beschränkte Zahl weiterer Kommunikationen anschließen. Da jedes aktualisierte Datum auf einen Bereich alternativer Möglichkeiten verweist, muß jede Verbindung zwischen mehreren Möglichkeiten auswählen (auf die Frage »Was hältst du davon?« antwortet man so und nicht anders, die Nachricht der Änderung des Wechselkurses wird so und nicht anders kommentiert). Es wird somit ein Selektionszwang beobachtet: Etwas wird als Datum realisiert, und der Rest bleibt als Bereich möglicher Verweisungen im Hintergrund. Die Selektion bildet die zeitliche Dynamik der Komplexität; Grundlage der Selektion ist somit der Umstand, daß Aktualisierungen sich sequentiell vollziehen, da kein System alles zugleich aktualisieren kann.

Die Beobachtung der Komplexität entsteht zusammen mit Sinn [*siehe* Sinn]. Ein sinnkonstituierendes System beobachtet die Komplexität der Welt von seinem Blickwinkel aus. Da die Welt als Einheit der Differenz zwischen diesem System und seiner Umwelt gedacht wird, ist Komplexität immer relativ zur Differenz zwischen System und Umwelt. Die Komplexität ist also abhängig von der Beobachtung dieser Differenz durch Sinnsysteme. Komplexität (auch die der Umwelt) gibt es nur, wenn sie von einem System beobachtet wird. Die Relevanz der Beobachtung für die Konstruktion der Komplexität wird besonders im Begriff der Hyperkomplexität hervorgehoben; von Hyperkomplexität spricht man dann, wenn Komplexität auch die Folgen ihrer Beobachtung mit einschließt. Sie ist das Ergebnis einer Beobachtung zweiter Ordnung [*siehe* Operation/Beobachtung], das heißt der Einbeziehung des beobachtenden Systems in die Beobachtung (eine Gesellschaft ist zum Beispiel hyperkomplex, wenn sie die Auswirkungen ihrer Beobachtungen in der Umwelt beobachtet).

Die Beobachtung eines Systems bestimmt nicht die Komplexität seiner Umwelt. Die Komplexität der Umwelt wird unabhängig vom System konstituiert, und das System kann sie nur durch ihre Beobachtungsoperationen erfassen und sich von ihr irritieren lassen. Es handelt sich um die Paradoxie, daß die Umweltkomplexität vom System nicht kontrolliert werden kann – auch wenn sie nur dank der Beobachtung des Systems existiert.

Die Differenz zwischen System und Umwelt markiert ein Komplexitätsgefälle; die Umwelt ist immer komplexer als das System, weil das System eine Grenze zieht, die den Bereich des Möglichen im System selbst beschränkt. Das Komplexitätsgefälle zwischen System und Umwelt erscheint als Relationierung von Relationen; die abstrakt möglichen Relationen zwischen den Elementen des Systems (Systemkomplexität) werden im System in bezug auf die Umweltkompatibilität (Umweltkomplexität) beschränkt. In einem (sozialen) System kann nicht alles gleichzeitig in den Operationen (in der Kommunikation) aktualisiert werden, gerade weil die Komplexität unter einer Perspektive der Kompatibilität mit der Umwelt strukturiert wird.

In einem solchen System werden Reduktionen aufgrund der Notwendigkeit vollzogen, eine interne Komplexität zu realisieren und zu erhalten, die das System mit der Umwelt kompatibel macht. Komplexitätsreduktion bedeutet, daß die Struktur der Relationen zwischen den Elementen (eines Systems, einer Umwelt oder der Welt) in einem besonderen System mit einer kleineren Zahl von Relationen rekonstruiert wird. Die Komplexität wird im System nur durch Reduktion realisiert und erhalten: Reduktion und Erhaltung der Komplexität widersprechen sich nicht, sondern setzen sich gegenseitig voraus.

Komplexitätsreduktion heißt selektive Erhaltung eines Möglichkeitsbereichs auf der Grundlage von Strukturen. Die Strukturen [siehe Struktur] bestimmen, wieviel innere Komplexität ein System generieren und tolerieren kann. Erhaltung und Reduktion der Komplexität hängen von diesen Strukturen ab, die die Möglichkeiten vorselegieren, die Elemente miteinander zu verknüpfen.

Das Komplexitätsniveau eines Systems ändert sich, wenn sich die Selektivität der strukturell eingenommenen Relationen ändert. Ein System kann seine Komplexität in bezug auf eine Zunahme der Komplexität seiner Umwelt steigern – nicht weil es der Umweltkomplexität entspricht, sondern weil es autonom auf der Basis eigener Strukturen operiert. Die Komplexitätssteigerung eines Systems löst eine Komplexitätssteigerung in weiteren es beobachtenden Systemen aus, weil ihre Umwelt komplexer wird. Unter diesen Umständen wird auch eine Evolution des Systems möglich; sie bedeutet jedoch keine einfache Komplexitätszunahme, sondern eine Strukturänderung.

Der Begriff der Komplexität muß vom Begriff der Differenzierung [siehe (Aus-)Differenzierung] unterschieden werden. Differenzierung bezieht sich auf die Unterscheidung System/Umwelt und nicht auf die Unterscheidung Element/Relation. Komplexitätssteigerung heißt nicht Steigerung der Differenzierung; während die Komplexität kontinuierlich variiert, variiert die Differenzierung diskontinuierlich (zum Beispiel ändert sich in einem System die Differenzierungsform).

Auf der Grundlage dieser Unterscheidung können die Begriffe Komplexität und Differenzierung auch miteinander verbunden werden. Die Zunahme der Komplexität, also der Relationen zwischen den Elementen, führt Beschränkungen der Systemerweiterung mit sich: Kein System kann eine willkürliche und unbestimmte Zunahme seiner Komplexität aushalten. Darum werden Grenzen innerhalb des Systems gezogen, die Teilsysteme generieren. Die Änderungen im Komplexitätsniveau können dann Änderungen in der Differenzierungsform des Systems auslösen. Die aktuelle Differenzierungsform stellt ihrerseits die Grenzen der erreichbaren Komplexität im System fest. Die Änderung der Differenzierungskriterien eines Systems hat also entscheidende Folgen für das von diesem System tolerable Komplexitätsniveau. Das ist besonders wichtig für das Gesellschaftssystem; die heutige Gesellschaft generiert zum Beispiel aufgrund ihrer Differenzierungsform weitaus höhere Komplexität als die früheren Gesellschaften [*siehe* Gesellschaftsdifferenzierung].

[C. B.]

Soziale Systeme, 1984, S. 45 ff.; Komplexität, 1976; Temporalization of Complexity, 1978

Konflikt

Der Konflikt ist ein parasitäres soziales System, das einen kommunizierten Widerspruch voraussetzt und dazu neigt, die Ressourcen des Systems, in dem er sich entwickelt, zu absorbieren. Darin besteht seine Gefährlichkeit für das Ausgangssystem. Das System, als dessen Parasit der Konflikt auftritt, sieht sich vor die Notwendigkeit gestellt, ihn innerhalb akzeptabler Grenzen zu halten.

Diese Begrenzung des Konflikts ist eine der Voraussetzungen, unter denen die Evolution der Gesellschaft möglich ist und war. Einerseits erfordert Evolution ohne weiteres den Widerspruch, das heißt die Möglichkeit, soziale Inhalte und Erwartungen zu negieren und damit evolutionäre Variationen zu produzieren [*siehe* Evolution]. Die Fähigkeit der Gesellschaft, Konflikte zu ermöglichen und zu tolerieren, ist gewiß eine unerläßliche Voraussetzung ihrer Evolution. Andererseits entziehen Konflikte sich schnell der Kontrolle des sozialen Systems, in dem sie entstehen, und schaffen Probleme und Störungen der Kommunikation, deren Folgen nicht unbedingt positiv sind. In älteren, auf Interaktion gegründeten Gesellschaften [*siehe* Gesellschaftsdifferenzierung] war deshalb eine Repression der Konflikte notwendig; zu deren Unterdrückung wurden eigens dazu bestimmte Rollen ausdifferenziert, zum Beispiel Notabeln, denen die Auflösung der Streitigkeiten überlassen wurde. Die Stratifizierung der Gesellschaft erlaubte statt dessen die Verstärkung bestimmter, dem Konflikt entzogener Differenzen; diese Rolle spielte vor allem die Ausdifferenzierung einer höheren Schicht, die dank ihrer angeborenen moralischen Qualität Ressourcen konzentrieren konnte, ohne unteren Schichten darüber Rechenschaft ablegen und deren Ansprüche erfüllen zu müssen. Außerdem entwickelte sich die Möglichkeit, Konflikte zuzulassen und sie durch soziale Steuerung und den Einfluß zu beseitigen, den Dritte auf eine Auflösung des Streites haben. Es kam dann zu einer Differenzierung eigens dazu bestimmter Streitschlichtungsverfahren bis hin zur Stabilisierung eines kommunikativen rechtlichen Bereichs.

Jeder Konflikt setzt einen Widerspruch voraus. Mit diesem Begriff wird der Fall bezeichnet, in dem innerhalb eines sozialen Systems die Möglichkeit ausgenutzt wird, die Ablehnung einer vorherigen Kommunikation zu kommunizieren. Der Begriff hat deshalb nicht nur die übliche Bedeutung eines logischen, im Aufbau einer Theorie zu vermeidenden Fehlers, sondern er bezeichnet auch eine besonders unsichere Situation, die sich in der Kommunikation ergeben kann. Das wird vor allem dank der Negationsfähigkeit [*siehe* Negation] des Sinns [*siehe* Sinn] und der Sprache [*siehe* Sprache] mit ihrem Code ja/nein möglich.

Für soziale Systeme bilden Widersprüche einen Moment der Selbstreferenz der Kommunikation und verlangen besondere Operationen. Wenn eine Ablehnung kommuniziert wird, stellt sich für das soziale System das Problem, auf die Unsicherheitslage zu reagieren, die daraus entsteht; die vorgestellten Optionen (das kommunikative Angebot und seine Ablehnung) schließen sich wechselseitig aus, sie können nicht gleichzeitig existieren, und es ist unklar, welche Realität ihnen entspricht. Diese Unmöglichkeit der gleichzeitigen Existenz bezieht sich auf die Erwartungsstrukturen des sozialen Systems [*siehe* Struktur, Erwartungen], da sich als Folge ihrer Widersprüchlichkeit die Erwartungsstrukturen auflösen. Die Anschlußfähigkeit der Kommunikation kann dann nur von dem Widerspruch selbst gesichert werden, auf dessen Grundlage sich ein besonderes soziales System bildet, eben das Konfliktsystem. Der Konflikt entsteht aus dem Widerspruch und gründet sich auf den Möglichkeiten, die er enthält, eben die Negation. Die doppelte Kontingenz [*siehe* Doppelte Kontingenz] nimmt hier die Form einer doppelten Negation an: »Ich tue nicht, was du willst, wenn du nicht tust, was ich will.« Die Kommunikation kann fortgeführt werden, weil sie auf den Widerspruch als solchen reagiert.

Widersprüche stellen Unentscheidbarkeitsprobleme für diejenigen dar, die die Kommunikation beobachten; dem Beobachter (der selbst das soziale System sein kann, innerhalb dessen der Widerspruch aufgetreten ist) fehlen die strukturellen Bezugspunkte, die seine Beobachtungen leiten, daher erscheint ihm die Situation unentscheidbar. Aber wenn die Beobachtung blokkiert wird, können Operationen des widerspruchserzeugenden Systems trotzdem weiterproduziert werden [*siehe* Operation/Beobachtung]. Es kann trotz der Unsicherheit der Erwartungen operativ reagieren; es kann ohne Kognition des widersprechenden Faktors reagieren, so daß die Reaktion sich nicht auf die Ablehnung (auf das Nein, das den Widerspruch generiert) bezieht, um die gefährdeten Strukturen zu erhalten, sondern auf die Umweltunangemessenheit dieser Strukturen. Es geht deshalb nicht um eine »konservative« Reaktion, die die Störungsquellen zugunsten des Status quo beseitigt; die Ablehnung, die zum Widerspruch und gegebenenfalls zum Konflikt führt, zwingt das System vielmehr dazu, die Anschlußfähigkeit der Strukturen »auszusetzen« und sich der neuen Situation zu überlassen. Das System schützt nur seine eigene Autopoiesis und nicht die gegebenen Strukturen, an deren Stelle der Widerspruch die Leitung der Kommunikation übernimmt.

Widersprüche erfüllen eine Warn- und Alarmfunktion, indem sie eine Unangemessenheit der Strukturen signalisieren. Sie werden deshalb als Immunsystem bezeichnet mit der Funktion, die autopoietische Reproduktion sozialer Systeme zu schützen. Sie warnen das System davor, daß es infolge der Störungen, die die Umwelt in ihm auslöst, verschwinden könnte, während das konfliktgenerierende Nein ihm erlaubt, auch ohne eine komplette Kenntnis der Umwelt und der für das System gefährlichen Faktoren zu reagieren. In diesem Sinne hat das Rechtssystem für die Gesellschaft die Funktion eines Immunsystems, das Widersprüche und Konflikte herstellt, die die Autopoiesis der Kommunikation schützen. [G. C.]

Die Gesellschaft der Gesellschaft, 1997, S. 466 f.; Soziale Systeme, 1984, S. 488 ff., 529 ff.; Konfliktpotentiale in sozialen Systemen, 1975

Konstruktivismus

Mit Konstruktivismus wird eine ziemlich heterogene Menge theoretischer Ansätze bezeichnet, die verschiedenen disziplinären Bereichen entstammen (Biologie, Neurophysiologie, Kybernetik, Psychologie etc.). Sie teilen die Annahme, daß Erkenntnis nicht auf einer Korrespondenz mit der externen Wirklichkeit beruht, sondern immer nur auf »Konstruktionen« eines Beobachters. Erkenntnis ist Entdeckung der Wirklichkeit – nicht im Sinne einer progressiven Enthüllung vorab existierender Objekte, sondern im Sinne der »Erfindung« externer Daten.

Unter den Bezugspunkten des Konstruktivismus sind die Untersuchungen Heinz von Foersters zu nennen, die die Reichweite einiger Ergebnisse der Neurophysiologie für die Erkenntnistheorie aufgezeigt haben. Eines dieser Theoreme ist das sogenannte Prinzip der undifferenzierten Codierung, nach dem die Nervenzellen nur die Intensität und nicht die Natur eines Wahrnehmungsreizes codieren; das Gehirn benutzt die gleichen Operationen (Reize auf elektrischer Basis), um zu sehen, zu hören, zu riechen, zu ertasten bzw. körperlich zu spüren, und schafft dann intern die entsprechenden qualitativen Unterschiede. Die nach den Sinnen unterschiedene Wahrnehmung gründet sich auf eine interne Interpretation undifferenzierter externer Reize. Die Welt, so wie sie erkannt wird – mit ihrer Varietät und Vielfältigkeit –, ist das Ergebnis innerer Prozesse.

Ein weiteres zentrales Prinzip des Konstruktivismus ist das von Humberto Maturana formulierte Prinzip der Autopoiesis [*siehe* Autopoiesis]. Laut diesem Prinzip operiert jedes System auf der Organisationsebene als geschlossenes System ohne jeglichen Input aus der Umwelt. Das System kommt nie direkt in Kontakt mit der Umwelt und kennt nur seine eigenen internen Zustände.

Aus diesen und anderen Überlegungen ziehen die Konstruktivisten den Schluß, daß jede Erkenntnis unvermeidlich innere Konstruktion eines Systems ist. Zugleich weigern sie sich aber, ihre Position als idealistisch zu bezeichnen, und schreiben der Realität eine entscheidende Rolle in der Regulierung der Operationen der erkennenden Systeme zu. Sie verneinen die Existenz der Realität nicht – behaupten aber, daß es in ihr nichts gibt, was den Kategorien der Erkenntnis entspricht; es gibt keine negativen und keine modalisierten Objekte (mögliche oder notwendige

Objekte), und es gibt generell keine Unterscheidungen. Die Realität ist einfach so, wie sie ist: aktuell und positiv – aber die Erkenntnis, die sich auf Beobachtungen stützt [*siehe* Operation/Beobachtung], kann sie nur durch Unterscheidungen erfassen, die keine direkte Entsprechung in der Realität haben. Der Beobachter kennt somit nur die eigenen Kategorien und keine primären Daten.

Auch wenn die Realität keine positive Rolle in der Führung der Erkenntnis hat, wird ihr eine negative Rolle in der Diskriminierung der akzeptablen Erkenntnisse zugeschrieben. Auch wenn man nicht wissen kann, was die Realität ist, kann man laut Ernst von Glasersfeld aufgrund von Kompatibilitätsrelationen wissen, was sie nicht ist; das Passen des Schlüssels ins Schloß liefert keine positive Beschreibung des Schlosses (dessen, was ist), aber Nichtpassen führt dazu, den falschen Schlüssel zu beseitigen (dessen, was nicht ist). Wenn die Notwendigkeit der Korrespondenz mit einer externen Wirklichkeit negiert wird, heißt das also für den Konstruktivismus nicht, daß jegliche Hypothese relativistisch akzeptiert wird. Nicht jede Behauptung ist erlaubt; und genaue Kriterien diskriminieren zwischen akzeptablen Erkenntnissen (die »viabel« genannt werden) und falschen Erkenntnissen.

Eine Arbitrarität der Erkenntnisse ist unter anderem auch dank der rekursiven Verbindung der Operationen innerhalb eines autopoietischen Systems ausgeschlossen. Mangels eines letzen Bezugspunkts, der zwischen korrekten und falschen Hypothesen diskriminiert, kommt man zu keinen endgültigen Erkenntnissen. Jede Erkenntnis ist nur eine Beobachtung und ist relativ zu den Kategorien eines bestimmten Beobachters. Sie muß auf die Operationen dieses Beobachters zurückgeführt werden [*siehe* Operation/Beobachtung]. Jede Operation ist jedoch an andere Operationen desselben Systems gebunden, die ihre Bedingungen feststellen; jede Operation verarbeitet die Ergebnisse vorheriger Operationen und bereitet die Voraussetzungen für die folgenden vor – und dies gilt auch für die Operation Beobachtung.

Die rekursive Anwendung einer Operation auf die Ergebnisse vorheriger Operationen kann außerdem (wie auch die mathematische Forschung zeigt) zur Kristallisation relativ stabiler Zustände (Heinz von Foersters »Eigenwerte«) führen, die in den folgenden Operationen vorausgesetzt werden und deren Bewegungsfreiheit beschränken. Auch ohne ein ordnendes Anfangsprinzip kann eine Ordnung aus den Verbindungen zwischen Operationen entstehen (die Idee des »order from noise«), um dann akzeptable Operationen auszuwählen, die mit dem System kompatibel sind.

Der Konstruktivismus führt somit jedes Datum auf eine Beobachtung zurück. Die Aufgabe der Erkenntnistheorie ist es demzufolge, Beobachtungen zu beobachten – im Rahmen einer »Beobachtung zweiter Ordnung«, die sich nicht auf das beobachtete »Was«, sondern auf das »Wie« der Beobachtung erster Ordnung bezieht. Sie beobachtet also, wie der beobachtete Beobachter beobachtet. Die »klassische« Subjekt/Objekt-Unterscheidung, die die Konstanz der Objekte für unterschiedliche Subjekte voraussetzt, wird in diesem Ansatz durch die Unterscheidung Operation/Beobachtung ersetzt, die jedes Datum auf die konkreten Operationen eines autopoietischen Systems zurückführt. Um zu betonen, daß die entscheidende Einsicht in der Referenz auf Unterscheidungsoperationen liegt, wird in Luhmanns Terminologie der Ausdruck »operativer Konstruktivismus« dem weiter verbreiteten Ausdruck des »radikalen Konstruktivismus« vorgezogen.

Jede Beobachtung kann unter Bezug auf ihre eigenen Möglichkeitsbedingungen beobachtet werden, wie es im Prinzip des blinden Flecks (*blind spot*) formuliert wird – einem Prinzip, das wiederum auf von Foerster zurückzuführen ist. Dieses Prinzip weitet eine Entdeckung aus der Erforschung des Sehens auf jede Form von Beobachtung aus: Es gibt einen Punkt auf der Netzhaut, an dem sich keine Rezeptorzellen befinden, deshalb ist unser Sehfeld unvollständig. Wir können nicht sehen, was in dieser Zone »abgebildet« wird, und wir können auch nicht sehen, daß wir nichts sehen – denn wir sind uns dieses Mangels nicht bewußt. Dieses Prinzip wurde abstrahiert und für jede Art von Beobachtung postuliert. Beobachtungen sind (weil sie sich auf eine spezifische Unterscheidung beziehen) nie in der Lage, die Unterscheidung, die sie verwenden, selbst zu beobachten [*siehe* Paradoxie]. Wenn die Beobachtung sich zum Beispiel an der Unterscheidung wahr/nicht-wahr orientiert, dann ist man nicht in der Lage zu beobachten, ob diese Unterscheidung ihrerseits wahr oder nicht-wahr ist; das ist der blinde Fleck der betreffenden Beobachtung. Eine Beobachtung zweiter Ordnung – die diese Beobachtung aufgrund einer anderen Unterscheidung beobachtet – kann sehen, was diese nicht sieht, und auch sehen, daß sie es nicht sieht. Sie wird aber selber einen mit ihrem Beobachtungsschema verbundenen blinden Fleck aufweisen, und diese Blindheit kann ihrerseits (von einer anderen Beobachtung) beobachtet werden.

Diese Überlegungen gelten für alle binären Unterscheidungen, die Beobachtungen anleiten, also auch für die Codes der Funktionssysteme [*siehe* Code]: wahr/nicht-wahr, Recht/Unrecht, zahlen/nicht-zahlen usw. Jedes Funktionssystem beobachtet seine Objekte ausschließlich mit Hilfe seiner spezifischen Unterscheidung und weist dadurch eine Form undifferenzierter Codierung auf; alles, was zum Beispiel vom Wirtschaftssystem erfaßt wird, wird mit Bezug auf Zahlungen erfaßt (also mit dem Code zahlen/nicht-zahlen), und dasselbe gilt für die anderen Systeme. Jedes System operiert außerdem unter der Bedingung der Schließung [*siehe* Autopoiesis] und kommt nie direkt mit der Umwelt in Kontakt. Für die Wissenschaft zum Beispiel existieren Objekte wie die Neutronen erst, seit ihre Kategorien es ihr erlauben, sie zu beobachten; was beobachtet wird, ist dann das Ergebnis der Art und Weise, wie die Kategorien der Wissenschaft das betreffende Objekt konstruieren, und nicht etwa die Abbildung dieses Objekts als originärer Gegebenheit. Und jedes Funktionssystem hat einen blinden Fleck, weil es aufgrund seines Codes den Code selbst nicht beobachten kann. Jedes Funktionssystem kann schließlich von einem Beobachter zweiter Ordnung beobachtet werden, der diese Beschränkung sehen kann.

Wenn einmal die Beziehung auf eine letzte Realität als Garant der Stabilität und Angemessenheit der Erkenntnis verworfen worden ist, kann man keinen neuen Fixpunkt mehr gewinnen, der endgültige Behauptungen ermöglicht. Es gibt keinen letzten Beobachter, der die Wahrheit kennt. Der Konstruktivismus löst sich so in ein rekursives Netzwerk von Beobachtungen von Beobachtungen auf, die die Realität nicht widerspiegeln, aber trotzdem extrem selektiven Bedingungen unterliegen, sich selbst regulieren und geordnete Zustände produzieren, die mit der Realität kompatibel sind. In einem konstruktivistischen Ansatz wird allerdings dem Verlust einer unabhängigen Referenz keine negative Konnotation zugeschrieben, und dieser Verlust koinzidiert nicht mit der Idee eines Verlusts an Realismus; die Operationen, welche die Objekte konstruieren, sind genauso real wie die Objekte selbst. Wichtig ist, die unterschiedlichen Unterscheidungen getrennt zu halten. Als zentraler Punkt gilt also die Fähigkeit, Unterscheidungen zu unterscheiden. Wenn man etwa von der Unterscheidung zwischen Operation und Beobachtung ausgeht, müssen Codierprobleme und Referenzprobleme getrennt gehalten werden: Jede Beobachtung benutzt die eigene Unterscheidung als Code, um die eigenen Objekte zu beobachten – erzeugt aber zugleich als Operation eine Grenze zwischen Innen und Außen (also die Unterscheidung zwischen Selbstreferenz und Fremdreferenz). Das Wissenschaftssystem zum Beispiel kann aufgrund des Codes wahr/nicht-wahr sowohl sich selbst als auch externe Objekte beobachten, wobei sowohl die selbstreferentiellen als auch die fremdreferentiellen Beobachtungen wahr oder nicht-wahr sein können. Die Unterscheidungen wahr/nicht-wahr und Selbstreferenz/Fremdreferenz stehen in einer »orthogonalen Beziehung« zueinander in dem Sinne, daß es keine Übereinstimmung der jeweiligen positiven bzw. negativen Werte gibt. Das schließt jede relativistische Haltung aus und entspricht außerdem der Differenzierungsform der modernen Gesellschaft [*siehe* Gesellschaftsdifferenzierung], nach der jedes Funktionssystem sich an einer eigenen Bezugsrealität orientiert.

[E. E.]

Erkenntnis als Konstruktion, 1988; Die Wissenschaft der Gesellschaft, 1990; Das Erkenntnisprogramm des Konstruktivismus und die unbekannt bleibende Realität, 1990

Kunst

Die Kunst ist ein symbolisch generalisiertes Kommunikationsmedium [*siehe* symbolisch generalisierte Kommunikationsmedien], das wie auch Geld jener Attributionskonstellation entspricht, in der Alters Handeln von Ego erlebt wird. Der Künstler handelt, und der Betrachter erlebt. Die Sache wird dann problematisch, wenn es für Ego schwierig wird, das, was Alter als Handeln produziert, als sinnvoll zu akzeptieren – wenn also das Kunstwerk sich als ein von jemandem ohne wiedererkennbaren Zweck produziertes Objekt darstellt.

Ein Objekt wird als ein von »natürlichen« Objekten unterschiedenes Kunstwerk wahrgenommen, wenn erkannt wird, daß es sich um ein Ergebnis des Handelns von jemandem handelt – als solches ist es artifiziell. Das Kunstwerk hat etwas Überraschendes, das nicht auf Zufall zurückgeführt werden kann und die Frage provoziert, zu welchem Zweck es wohl produziert wurde. Die Frage nach dem Zweck des Kunstwerks wird besonders prägnant, wenn sich die Kunst als autonomes gesellschaftliches Funktionssystem [*siehe* Kunstsystem] ausdifferenziert hat und damit auf externe Motivation und Unterstützung verzichtet. Zweck der Kunst ist dann nicht mehr die Verweisung auf etwas, das nicht direkt zugänglich ist, oder die Imitation der Natur, sondern nur das Experimentieren mit neuen Formenkombinationen. Anders als andere künstliche Objekte haben Kunstwerke keinen externen Nutzen. Sie sind Selbstzweck.

Das Kommunikationsmedium Kunst dient dazu, die Unwahrscheinlichkeit wahrscheinlicher zu machen, daß bestimmte Objekte mit Hilfe von ausschließlich im Kunstwerk selbst lokalisierten Unterscheidungen beobachtet werden. Die Kunst strebt an, ausgeschlossene Möglichkeiten zu reaktivieren. Sie bezieht sich auf jene Möglichkeiten, die infolge der Realisierung bestimmter Dinge auf bloße Möglichkeiten reduziert worden sind, und versucht zu zeigen, wie in diesem Bereich eine Ordnung mit eigener Notwendigkeit möglich ist. Das Kunstwerk stellt also eine eigene (fiktive oder imaginäre) Realität fest, welche sich von der gängigen Realität unterscheidet. Es generiert die Trennung des Realen in eine reale und eine fiktive Wirklichkeit. Man muß beobachten, wie die Unterscheidungen innerhalb des Kunstwerks in einem nicht-arbiträren, kombinatorischen Spiel zu anderen Unterscheidungen führen und damit eine Ordnung generieren, die auf eine externe Ordnung nicht zurückgeführt werden kann. Jede vom Künstler in der Produktion des Kunstwerks getroffene Unterscheidung (ein Pinselstrich, die Auswahl eines Klanges, der Anfang eines Romans) beschränkt die für weitere Schritte noch verfügbaren Möglichkeiten – und das nicht wegen der materiellen Eigenschaften des verwendeten Mediums, sondern ausschließlich wegen eigener, innerer Beschränkungen.

Die Beobachtung der Kunst basiert auf einem spezifischen Code, der in der traditionellen Ästhetik mit der Unterscheidung schön/häßlich ausgedrückt wurde. Heute wird diese Unterscheidung auf die Alternative paßt/paßt-nicht uminterpretiert. Es muß für jede Form (das heißt für jede Unterscheidung [*siehe* Identität/Differenz]) innerhalb des Kunstwerks festgestellt werden, ob sie paßt oder nicht, ob sie Anschlußfähigkeit im Kunstwerk produziert oder nicht. Wenn dies gelingt, generiert das Kunstwerk eine eigene Ordnung mit einer eigenen Notwendigkeit – und es handelt sich um Kommunikation, weil diese Ordnung Information enthält, die mitgeteilt wurde und verstanden werden muß.

Die Kunst verfügt über ein spezifisches symbiotisches Symbol, weil der Betrachter in der Kommunikation der Kunst direkt mit seinen Wahrnehmungsleistungen engagiert ist. Die Kunst realisiert eine strukturelle Kopplung [*siehe* strukturelle Kopplung] von Bewußtseinssystemen und dem Kommunikationssystem, ohne auf Sprache zu rekurrieren; in diesem Sinn ist sie ein funktionales Äquivalent zur Sprache. In der Kommunikation durch das Kunstwerk (unterschieden von der Kommunikation über Kunstwerke, die freilich sprachlich abläuft) wird die Wahrnehmung auf neue und reizvolle Weise engagiert; das wahrgenommene Objekt muß auf eine andere Ordnung als die gewohnte bezogen werden – andernfalls werden nur Farbflecken oder Klangsequenzen wahrgenommen, aber nicht das Kunstwerk als solches.

Die Avantgarde unseres Jahrhunderts machte auf eine Tendenz zur Inflationierung des Codes der Kunst aufmerksam, indem sie auch Alltagsobjekte unmittelbar als Kunstwerke darstellte. Alles kann Kunst sein. Diese Objekte unterscheiden sich als Kunstwerke aufgrund eines besonderen selbstreferentiellen Verhältnisses: Sie behaupten von sich selbst, daß es sich um Kunst handelt. Die Kunst nimmt dann eine Form an, die beansprucht, Kunstwerk und Selbstbeschreibung zugleich zu sein.

[E. E.]

Das Kunstwerk und die Reproduktion der Kunst, 1986; Weltkunst, 1990; Die Kunst der Gesellschaft, 1995

Kunstsystem

Die Operationen des Kunstsystems sind an Kunstwerken orientierte Beobachtungen. Die Kommunikation der Kunst bedarf eigens für sie hergestellter Objekte. Während die gängigen Objekte einfach als das, was sie sind, beobachtet werden (können), werden die als Kunstwerke beobachteten Objekte als artifizielle Objekte wahrgenommen, die von jemandem hergestellt worden sind und mit Bezug auf die Beobachtungen dessen, der sie hergestellt hat, beobachtet werden müssen [*siehe* Kunst]. Sowohl der Betrachter als auch der Künstler realisiert Beobachtungen zweiter Ordnung [*siehe* Operation/Beobachtung]. Der Künstler muß das herzustellende Kunstwerk hinsichtlich der Art und Weise beobachten, wie andere es beobachten werden; er muß versuchen, durch das Kunstwerk die Erwartungen der Betrachter zu führen und sie zu überraschen. Der Betrachter muß seinerseits die Unterscheidungsstruktur des Kunstwerks entziffern und erkennen, daß sie hergestellt worden sind, um Beobachtungen zu binden. Durch die im Kunstwerk beinhalteten Weisungen schließt sich der Betrachter an (koordinierte oder nicht koordinierte) Beobachtungen anderer an.

Die Funktion der Kunst ist es, der Welt [*siehe* Welt] eine Möglichkeit anzubieten, sich selbst von ausgeschlossenen Möglichkeiten her zu beobachten. Jede Unterscheidung innerhalb der Welt schafft bestimmte Möglichkeiten und schließt andere Möglichkeiten aus, die der Sicht entzogen werden und unzugänglich bleiben. Das Kunstwerk stellt eine eigene Realität fest, die sich von der gängigen Realität unterscheidet; es realisiert also eine Verdopplung des Realen in eine reale und eine imaginäre Realität. Die Kunst zeigt, wie in diesem fiktionalen Bereich – in diesem Bereich von Möglichkeiten, die sich nicht verwirklicht haben – eine Ordnung gefunden werden kann; von einem arbiträren Anfang ausgehend, erzeugt die einfache Sequenz der sich gegenseitig limitierenden Operationen eine Ordnung, die dann als notwendig erscheint. Der realen Realität wird ein Bereich von alternativen Möglichkeiten gegenübergestellt, in dem eine andere, gleichwohl nicht arbiträre Ordnung gilt. Innerhalb ihres spezifischen (fiktionalen) Realitätsbereichs kann die Kunst mit unterschiedlichen Formen experimentieren; sie kann die Realität mit Bezug auf ein Perfektionsideal imitieren, das sich als solches nie realisiert hat; sie kann die Realität kritisieren; sie kann sich an den Betrachter als Individuum wenden und ihn dazu führen, auf andere Weise als in seinem alltäglichen Kontext zu beobachten (wie es im Roman der Fall ist). Mit anderen Worten: die Funktion der Kunst ist es, der Welt eine Möglichkeit anzubieten, sich selbst zu beobachten – die Welt in der Welt erscheinen zu lassen. Man kann dann von »Weltkunst« in Gegenüberstellung zur »Objektkunst« sprechen. Darin liegt auch die spezifische Paradoxie der Kunst, die sie schafft und zugleich auflöst: die Paradoxie der Beobachtbarkeit des Unbeobachtbaren (oder der Notwendigkeit dessen, was nur möglich ist).

Die Kunst differenziert sich als autonomes Funktionssystem aus, wenn die externen Referenzen blockiert werden; man kann nicht auf die Nützlichkeit oder andere situationsgebundene Faktoren rekurrieren, um die Entstehung des unwahrscheinlichen Objektes zu erklären, das als Kunstwerk bezeichnet wird. In der Moderne sieht man den Zweck der Kunst nicht mehr in der Nachahmung der Natur oder in sonstigen Verweisungen auf etwas, das der Kunst selbst extern ist. Mit Formeln wie »L'art pour l'art« (Selbstzweck) wird die Autonomie eines auf das Experimentieren mit Formenkombinationen spezialisierten Systems ausgedrückt, das sich auf nichts bezieht, sondern nur über den einfachen Akt des Unterscheidens verfügt.

In das Kunstsystem fallen alle Kommunikationen, die sich am Code schön/häßlich orientieren – also die Operationen, in denen die Frage gestellt wird, ob eine gewisse Form an die Formenkombination innerhalb eines Kunstwerkes angepaßt ist oder nicht. Wenn in der Moderne von den Kunstwerken Neuigkeit und nicht mehr bloß korrekte Anwendung bestimmter Regeln verlangt wird, braucht man spezifische Programme, die für jede Unterscheidung festzustellen ermöglichen, ob sie paßt oder nicht. Für den Fall der Kunst kann man von Selbstprogrammierung sprechen; jedes Kunstwerk programmiert sich selbst in dem Sinne, daß die Notwendigkeit der von dieser Programmierung erzeugten Ordnung das Ergebnis der Entscheidungen ist, die im Kunstwerk selbst getroffen werden. Die vom Kunstwerk in der Auswahl der es generierenden Formen befolgten Regeln werden von dieser Formenauswahl selbst generiert, die sich nach und nach selbst bindet. Die Bindungen entstammen also nicht externen Gesetzen, sondern der Art und Weise, wie man angefangen hat. Das Programm ist das Ergebnis der Operationen, die es selbst programmiert.

Auch wenn jedes Kunstwerk das Ergebnis eines spezifischen Programms ist, muß man nicht jedesmal wieder von vorn beginnen. Stile stellen Verbindungen zwischen unterschiedlichen Kunstwerken her und ermöglichen es, Kunstwerke aneinander anzuschließen und die Kunst als System zu etablieren. In der Zuschreibung eines Stils wird die Zugehörigkeit eines Kunstwerks zum Kunstsystem erkennbar; was unter keinem Stil subsumiert werden kann, verliert seine Bedeutung als Kunstwerk und kann nicht als Kunst beobachtet werden. Der Stil ist aber kein Metaprogramm, denn er liefert keine genauen Anweisungen über die zu treffenden Unterscheidungen. Es genügt nicht, einen Stil zu befolgen, um ein Kunstwerk zu generieren, das sich als neu vorstellt; es sind vielmehr Selbstprogrammierung und die Genese einer neuen Formenkombination erforderlich. Der Stil bewahrt also die Autonomie des Kunstwerks, liefert aber keine allgemeinen Anweisungen, die befolgt oder nicht befolgt werden können. Die Existenz eines sozialen Systems der Kunst erfordert außerdem, daß die einzelnen Kunstwerke sich in einem autopoietischen Reproduktionsnetzwerk befinden, so daß jedes Kunstwerk sich in der rekursiven Verbindung mit anderen Kunstwerken und innerhalb einer schriftlich oder mündlich verbreiteten verbalen Kommunikation über Kunst realisiert. Dafür braucht man Ausstellungen, Museen, Theater, Reproduktionen, öffentliche Debatten etc.

Im Vergleich zu den anderen Funktionssystemen gibt es in der Kunst eine besonders zugespitzte Reflexion über die Autonomie des Systems. Vom 19. Jahrhundert an hat dies dazu geführt, die Selbstbeschreibung der Kunst innerhalb der Kunstwerke selbst vorzuführen, bis die Avantgardebewegungen die Kunst an die Grenze dessen gebracht haben, was nicht mehr als Kunst erkennbar ist. Die Autonomie des Systems ist damit bis zu jenem Punkt gekommen, an dem die Reproduktion der Operationen ihre eigene Negation mit einschließt.

[E. E.]

Das Kunstwerk und die Reproduktion der Kunst, 1986; Weltkunst, 1990; Die Kunst der Gesellschaft, 1995

Liebe

Aus soziologischer Sicht wird Liebe nicht als Gefühl beobachtet (dieser Aspekt betrifft die psychischen Systeme), sondern als symbolisch generalisiertes Kommunikationsmedium [*siehe* Symbolisch generalisierte Kommunikationsmedien], das es ermöglicht, erfolgreich Gefühle auszudrücken oder zu negieren, dadurch die entsprechenden Erwartungen zu erzeugen und die Annahme der Kommunikation unter besonderen Unwahrscheinlichkeitsbedingungen wahrscheinlicher zu machen.

In der Neuzeit (ab dem 17. Jahrhundert) wird Liebe auf der Grundlage einer semantischen Vorstellung der Individualität der Person ausdifferenziert. Später dient die Liebe als Basis für die Differenzierung der persönlichen gegenüber der unpersönlichen Kommunikation, während zugleich ihre Reproduktion von dieser Differenzierung abhängt [*siehe* Familie].

Liebe betrifft die besondere Unwahrscheinlichkeit der intimen persönlichen Kommunikation. Es ist unwahrscheinlich, daß Ego Alters Wunsch annimmt, über sich selbst zu sprechen und zuzuhören – seine Idiosynkrasien zu akzeptieren. Liebe macht eine persönliche Kommunikation auf höherer Ebene wahrscheinlicher, wobei der Mitteilende versucht, sich von anderen Individuen zu unterscheiden, sich selbst thematisiert, über sich selbst spricht. Diese Kommunikation ist unwahrscheinlich, weil mit der Zunahme der Idiosynkrasie und der Singularität des Gesichtspunkts des Sprechenden Interesse und Konsens der Zuhörer abnehmen. Es wird unwahrscheinlich, daß ein Anspruch auf Egos Konsens und Unterstützung erhoben werden kann, weil Alters Blickwinkel einmalig, spezifisch und streng persönlich ist. Etwas Besonderes gewinnt universelle Relevanz: Alter ist relevant, weil er so ist, wie er ist, und verlangt, daß Ego seine Perspektive berücksichtigt, unterstützt und bestätigt. Liebe macht die intime persönliche Kommunikation wahrscheinlich, weil sie die radikale Individualisierung der Person berücksichtigen kann.

Mit dem Medium Liebe ist eine besondere Attributionskonstellation verbunden: Alters Erleben (der geliebt wird) löst Egos Handeln aus (der liebt). Egos Orientierung an der Art und Weise, wie Alter sein Handeln erlebt, ist keine besondere Beobachtungsart: Man fragt sich oft, welche Folgen eine gewisse Handlung aus der Perspektive des sie beobachtenden Alter haben kann. Weniger normal ist, daß diese Orientierung verdichtet wird und Alters Suche nach Verständnis, Konsens und Unterstützung zur Grundlage der eigenen Weltsicht wird. Das durch Liebe behandelte Problem ist die Unwahrscheinlichkeit, daß Ego Alters Erleben als Basis des eigenen Handelns annimmt – daß zum Beispiel Ego eine von ihm gehaßte Fernsehsendung sieht, weil Alter sie mag. Ego liebt, wenn Alters Erleben der Grund dessen ist, wie Ego beobachtet und handelt. Die Liebe ist also das Medium der Konstruktion der Welt mit den Augen des Anderen. Ego wird in Alters Welt eingeschlossen, beobachtet sich selbst in dieser Welt und findet sich vor die Alternative gestellt, Alters egozentrische Projekte zu bestätigen oder abzulehnen.

In der Semantik der modernen Gesellschaft ist das Medium Liebe hauptsächlich als Passion symbolisiert worden: Wer liebt, erleidet etwas, das er weder verändern noch erklären kann. Im 20. Jahrhundert hat sich jedoch die Symbolisierung der Liebe als Verständnis durchgesetzt: in Egos Beobachtung wird Alters Verhältnis zu seiner Umwelt eingeschlossen.

Um dieses Verständnis zu erreichen, benutzt die Liebe die Orientierung an der Person [*siehe* Inklusion/Exklusion]. Alter ist Person, weil er in der Beziehung zu sich selbst und zur Umwelt erfaßt wird. Die Orientierung an der Person erlaubt Ego also, zu beobachten, was für Alter als Umwelt und was als Struktur dient, um Informationen über diese Umwelt zu verarbeiten. Verständnis bedeutet auch Verzicht auf Kommunikation: Alter braucht nicht zu fragen, weil seine Erwartungen Alters Handeln auf die unmittelbarste Weise auslösen. Liebe macht Kommunikation wahrscheinlich, indem Kommunikation vermieden wird.

Das Medium muß das, was in der Intimität eingeschlossen wird, von dem unterscheiden, was Intimitätsmangel bedeutet (nicht im Sinne dessen, was der Liebe fremd ist, sondern dessen, was aus der Perspektive der Liebe ihre Negation bedeutet: die Trennung). Liebe hat aber keinen technisierten Code [*siehe* Code]. Das Medium hilft sich dann mit einem Bezug auf die Person, der es ermöglicht, die Differenz zwischen Liebe und Nicht-Liebe zu beobachten und von dem einen zum anderen überzugehen.

Die Programme, die eine korrekte Zuschreibung der Liebe regeln, haben vor allem die Form der Erinnerung an die gemeinsame Geschichte, die die Allokationsmöglichkeiten der Codewerte beschränkt (das wunderschöne, zusammen verbrachte Wochenende ...). Die Reflexivität der Liebe drückt sich in der Tatsache aus, daß Liebe nur durch Liebe motiviert werden kann, sich nur auf Liebe bezieht und sich nur dann entwickelt, wenn sie sich mit anderer Liebe verbinden kann. Liebe wird inflationiert, wenn die Berücksichtigung von Alters Welt so stark ist, daß sie im Alltagsleben nicht übertragbar ist (wenn du das sein könntest, was du nicht bist). Die symbiotischen Symbole, durch die Liebe sich durch die Körperlichkeit der Partner irritieren läßt, sind Verweisungen auf Sexualität.

Liebe ist unbeständig [*siehe* Familie]. Alters Ansprüche sind desto höher, je mehr Alter sich als Person individualisiert; der Liebende muß diese Ansprüche immer erfüllen, aber ein höherer Individualisierungsgrad gefährdet die Liebe, weil er leicht Konflikte auslöst. Man kann sich immer fragen, ob Egos Handeln tatsächlich an Alters Welt und nicht an der eigenen Welt orientiert ist. Diese Frage kann nicht beantwortet werden, weil auch das Schweigen Kommunikation ist (weil es der Person zugeschrieben wird). Die Konflikte entzünden sich leicht, weil alles Verhalten den Personen zugeschrieben wird und man sich auf diese Zuschreibungen verläßt, um zu verstehen, ob die Intimorientierung noch gilt oder unter einen Problemdruck geraten ist. Die Möglichkeit, in der Liebe kleinen Alltagsstreitereien nachzugehen, birgt also Risiken, weil jedes Verhalten Liebe auf die Probe stellt; jeder Konflikt kann die Liebe in Frage stellen, weil er von der Orientierung an der Person nicht absehen kann.

[C. B.]

Liebe als Passion, 1982; Die Gesellschaft der Gesellschaft, 1997, S. 344 ff., 987 f.; Sozialsystem Familie, 1988

Macht

Die Macht ist ein symbolisch generalisiertes Kommunikationsmedium [*siehe* symbolisch generalisierte Kommunikationsmedien], das die Annahme von Alters Handlungen als Prämisse von Egos Handlungen wahrscheinlich macht. Macht wird also nicht als Eigenschaft dessen beobachtet, der in ihrem Besitz ist; sie ist ein Kommunikationsmedium für die Koordination der Selektionen und für die Produktion entsprechender Erwartungen.

Die Macht differenziert sich in der Neuzeit [*siehe* Gesellschaftsdifferenzierung] als spezifisches Medium des politischen Systems [*siehe* Politik] aus. Sie kann gelegentlich auch in anderen sozialen Systemen realisiert werden, ohne dort jedoch die Reproduktionsfähigkeit gewinnen zu können, die sie in der Politik besitzt.

Mit dem Medium Macht ist eine besondere Zuschreibungskonstellation assoziiert: Alters Handeln (das Handeln des Machtbesitzers) löst Egos Handeln aus. Daß die Handlungen eines Alter und eines Ego aufeinander bezogen sind, ist der Normalfall; dieser Bezug wird jedoch unwahrscheinlich, wenn Alters Handlung eine Entscheidung über Egos Handeln ist, der gehorcht werden muß (ein Befehl). Alter handelt und Ego befindet sich in der Situation, Alters Handeln als Prämisse des eigenen Handelns zu bestätigen oder abzulehnen. Eine Unwahrscheinlichkeit der Bestätigung tritt auf, wenn das Befehlen spezialisiert wird und es in der konkreten Situation keine Sicherheit über Konsens und über Interessenkongruenz gibt. Der Rekurs auf Macht läßt Egos Annahme von Alters Befehlen wahrscheinlich werden. Macht existiert, wenn Egos Handlung Alter motiviert, zu handeln; die Macht beruht nicht auf vorab gegebenen Motivationen, sondern sie generiert die Motivation selbst. Die Macht setzt die Freiheit von Alter (der so oder auch anders handeln könnte) und von Ego (der Alters Selektion ablehnen könnte) voraus; nur dann ist offensichtlich, daß die Annahme der Handlungsprämisse mit Alters Macht zusammenhängt.

Macht realisiert sich, wenn die Handlungssequenz Befehl-Gehorsam mit einer Sequenz der Androhung von Sanktionen kombiniert wird (wenn du nicht gehorchst, bestrafe ich dich). Macht benutzt ausschließlich negative Sanktionen; sie kann gelegentlich positive Sanktionen benutzen, aber dann wandelt sie diese in negative um (zum Beispiel wenn eine Kündigung angedroht wird). Weder Alter noch Ego wünschen sich Sanktionen; sie sind aber für Ego schädlicher. Die Sanktionen bilden für beide die zu vermeidende Alternative, aber Ego befürchtet ihre Realisierung stärker.

Macht reproduziert sich nur in der direkten Form des Gehorsams. Das entsprechende Sanktionsmittel ist die physische Gewalt, die generalisiert benutzbar sein muß und den symbiotischen Mechanismus (oder das Symbol) der Macht darstellt. Die Macht wird symbolisiert; die Symbole erlauben es, sowohl die Entscheidungen zu bestimmen und durchzusetzen (man muß aus diesen und jenen Gründen dies oder jenes tun) als auch die Macht sichtbar zu machen (Paraden, Fahnen etc.). Die kommunikative oder symbolische Seite der Macht ist immer mit im Spiel – auch wenn der Gebrauch der physischen Gewalt nicht nur angedroht wird –, weil sie in jedem Fall einer Entscheidung bedarf. Auch wenn physische Gewalt eingesetzt wird, hängt der Machteffekt nicht von der Veränderung des physischen Zustands der Körper ab, sondern von den daraus gezogenen Folgerungen für die Annahme der Kommunikation.

Die Form der Macht ist die Differenz zwischen Gehorsam und der zu vermeidenden Alternative (Sanktion). Auf der einen Seite motiviert diese Differenz Ego zur Annahme der Kommunikation (besser gehorchen als bestraft werden); mit der Macht ist es vorbei, wenn Ego die zu vermeidende Alternative bevorzugt und Alter aufgeben oder sanktionieren muß (der Irak zieht sich aus Kuwait trotz des Ultimatums der UNO nicht zurück). Auf der anderen Seite stützt sich Alters Macht auf die Vermeidung der Sanktionen (die UNO hat Macht, wenn der Irak gehorcht): die Macht endet, wenn die Sanktion realisiert wird (der Gebrauch der physischen Gewalt zeigt, daß keine Macht vorhanden ist). Für die Machterhaltung muß also der Gebrauch der physischen Gewalt eine zu vermeidende Alternative bleiben; die Durchsetzungsfähigkeit wird dadurch erwiesen, daß ihr nicht mit Gewalt widersprochen wird.

Der Code der Macht besteht in der Unterscheidung Unterlegene/Überlegene. Es handelt sich um einen Präferenzcode, weil es positiv ist, überlegen zu sein, und negativ, unterlegen zu sein. Der Code an sich kann jedoch nicht zur Annahme der Kommunikationen und damit Ego nicht zur Annahme seiner Unterlegenheit motivieren. Aufgrund der bloßen Unterscheidung Unterlegene/ Überlegene kommt es allenfalls zu Kämpfen. Es ist deshalb eine Zweitcodierung nötig, die vom Recht bereitgestellt wird [*siehe* Rechtssystem]; der Rechtscode Recht/Unrecht erlaubt Ego, ein legitimes von einem illegitimen Recht zu unterscheiden – also sich zur Annahme der legitimen Kommunikation zu motivieren. Ohne eine solche Zweitcodierung ist der Machtcode nicht technisierbar [*siehe* Code]. Wenn die Macht politisch ist, sorgt ein weiterer Code neben dem des Rechts für die Technisierung: der politische Code Regierung/Opposition.

Die Programme, die die korrekte Zuschreibung der Codewerte regeln, sind Gesetze und Rechtsentscheidungen. Die Reflexivität der Macht drückt sich in der Tatsache aus, daß die Macht sich auf andere Macht bezieht und sich nur dann entwickelt, wenn sie sich mit anderer Macht verbinden kann. Die Macht wird inflationiert, wenn sie übertrieben benutzt wird (Alter verlangt Konditionierungen von Egos Handeln, die Ego nicht vollziehen kann), und deflationiert, wenn sie zu knapp eingesetzt wird – wenn also nicht alle von der Macht angebotenen Möglichkeiten benutzt werden können (wenn Alter entweder auf physische Gewalt rekurriert oder aufgeben muß).

[C. B.]

Macht, 1975; Die Gesellschaft der Gesellschaft, 1997, S. 355 f.; Die Politik der Gesellschaft, Manuskript

Medizinsystem (System der Krankenbehandlung)

Das Medizinsystem oder System der Krankenbehandlung ist eines der Teilsysteme der funktional differenzierten Gesellschaft. Die Kommunikation in diesem System betrifft die organischen oder mentalen Bedingungen der Menschen; sie orientiert sich primär an der Umwelt der Gesellschaft und den dort beobachteten Problemen. Der Arzt kommt ins Spiel, wenn der Mensch nicht mehr problemlos als organische oder psychische Grundlage der Kommunikation dienen kann. Der Zweck der Medizin kann nicht direkt durch Kommunikation erreicht werden. Die Kommunikation mit dem Patienten spielt sicher eine Rolle, aber die Funktion wird durch die Diagnose und die Therapie erfüllt.

Die Funktion der Krankenbehandlung wird auf der Basis der Orientierung am Code krank/gesund [*siehe* Code] erfüllt. Die Unterscheidung krank/gesund strukturiert den Kommunikationsbereich zwischen Ärzten und Patienten, sie ermöglicht eine Funktion, die in der Gesellschaft nirgendwo sonst erfüllt wird (weder die Macht noch das Geld können heilen). Die Begriffe »gesund« und »krank« bezeichnen also keine besonderen physischen oder psychischen Zustände, sondern die Werte eines Codes: die Krankheit ist der positive und die Gesundheit der negative Wert.

Die Ärzte orientieren sich primär an Krankheit: das menschliche Leben ist aus ihrer Perspektive nur in bezug auf Krankheit relevant. Durch Kommunikation über Krankheiten kann man Anschlüsse innerhalb des Systems finden. Mit der Gesundheit kann man dagegen nichts anfangen; man kann nur über das reflektieren, was bei Krankheiten fehlt. Das Medizinsystem operiert nur, wenn jemand krank wird. Es gibt deshalb viele Krankheiten und nur eine Gesundheit; die Bezeichnungen der Krankheiten differieren, während der Begriff der Gesundheit problematisch oder leer bleibt. Aus medizinischer Sicht sind die Gesunden nur als nicht-krank (oder nicht-mehr-krank) relevant oder als Personen, die unter noch nicht diagnostizierten Krankheiten leiden. Die Codierung des Medizinsystems unterscheidet sich also von der anderer Funktionssysteme durch eine Besonderheit: sie ist die einzige Codierung, in der der sozial präferierte Wert (die Gesundheit) nicht derjenige ist, der im System anschlußfähig ist, sondern umgekehrt die Reflexion auslöst (der negative Codewert).

Die Relevanz der Krankheit geht aus der Beziehung zwischen Körper und Bewußtsein als zweier unterschiedlicher autopoietischer Systeme [*siehe* Autopoiesis] hervor. Das Bewußtsein kann den eigenen Körper nicht direkt beobachten, es kann nur seine physikalischen, chemischen und organischen Prozesse durch Vorstellungen konstruieren [*siehe* psychisches System]. Nur durch diese Vorstellung kann jedoch das Bewußtsein wissen, daß es etwas Externes überhaupt gibt; der Körper macht offensichtlich, daß es eine Simultaneität mit der Welt gibt. Der Körper stört das Bewußtsein insbesondere mit Hilfe des Schmerzes. Der Schmerz ist eine Kompensation für die strukturelle Unaufmerksamkeit des Bewußtseins für den Körper. Der Schmerz vollzieht eine Komplexitätsreduktion, er erzwingt Aufmerksamkeit auf den Körper. Er hebt hervor, daß der Körper das letzte ist, was noch Sinn hat, wenn alles andere sinnlos geworden ist. Krankheiten und Wunden zeigen sich durch Schmerzen und haben deshalb Priorität: Wenn die Körper nach Hilfe fragen, hat der Arzt Vorrang.

Die Programme der Medizin beziehen sich auf die Unterscheidung gesund/krank, sie sind also an Krankheit (Krankheitsbehandlung, Heilverfahren) orientiert. Da die Funktion des Systems primär auf die Umwelt des Sozialen gerichtet ist und nicht die Unwahrscheinlichkeit der Kommunikation behandelt, definiert der Code kein symbolisch generalisiertes Kommunikationsmedium [*siehe* symbolisch generalisierte Kommunikationsmedien]; für den Erfolg der Kommunikation reichen die Voraussetzung des Kooperationswillens und besondere Symbole (Medikamente mit technischen Namen, genaue Gebrauchsanweisungen) aus. Da die Krankheit der Positivwert ist, bildet die Medizin auch keine Reflexionstheorie aus [*siehe* Reflexion]. Die medizinische Handlung bezieht sich auf den Wert der Gesundheit, aber die Gesundheit ist nicht anschlußfähig im System. Es gibt deshalb nichts zu reflektieren; es handelt sich nur um Krankenbehandlung. Anstelle einer Reflexionstheorie setzen sich die Unbezweifelbarkeit des Werts der Gesundheit (der in der Gesellschaft ein Maximalwert ist) und die professionelle Ethik des Arztes durch.

Dank der Gentechnologie setzt sich jedoch eine Zweitcodierung durch; die Unterscheidung genetisch perfekt/genetisch bedenklich erlaubt, eine auf Krankheit bezogene Sekundärunterscheidung heilbar/unheilbar zu bestimmen: Krankenpflege wird auf beiden Seiten der Unterscheidung verlangt. Diese Unterscheidung kann als Zweitcodierung gelten, weil sie die Entwicklung einer inneren Dynamik im System erlaubt, die aufgrund von vorbestimmten Kriterien (auch von ethischen Kriterien) nicht kontrolliert werden kann. Aus soziologischer Perspektive ist die Grundfrage hinsichtlich der Gentechnologie, ob sie eine Technisierung des Codes mit sich bringt oder nur eine der vielen neuen Interventionen in den Körper darstellt.

Das Medizinsystem setzt Leistungen anderer Funktionssysteme (der Wirtschaft, der Wissenschaft, des Rechts usw.) voraus; die medizinische Behandlung benötigt politische Entscheidungen, wissenschaftliches Wissen, Finanzierung, juristische Regelung. Die Interdependenzen tangieren die Autonomie des Medizinsystems jedoch nicht: Auch wenn Arbeitskollegen, Parlamentssitzungen, ethische Kommissionen, Priester, Verwandte etc. ins Spiel kommen, bleibt die Konstruktion der Krankheit (Diagnose und Pflege, Informationen und Ratschläge) eine Sache der Medizin.

Mit der gesellschaftlichen Evolution hat sich der Relevanzbereich der Medizin erweitert, und heute schließt er die gesamte individuelle Lebensführung ein. Diese evolutive Veränderung ist auch mit einer Inflation der Ansprüche an die Krankheitsbehandlung verbunden; sobald sie möglich ist, darf die Behandlung nicht ausbleiben, und Ungleichheiten in dieser Frage gelten als skandalös. Diese Anspruchssteigerung korreliert auch mit der Durchsetzung einer expansiven Politik und entsprechenden finanziellen Problemen. Der Versuch, die Ansprüche durch Kostensenkung zu reduzieren, verstößt gegen die Autonomie des Medizinsystems: ein ökonomischer Kalkül ist nicht zugleich ein Kalkül des Leidens. Unter diesen Bedingungen wird die Regulierung des Anspruchsniveaus den Individuen überlassen, auf die die Ärzte schließlich automatisch mit Diagnose-, Therapie- und Medikamentenvorschriften antworten. Es entstehen Konflikte, Skandale, negative Stereotypen.

Die Grundfrage in bezug auf Medizin ist, ob ein funktionales Surrogat des Schmerzes vorgeschlagen werden kann. Das Problem bestünde darin, die funktionale Indifferenz des Bewußtseins für den Körper im Fall von Geräuschen, die keine Schmerzen sind, aufzuheben – also den Bereich der Interpenetration von Körper und Bewußtsein zu erweitern. Dann würde sich das Bedürfnis nach einer Reflexionstheorie dringlicher stellen und die Differenz zwischen heilbaren und unheilbaren Krankheiten deutlicher herausarbeiten lassen.

[C. B.]

Medizin und Gesellschaftstheorie, 1983; Anspruchsinflation im Krankheitssystem, 1983; Der medizinische Code, 1990

Moral

Moralische Kommunikation unterscheidet vor allem zwischen dem, was gut ist, und dem, was böse ist, und bezieht diese Unterscheidung unmittelbar auf Personen: Moral wird durch die Möglichkeit codiert [*siehe* Code], Achtung bzw. Mißachtung Personen zuzuordnen. Der Code von Achtung/Mißachtung bezieht sich also nicht auf bestimmte Leistungen des Gegenübers, sondern auf die Gesamtperson als Kommunikationspartner; wer Moral verwendet, kommuniziert die Bedingungen, unter denen er bereit ist, andere zu achten bzw. zu mißachten, und geht dabei von der impliziten Voraussetzung aus, sich selbst zu achten. Dieses Schema macht die Moral polemogen, streiterzeugend und äußerst gewaltnah.

Die Moral ist daher kein in einem einzelnen besonderen Teilsystem lokalisiertes (ausdifferenziertes) Phänomen, sondern kann in jedem gesellschaftlichen Bereich auftauchen. Man kann moralische Motive vorbringen, um bestimmte wissenschaftliche Forschungsprojekte zu bestreiten, wie zum Beispiel Gentechnologie und -forschung; politische Karrieren können aufgrund moralischer Fragen zerstört werden, wie die für das politische System typische Leichtigkeit, Skandale zu produzieren, zeigt; und so weiter. Die Moral ist mit anderen Worten kein so unwahrscheinliches Phänomen, daß die Ausdifferenzierung eines Teilsystems oder symbolischer Unterstützungen nötig werden, die moralisch motivieren [*siehe* symbolisch generalisierte Kommunikationsmedien]; es genügt schon die Tatsache, daß man sich an Personen als Kommunikationspartnern orientieren kann, was bereits im Rahmen des Problems der doppelten Kontingenz [*siehe* doppelte Kontingenz] geschieht.

Wegen der typischen Merkmale funktionaler Differenzierung [*siehe* Gesellschaftsdifferenzierung] sind gesellschaftliche Teilsysteme grundsätzlich amoralisch; ihre Codes sind mit dem der Moral nicht kongruent. Das Wahre kann nicht unbedingt als etwas Gutes und das Nicht-Wahre als etwas Böses bezeichnet werden; wer moralisch sanktioniert wird, kann und darf nicht automatisch rechtlich unrecht haben. Die Moral hat im Gegenteil den Effekt, die Kommunikation auf Konflikte und Polemiken zu reduzieren, die die normale Reproduktion der gesellschaftlichen Teilsystemoperationen behindern.

Moral fällt nicht mit Ethik zusammen, vielmehr entsteht letztere, wenn die Moral sich selbst beschreibt und reflektiert. Die Ethik muß deshalb als Reflexionstheorie [*siehe* Reflexion] der Moral begriffen werden. Die wohl am weitesten verbreitete ethische Maxime geht davon aus, daß es gut ist, gut und böse zu unterscheiden, und sehr selten wird die paradoxe Struktur einer solchen Auffassung bemerkt: wenn es gut ist, gut und böse zu unterscheiden, dann ist das Böse auch gut, weil es ohne die Unterscheidung gar nicht existieren würde.

In der mittelalterlichen stratifizierten Gesellschaft war die Situation völlig anders, weil jene Gesellschaft eine einheitliche moralische Beschreibung der Rangordnung, aus der sie aufgebaut war, liefern mußte. Die für diese Epoche typische Kombination von Moral und Religion erlaubte es damals, über eine anhand einer einzigen Moral integrierte soziale Ordnung zu verfügen, deren Alternative nur Chaos und Barbarei sein konnte. Die Besonderheiten der modernen Gesellschaft, die moralisch nicht mehr integriert werden kann, sollte von der Verwendung von Moral abhalten. Mit der funktionalen Differenzierung hat die Gesellschaft viele eigene Merkmale verändert. Es ist zum Beispiel klargeworden, daß für einen Gesamtkonsens keine Chance besteht und keine Norm der Reziprozität zu erwarten ist, weil man bereit ist, eigene Risiken einzugehen, aber nicht die von anderen verursachten Gefahren zu ertragen [*siehe* Risiko/Gefahr]; man weiß außerdem, daß egoistische Zwecke die Grundlage des Altruismus bilden und daß die besten Absichten schlimme Folgen haben können. Unter solchen Umständen sollte man sich die Frage stellen, wo denn die moralischen Bedingungen der Moral bleiben. Die Antwort kann nur in einer Einladung bestehen, die Wirklichkeit auf einer Ebene abstrakterer Amoralität zu beobachten; die Ethik sollte aufhören, die Moral als ein gutes Unternehmen zu bezeichnen, und statt dessen vor ihrer Verwendung und deren Folgen warnen.

Ob eine Ethik heute noch möglich ist, ist jedoch eine Frage, die die Soziologie kaum zu beantworten vermag; man kann nur bezweifeln, ob eine Ethik möglich ist, die sich mit sozialen Beziehungen beschäftigen und zugleich sich selbst für gut halten will. Man könnte sich eine Ethik vorstellen, die fähig ist, die Moral als Unterscheidung und nicht nur als positive (gute) Seite – die negative vergessend – zu begreifen. Eine solche Ethik sollte sich dann mit den Fragen beschäftigen, wann es gut ist, zwischen Gut und Böse zu unterscheiden, und welche positiven Bedingungen der Verwendung moralischer Urteile es gibt. Eine dieser Bedingungen betrifft eine der grundsätzlichen Voraussetzungen der Moral: die Urteilsfreiheit. Während die Freiheit in vormodernen Gesellschaften eine transzendentale Besonderheit menschlichen Handelns war und als solche als Voraussetzung der Moral fungierte, kann diese Idee in der Moderne nicht mehr gehalten werden. Die Freiheit, so könnte man aus soziologischer Sicht sagen, ist ein Produkt der Kommunikation, die es vor allem erlaubt, zu jedem selektiven Vorschlag, der in der Kommunikation vorgebracht wird, ja oder nein zu sagen – und dies gilt auch für Vorschläge der Moral. Die Möglichkeit, Gebote der Moral abzulehnen, ist mit der Struktur dieser Gesellschaft gegeben, und man kann sich fragen, ob es immer noch sinnvoll ist, auf jene Möglichkeit mit Moralisierung zu reagieren und die Paradoxie auftauchen zu lassen, genau das moralisch (und oft negativ) zu beurteilen, was in dem Urteil selbst unbedingt vorausgesetzt werden muß.

[G. C.]

Soziologie der Moral, 1978; The Morality of Risk and the Risk of Morality, 1987; Paradigm lost, 1990

Negation

Im Rahmen der systemtheoretischen Begrifflichkeit hat die Negation einen Funktionsprimat, weil sie es ermöglicht, die Welt zugänglich zu halten, obwohl soziale und psychische Systeme unvermeidlich selektiv operieren. Die Negation hat die Form eines Verweises auf andere Möglichkeiten, die sich von denen unterscheiden, die jeweils aktualisiert worden sind [*siehe* Sinn]; in dieser Hinsicht stellt sie den Weltbezug [*siehe* Welt] sozialer und psychischer Systeme dar und erlaubt es, den Sinn jeder Kommunikation und jeden Gedankens zu konstituieren.

Der Sinn bietet den sinnkonstituierenden Systemen die Möglichkeit, die Komplexität [*siehe* Komplexität] der Welt zu reduzieren, ohne daß diese Reduktion die Vernichtung der nichtaktualisierten Möglichkeiten bedeutet. Ein Kommunikationszusammenhang wählt ein Thema, worauf er sich konzentriert, und

läßt jede andere thematische Alternative vorläufig beiseite. Diese anderen möglichen Alternativen werden negiert, sie bleiben jedoch zugänglich für eine eventuelle weitere Kommunikation. Daß das, was negiert wird, nicht irreversibel verschwindet, sondern zur Verfügung bleibt, ist auf zwei unterschiedliche Leistungen der Negation zurückzuführen:
(a) Die Negation generalisiert das, was die Bestimmung nicht berücksichtigt und aktualisiert. Wenn die Kommunikation ein Thema wählt, läßt sie den Horizont der ausgeschlossenen Themen unbestimmt; es ist nicht nötig, alle mit jeder Aktualisierung verbundenen Negationen zu bestimmen.
(b) Damit das, was die Generalisierung unbestimmt läßt, nicht verschwindet, sondern später eingeholt werden kann, erfordert die Negation eine zweite Leistung: sie muß reflexiv sein. Die Negation kann auf sich selbst angewendet werden, und das, was sie vorläufig ausgeschlossen hatte, kann wiedergewonnen und positiv bestimmt werden. Indem man negiert, was negiert wurde, leistet die Negation die Erhaltung des Sinnes und nicht seine Vernichtung, und das System kann die nötigen Anschlüsse zur Weiterführung seiner Operationen finden.

Generalisierung und Reflexivität erfordern sich wechselseitig als notwendige Komponenten der Negation. Beide sind Bedingungen dafür, daß sinnkonstituierende Systeme operativ sein können; nur wenn das Nichtaktualisierte unbestimmt gelassen wird und später eventuell bezeichnet werden kann, ohne daß die Welt verschwindet, können Kommunikation und Bewußtsein weiteroperieren.

Dank dieser Merkmale sind Negationen sinnhafte Operationen. Sie tauchen in jeder sozialen und psychischen Operation auf und existieren deswegen wirklich in der wirklichen Welt. Obwohl sie in jeder sozialen und bewußten Operation stattfindet, hat jedoch die Negation kein Korrelat zur Umwelt: in der Umwelt gibt es keine negativen Gegenstände. Das gilt sowohl im Falle bestimmter Negationen (»etwas gibt es nicht«) als auch im Falle unbestimmter Negationen (»alles, was etwas nicht ist«). In diesem Sinne muß Negation als positiver Operator begriffen werden, weil sie nur in Operationen verwendet wird, die wirklich (das heißt positiv) stattfinden. Alle Negationen werden zum Gewinn positiver operativer Anschlüsse verwendet, weil man, um negieren zu können, das unterscheiden können muß, was man negieren will: man kann nur innerhalb einer Unterscheidung negieren [*siehe* Operation/Beobachtung]. Gerade deswegen ist kein System in der Lage, sich selbst durch die eigenen Operationen zu beenden; die Negation seiner selbst ist in jedem Fall bereits wieder eine Bestätigung der Autopoiesis. Die Negation scheint daher ein Ausgangspunkt zu sein, von dem aus die Konstruktion der Wirklichkeit in sinnkonstituierenden Systemen analysiert werden kann [*siehe* Konstruktivismus].

[G. C.]

Der Sinn als Grundbegriff der Soziologie, 1971; Über die Funktion der Negation in sinnkonstituierenden Systemen, 1975

Operation/Beobachtung

Die Unterscheidung Operation/Beobachtung ist die Grundlage des konstruktivistischen Ansatzes von Luhmann [*siehe* Konstruktivismus] und der Ausweitung des Begriffs der Autopoiesis [*siehe* Autopoiesis] von biologischen auf sinnkonstituierende Systeme. Ausgehend von dieser Unterscheidung können die absolute Determination der autopoietischen Operationen und die Kontingenz der Beobachtung kombiniert werden.

Unter einer Operation versteht man die Reproduktion eines Elements eines autopoietischen Systems mit Hilfe der Elemente desselben Systems, also die Voraussetzung für die Existenz des Systems selbst. Es gibt kein System ohne eine für das System spezifische Operationsweise, aber andererseits gibt es keine Operation ohne ein System, dem sie zugehört. Nach der Theorie der Autopoiesis muß alles, was existiert, auf die Operationen eines Systems zurückgeführt werden. Jedes mögliche Objekt existiert nur, weil ein System es als Einheit konstituiert.

Auf der Ebene der Autopoiesis ist das Problem des Systems einfach die Reproduktion, die die Fähigkeit verlangt, an jede Operation eine neue Operation desselben Systems anzuschließen und dadurch die operationale Schließung aufrechtzuerhalten. Die Operationen verlaufen immer blind. Die reine Reproduktion ist weder von einem teleologischen Projekt noch von der Orientierung an einer Funktion, noch von den Bedürfnissen der Anpassung geleitet. Für die Operationen existiert selbst die Zeit [*siehe* Zeit] nicht, weil sie in ihrer Unmittelbarkeit immer zur Gleichzeitigkeit mit der Welt verpflichtet sind. Wie auch die Unterscheidung früher/später werden diese Kategorien nur von einem Beobachter eingeführt, der den Verlauf der Operationen (die sich im Grunde unkontrolliert reproduzieren) beobachtet.

Von Operationen kann also nur ein Beobachter sprechen. Es ist dann äußerst wichtig, die Ebene der Operationen von der der Beobachtungen zu unterscheiden – auch wenn die Beobachtungen ihrerseits Operationen sind. Wären die Beobachtungen nicht ihrerseits Operationen, wäre es unmöglich, sie auf ein System zurückzuführen – also auch unmöglich, ihre Existenz in Betracht zu ziehen.

Die Beobachtung ist eine spezifische Operationsweise, die eine Unterscheidung [*siehe* Einheit/Differenz] benutzt, um die eine oder die andere Seite der Unterscheidung zu bezeichnen. Es kommt immer dann zu Beobachtungen, wenn ein System aufgrund von Unterscheidungen operiert und Informationen gewinnen und verarbeiten kann. Es handelt sich um die eigene Operationsweise der sinnkonstituierenden Systeme [*siehe* Sinn], die es ihnen ermöglicht, über das jeweils aktualisierte Datum auf weitere Möglichkeiten zu verweisen.

Diese Definition von Beobachtung ist sehr abstrakt und weder von einem Bezug auf den Menschen noch von einem Bezug auf Sehen abhängig. Sie bezieht sich auf den logischen Kalkül von George Spencer Brown, dem zufolge jeder Konstruktion eine Anfangsunterscheidung (*distinction*) zugrunde liegt, die den Raum in zwei Seiten aufteilt (zum Beispiel die Unterscheidung System/Umwelt, die die Welt in zwei Bereiche aufteilt) und gleichzeitig eine der beiden Seiten (das System oder die Umwelt) bezeichnet (*indication*). Es ist somit nicht möglich, eine Unterscheidung zu treffen, ohne etwas als von etwas anderem unterschieden zu bezeichnen (in der Unterscheidung zwischen System und Umwelt wird das System als unterschieden von seiner Umwelt bezeichnet). In diesem Sinne realisiert die Anfangsoperation gleichzeitig beide Funktionen der Bezeichnung und der Unterscheidung. Von der Startunterscheidung ausgehend ist es dann möglich, weitere Operationen zu vollziehen, die die vorherige Bezeichnung wiederholen (es kommt in diesem Fall zu einer Kondensation, die zur Konstitution einer Identität führt [*siehe* Identität/Differenz]) oder sich auf die andere Seite beziehen können (und dadurch ein *crossing* realisieren, das die vorherige Bezeichnung »löscht«). Die Sequenz der Operationen führt zum Aufbau eines komplexen Systems, das aber immer von der ersten Unterscheidung abhängig bleibt.

Jede Beobachtung benutzt eine bestimmte Unterscheidung (System/Umwelt, Ganzes/Teil, Gestalt/Hintergrund etc.), die es ihr ermöglicht, ein Netzwerk weiterer Unterscheidungen aufzubauen und damit Informationen [*siehe* Information] hinsichtlich des Beobachteten zu gewinnen. Während eine die Selbstreproduktion eines Systems realisierende Operation blind verläuft (und das gilt selbst für die Beobachtung als Operation), hat sie als Beobachtung mehr Freiheiten; denn sie unterliegt nicht der Bedingung der Gleichzeitigkeit mit der Welt. Sie stimmt nicht unmittelbar mit ihrem Objekt überein. Die Beobachtung ist in der Lage, Objekte zu identifizieren, und kann (wenn sie sich zum Beispiel an der Unterscheidung System/Umwelt orientiert) die inneren Prozesse eines Systems von dem unterscheiden, was ihm nicht zugehört, kann Kausalbeziehungen zwischen Innen und Außen feststellen, kann dem System ein Ziel zuschreiben.

Die Anfangsunterscheidung ist zugleich die Bedingung dafür, beobachten zu können und die Beobachtung zu beschränken; ohne eine Unterscheidung kann man nicht beobachten, aber jede Unterscheidung erlaubt nur das zu beobachten, was sie zu beobachten erlaubt. Die Auswahl der Anfangsunterscheidung ist also »fatal« in dem Sinne, daß sie alles bestimmt, was (danach) beobachtet werden kann. Je nachdem, wie beobachtet wird, sieht man anderes. Die Unterscheidung System/Umwelt führt zum Beispiel zu anderen Informationen als denjenigen, die mit der Unterscheidung Ganzes/Teil gewonnen werden. Bezogen auf soziale Systeme zwingt sie zum Beispiel dazu, die psychischen Systeme (die nicht mehr als Teile des sozialen Systems verstanden werden) in der Umwelt dieses Systems zu lokalisieren. Außerdem ist sie mit einem Begriff des Individuums als Einheit des psychischen und organischen Systems inkompatibel. Organismus und Bewußtsein werden zu autonomen und getrennten autopoietischen Systemen.

Auch die Beobachtung ist jedoch ihrerseits eine Operation eines Systems und als solche der eigenen Reproduktion gegenüber ebenso blind: Die Anfangsunterscheidung ist ihr blinder Fleck [*siehe* Konstruktivismus], das heißt der Punkt, den sie nicht beobachten kann. Eine an der Unterscheidung wahr/nicht-wahr orientierte Beobachtung kann nicht beobachten, ob diese Unterscheidung ihrerseits wahr oder nicht-wahr ist; aufgrund der Unterscheidung Recht/Unrecht kann man nicht entscheiden, ob sie auf der Seite des Rechts oder auf der Seite des Unrechts steht usw. Keine Unterscheidung kann auf sich selbst angewandt werden, um eine eindeutige Bezeichnung zu produzieren – denn sie ist und bleibt eine autopoietische Operation: sie ereignet sich als Operation, um etwas zu beobachten. Daraus resultiert die Form der Paradoxie [*siehe* Paradoxie], die immer aus der Anwendung einer Unterscheidung auf sich selbst entsteht. Man kann sagen, daß die erste Unterscheidung die Beobachtung selbst als Operation ist – die von einer anderen Unterscheidung unterschieden ist, welche ihrerseits die erste Unterscheidung für einen anderen Beobachter ist. Keine Operation der Beobachtung kann also sich selbst beobachten; um das zu sehen, was ein Beobachter nicht sehen kann, braucht man einen »Beobachter zweiter Ordnung«, der diese Beobachtung beobachtet, ohne mit ihr übereinzustimmen [*siehe* Konstruktivismus]. Das passiert jedoch immer aufgrund einer Unterscheidung, die er seinerseits nicht beobachten kann, wie eine Beobachtung dritter Ordnung feststellen kann, usw.

Beobachtung stellt keine privilegierte Erkenntnisform (im Sinne eines Zugangs zu einer objektiven Realität) dar. Es handelt sich auch in diesem Falle um die Operation eines Systems, das seine Autopoiesis aufgrund ihrer spezifischen Beschränkungen vollzieht. Als Operation kann sie außerdem immer beobachtet werden, und es gibt keine letzte Position, aus der heraus »richtig« beobachtet werden könnte: auch die Unterscheidung richtig/falsch ist ein Beobachtungsschema mit seinen Beschränkungen und seinem blinden Fleck und bietet keine besondere Garantie der Weltangemessenheit.

Jede Einheit, auf die man sich bezieht, ist die Konstruktion eines Beobachters und hängt von der benutzten Unterscheidung ab. Jede Unterscheidung übersetzt unausweichlich die Welt in eigene Formen und erlaubt deshalb keinen Zugang zu einer vom Beobachter unabhängigen objektiven Welt. Die Welt kann somit nie von außen beobachtet werden; die Beobachtung verändert unvermeidlich die Welt, mit der sie sich konfrontiert. In der Erkenntnistheorie nimmt die Unterscheidung Operation/Beobachtung die Stelle der klassischen Unterscheidung von Subjekt und Objekt an. Der radikale Konstruktivismus arbeitet die Folgen dieser Überlegungen aus.

Ein besonderer Fall ist der der Selbstbeobachtung – der Fall also, in dem die Beobachtung eine Operation des beobachteten Systems selbst ist und an seiner Autopoiesis teilnimmt. Unter Selbstbeobachtung versteht man jedoch nicht eine Operation, die sich selbst als laufende Beobachtung beobachtet (was unmöglich ist), sondern eine Operation, die etwas beobachtet, dem sie auch zugehört (eine andere Operation des Systems, an dem sie teilnimmt [*siehe* Selbstreferenz]). Diese Operation der Beobachtung ist zur Kompatibilität mit der Weiterführung der Reproduktion der Elemente verpflichtet und unterliegt spezifischen Bedingungen, die die Autopoiesis des Systems regeln. Aufgrund der Voraussetzung der operationalen Schließung autopoietischer Systeme [*siehe* Autopoiesis] kann eine Beobachtung von außen nie wissen, ob und wie diese Beobachtung sich auf den Verlauf der Operationen des beobachteten Systems auswirken wird. Die Selbstbeobachtung – da sie direkt an der autopoietischen Reproduktion teilnimmt – hat dagegen unvermeidlich einen Einfluß auf die weitere Entwicklung der Operationen und ist ein Moment ihrer Dynamik. Die Lokalisierung innerhalb des Systems impliziert jedoch nicht die Fähigkeit, es als Ganzes zu beobachten. Die Abhängigkeit von einer spezifischen Unterscheidung kann nicht überwunden werden, und auch die Selbstbeobachtung liefert nur ein selektives Bild des beobachteten Systems. Sie kann nur das beobachten, was ihr ihre Unterscheidung zu beobachten erlaubt, und ist im Vergleich zu einer Beobachtung von außen auch noch durch die Notwendigkeit beschränkt, innerhalb des Systems einen Anschluß zu finden. Sie kann also nicht einmal die Reproduktion der Operationen bestimmen, die immer blind verläuft.

Je nachdem, welche Unterscheidung sie benutzt, nimmt die Selbstbeobachtung unterschiedliche Formen an. Eine rudimentäre Selbstbeobachtung eignet allen Operationen eines sinnkonstituierenden Systems; um sich an andere Operationen des Systems rekursiv anzuschließen, müssen diese Operationen das System von dem unterscheiden, was ihm nicht zugehört [*siehe* Selbstreferenz]. Was zum Beispiel ein soziales System betrifft, so muß jede Kommunikation zugleich kommunizieren, daß es sich um eine Kommunikation handelt, wer kommuniziert und was kommuniziert wird. Nur so kann sie andere Kommunikationen produzieren. Jede Operation der Kommunikation muß sich also selbst beobachten und benutzt dafür die besondere Unterscheidung zwischen Information und Mitteilung. Komplexere Formen der Selbstbeobachtung entstehen, wenn das System von der Beobachtung der eigenen Operationen zur Beobachtung des eigenen Beobachtens und schließlich zur Beobachtung des Systems selbst (aufgrund der Unterscheidung System/Umwelt, also der Unterscheidung zwischen Selbstreferenz und Fremdreferenz) übergeht. Damit wird ein re-entry vollzogen [siehe re-entry] und das System beobachtet sich selbst aufgrund der es konstituierenden Unterscheidung [siehe Reflexion].

Die Selbstbeobachtung dient einem System, um sich selbst zu informieren und aus sich selbst heraus neue Erkenntnisse zu gewinnen. Die Selbstbeobachtungen sind jedoch als Operationen immer Ereignisse [siehe Ereignis] und bleiben an die jeweilige Situation gebunden. Es ist dann nützlich, diese Beobachtungen miteinander zu koordinieren. Dazu werden Texte produziert, die es ermöglichen, Beobachtungen zu wiederholen, zu kommentieren und zu artikulieren: diese Texte sind die Selbstbeschreibungen des Systems. Die Form der Selbstbeschreibung der Gesellschaft ändert sich mit der Evolution der Gesellschaft selbst. In den vormodernen Gesellschaften gab es Formen der Selbstbeschreibung, die immer die Trennung zwischen der Beschreibung selbst und ihrem Objekt voraussetzten: sie rekurrierten auf Externalisierungen [siehe Asymmetrisierung]. Heute dagegen muß eine angemessene Selbstbeschreibung der Gesellschaft eine »autologische« Komponente unbedingt einschließen: sie muß also den Umstand reflektieren, daß der Versuch, die Gesellschaft zu beschreiben, nur innerhalb der Gesellschaft stattfinden kann. Die Beschreibung selbst fällt unter ihr Objekt, das als ein Objekt beschrieben werden muß, das sich selbst beschreibt.

[E. E.]

Die Gesellschaft der Gesellschaft, 1997, S. 69 f., 897 f., 910 f.; Die Wissenschaft der Gesellschaft, 1990, S. 271; Kap. 2, VII; Kap. 1, VII

Organisation

Die Organisation ist derjenige Typ eines sozialen Systems, der sich – im Unterschied zu Interaktion [*siehe* Interaktion] und Gesellschaft [*siehe* Gesellschaft] – aufgrund von Anerkennungsregeln bildet, vor allem Mitgliedschaftsregeln, die durch Personalrekrutierung und Rollenspezifikation festgelegt werden können: es können immer nur eine begrenzte Anzahl von Personen Mitglieder einer formalen Organisation sein. Das Sozialsystem Organisation wird dadurch identifizierbar und kann seine Strukturen spezifizieren und seinen operationellen Zusammenhang ausdifferenzieren. Unter »Organisation« versteht man soziale Systeme wie Unternehmen, Institute, Anstalten usw.

Die als Letztelemente der Organisation fungierenden Kommunikationen haben die Form von Entscheidungen. Entscheidungen sind Kommunikationen besonderer Art, deren Selektivität immer einem Mitglied der Organisation zugerechnet werden muß. Daß Personen Mitglieder sein können, heißt nicht, daß diese Personen Teile des organisierten Systems sind. Personen sind Mitglieder der Organisation, indem sie dazu beitragen, die Strukturen zu bestimmen, die das System operationsfähig machen; als psychische Systeme bleiben sie in der Umwelt der Organisation.

Die Mitgliedschaft einer Organisation ist an sich kein Entscheidungskriterium: sie stellt noch nicht fest, wer was wann entscheiden kann. Die Entscheidungsmöglichkeiten werden durch Entscheidungsprämissen festgelegt, die den Alternativenbereich begrenzen, aus dem jeweils auszuwählen ist. Dabei können folgende Entscheidungsprämissen im Hinblick auf den begrenzten Alternativenbereich unterschieden werden:

(a) Die Organisation legt Programme [*siehe* Programm] fest, aufgrund deren die Richtigkeit von Entscheidungen bewertet werden kann. Ein Programm begrenzt die Kommunikationsmöglichkeiten, indem es zum Beispiel in der Zukunft zu erreichende Zwecke setzt (Zweckprogrammierung) oder von der Ausgangslage her die Bedingungen angibt, die in dem Falle erfüllt sein müssen, der Entscheidungen erfordert (Konditionalprogrammierung).

(b) Der Bereich der Entscheidungsmöglichkeiten wird zudem durch die Einrichtung von Kommunikationswegen begrenzt, mittels deren die Entscheidungen Bindungseffekte haben. Die hierarchische Struktur bildet den typischen Fall, in dem die Organisationen sich intern differenzieren; die Selektivität der Entscheidungen wird so gelenkt, daß sie nicht ohne weiteres Wirkungen in der ganzen Organisation haben kann. Durch diese Strukturierung wird klar, welchen kommunikativen Erfolg eine Entscheidung haben kann; und so können sich relativ zuverlässige Erwartungen bilden.

c) Die dritte Entscheidungsprämisse ist mit den Personen verbunden, die Mitglieder der Organisation sind. Obwohl bereits ihre Rolle das begrenzt, was die einzelne Person entscheiden kann, können persönliche Merkmale dazu führen, daß diese Begrenzungen selektiver als vorgesehen gehandhabt werden, zum Beispiel dank eines individuellen Karrieretypus, dank Rücksichten auf bestimmte Kontakte, dank bestimmter Fähigkeiten oder Reputationen, die die einzelne Person aus eigenen Erfahrungen und der eigenen Ausbildung gewonnen hat.

Die Programme, die Kommunikationswege und die Personen bilden die Erwartungsstrukturen [*siehe* Erwartungen] der Organisation, die es ihr erlauben, zu operieren. Die drei Entscheidungsprämissen können voneinander unterschieden werden, weil der Variation einer Prämisse nicht unbedingt eine Variation einer anderen entsprechen muß; man kann zum Beispiel das Personal, das bestimmte Rollen besetzt, wechseln, ohne daß die Rolle selbst (oder die hierarchische Struktur) und die Programme des Unternehmens geändert werden müßten, und umgekehrt.

Die drei Prämissen kondensieren zu Arbeitsstellen; jede Stelle ist mit Aufgaben versorgt (Programm), gehört zu einer gewissen Abteilung (Kommunikationswege) und ist mit einer Person besetzt. Die Kontingenz der unterschiedlichen Formen von Entscheidungsprämissen wird im Rahmen der Schaffung von Stellen bearbeitbar, die ihre Identität aufrechterhalten, solange die drei Entscheidungsprämissen nicht zugleich geändert werden. Die Kontingenz wird operativ genutzt, indem jede Entscheidungsmöglichkeit im Hinblick darauf gebunden wird, was geändert werden kann und was konstant bleiben muß.

Die Kontingenz wird auch durch die besondere Form behandelt und verarbeitet, die die Kommunikation gewinnt, wenn sie als Entscheidung zugerechnet wird. Vor der Entscheidung steht ein begrenzter Bereich von Möglichkeiten zur Verfügung, die sich als Alternativen zeigen; durch die Entscheidung wird die Kontingenz in einer Form fixiert, die die Entscheidung selbst kontingent macht, weil anders hätte entschieden werden können. Diese Umwandlung von künftiger Kontingenz in vergangene Kontingenz ermöglicht das Entstehen einer eigenen internen, von außen nicht koordinierten Zeit, und zwar dergestalt, daß jede Entscheidung die Voraussetzung anderer Entscheidungen bildet und zugleich vergangene Entscheidungen erfordert. Diese Verkettung von Entscheidungen erlaubt die Bearbeitung der Unsicherheit, die in jeder Entscheidung steckt, und es ist typisch für Organisationen, daß angemessene Strategien entwickelt werden, um den Entscheidungsdruck ertragen zu können. Einige Beispiele dieser Strategien sind: die Neigung, sich konform gegenüber Erwartungen zu halten, auch wenn dies unsinnig wird, nur um zu vermeiden, als Entscheider zu erscheinen; die Verschiebung der Verantwortung auf andere Entscheider; die Neigung, gegen bestimmte Erwartungen zu entscheiden und so Konflikte in der Annahme entstehen zu lassen, daß sie bestimmte Vorteile einbringen oder das Ansehen steigern.

In der funktional differenzierten Gesellschaft [*siehe* Gesellschaftsdifferenzierung] gewinnen formale Organisationen eine bisher nie registrierte Relevanz. Das gilt nicht nur für das Wirtschaftssystem, für das die Bedeutung von Organisationen bekannt ist und seit langem erforscht wird. Auch die anderen Teilsysteme gründen ihre Operationsfähigkeit immer stärker auf organisierte Systeme, wie auf Schulen in der Erziehung, auf Kirchen in der Religion, auf Forschungseinrichtungen in der Wissenschaft usw.

[G. C.]

Organisation und Entscheidung, Manuskript; Organisation und Entscheidung, 1978; Organisation, 1988; Die Gesellschaft der Gesellschaft, 1997, S. 826 ff.

Paradoxie

Paradoxien entstehen, wenn die Bedingungen der Möglichkeit einer Operation zugleich auch die Bedingungen ihrer Unmöglichkeit sind. Eines der bekanntesten Beispiele einer Paradoxie ist diejenige des Epimenides, die in der Aussage auftaucht: »Dieser

Satz ist falsch«. Es wird dann unmöglich zu entscheiden, ob die Aussage wahr oder falsch ist, weil die Bedingungen ihrer Falschheit zugleich auch die Bedingungen ihrer Wahrheit (und umgekehrt) sind: wird der Satz als wahr angenommen, dann widerspricht er zugleich dem, was er aussagt (der Satz ist dann falsch). Wird dagegen die Aussage als unwahr bezeichnet, sieht man sich gezwungen, mit ihrem Inhalt einverstanden zu sein (der Satz ist dann wahr). Die Paradoxie hat also nicht die Form: »A = nicht A«, die eine sich widersprechende, aber nicht paradoxe Aussage darstellt. Sie hat vielmehr die Form: »A weil nicht A«, wobei die Bedingungen der Aussage zugleich die Bedingungen ihrer Negation sind. Für einen Beobachter besteht die Unentscheidbarkeit darin, daß es unmöglich ist, einen der Werte zu bezeichnen, ohne auch den anderen zu bezeichnen; der Beobachter beginnt zwischen den beiden Seiten zu oszillieren, und es wird unmöglich, die Beobachtung weiterzuführen.

Paradoxien entstehen, wenn der Beobachter, der solche Unterscheidungen trifft, die Frage nach der Einheit der Unterscheidung stellt, die er gerade verwendet [*siehe* Operation/Beobachtung]. Jede Unterscheidung ist inhärent paradox, weil die beiden Seiten, die sie bilden, immer zugleich anwesend sind: die eine als bezeichnete, die andere als mit gemeinte, implizierte Seite, auf die die Bezeichnung verweist.

Ein Beispiel dieser Zweiheit jeder Beobachtung ist die für jedes System grundlegende Unterscheidung zwischen System und Umwelt [*siehe* System/Umwelt]. Jedes System kann die eigene Identität als System nur aufbauen, wenn es in der Lage ist, sich selbst von einer Umwelt zu unterscheiden, also nur, wenn es das negiert, was es nicht ist. Die Umwelt kann aber nur aufgrund interner Operationen unterschieden werden, so wie die Operation der Negation nur als systemeigene Operation produziert werden kann. Das System muß dann die Unterscheidung zwischen sich selbst und der eigenen Umwelt als eigenes Produkt beobachten. Das ist paradox, weil das System sich von einer ihm nichtzugehörigen Umwelt unterscheiden muß und zugleich beobachtet, daß diese Umwelt nichts anderes ist als ein internes Produkt seiner Operationen. Dies passiert immer dann, wenn ein selbstreferentielles, beobachtungsfähiges und deshalb negationsfähiges System sich selbst beobachtet [*siehe* Selbstreferenz].

Diese Selbstbeobachtung wird besonders problematisch für die heutige Gesellschaft, wenn sie in den Funktionssystemen vollzogen wird. Ein derartiger Fall ist die Reflexion [*siehe* Reflexion] der Teilsysteme der modernen Gesellschaft. Im Falle der Wissenschaft etwa kann die Unterscheidung des wissenschaftlichen Codes sich auf sich selbst anwenden und landet dann in der schon erwähnten Paradoxie des Epimenides: die Unterscheidung wahr/unwahr beobachtet sich selbst mit dem paradoxen Ergebnis, daß die Möglichkeit weiterer Beobachtungen auf die schon beschriebene Weise blockiert wird. In allen funktional differenzierten Teilsystemen entsteht dieses Problem. Das Rechtssystem, das aufgrund der Unterscheidung Recht/Unrecht operiert, befindet sich dann vor einer paradoxen Situation, wenn es die Frage stellt, mit welchem Recht es feststellt, wer recht hat und wer nicht. Die Frage ist unbeantwortbar, da sie, wie auch immer die Frage beantwortet wird (Sozialvertrag, ursprünglicher Gewaltakt, der durch die nachfolgenden Handlungen gerechtfertigt wird usw.), unausweichlich beide Seiten der Unterscheidung so betrifft, daß das Problem unlösbar wird. Ähnliche Beispiele können für alle Codes der Teilsysteme und der symbolisch generalisierten Kommunikationsmedien [*siehe* Symbolisch generalisierte Kommunikationsmedien] gegeben werden; wenn die Beobachtung auf denselben binären Schematismus angewendet wird, den sie verwendet, muß das System die Einheit der Unterscheidung, die es gerade verwendet, bezeichnen – mit paradoxalen Folgen. Jedes selbstreferentielle, negationsfähige System ist deshalb außerstande, seine Selbstbeobachtung zu begründen, da die Selbstbeobachtung nie vollständig sein kann – sie sollte auch die Unterscheidungen beobachten können, die sie verwendet, und das ist nicht möglich [*siehe* Operation/Beobachtung].

Paradoxien sind ein Problem für den Beobachter, nicht aber notwendigerweise für die Operationen des beobachtenden Systems. Daß die Wissenschaft paradox operiert, ist ein Problem nur für den Beobachter dieses Systems (der die Wissenschaft selbst sein kann). In diesem Sinne dienen Paradoxien dazu, Operationen und Beobachtungen zu trennen, sie lassen Operationen sich ereignen, blockieren aber Beobachtungen. Die Operationen verlaufen blind, ohne sich beobachten zu können; um eine Operation zu beobachten, ist eine zweite Operation erforderlich, die die paradoxe Konstitution der ersten beobachten kann, aber als solche ihrerseits blind verläuft. Jede Beobachtung kann das Problem aufwerfen, wie ein System beobachtet oder eine Operation hergestellt worden ist, aber sie kann diese Fragen nicht an sich selbst stellen; für jede Beobachtung ist die verwendete Unterscheidung ein blinder Fleck. Auf diese Weise blockieren Paradoxien die Autopoiesis der Systeme nicht, stellen aber ein Problem für ihre Beobachtungsmöglichkeiten dar.

Unter strukturellem Gesichtspunkt existiert also jede Unterscheidung nur in der Gleichzeitigkeit ihrer beiden Seiten; unter einem operationellen Gesichtspunkt kann sie nur im Nacheinander der Operationen aktualisiert werden, da das Operieren auf der einen Seite das Operieren auf der anderen ausschließt. Deswegen muß jedes System auf der Ebene der Strukturbildung die Paradoxie entfalten, sich selbst so zu entparadoxieren, daß Beobachtungen nicht blockiert werden.

Das kann geschehen, wenn Bedingungen eingeführt werden, die die Zirkularität der Selbstreferenz asymmetrisieren und den Kurzschluß der Verweisungen innerhalb der verwendeten Unterscheidungen vermeiden [*siehe* Asymmetrisierung]. Solche Bedingungen können viele verschiedene Formen annehmen, je nach Systemart und Differenzierungsform der Gesamtgesellschaft [*siehe* Gesellschaftsdifferenzierung]. Bei den funktional differenzierten Teilsystemen kann die Funktion der Entparadoxierung auf die Art und Weise erfüllt werden, wie das System das Verhältnis der beiden Werte des eigenen Codes berücksichtigt. Operationen orientieren sich an dem binären Schematismus des Codes, indem sie ihn als sich widersprechende Differenz und nicht als Einheit ansehen. So ist etwa im Wissenschaftssystem eine Beobachtung wahr oder unwahr, und der eine Wert schließt den anderen aus; die Entscheidung wird von besonderen Programmen [*siehe* Programm] ermöglicht, im Fall des Wissenschaftssystems von Theorien und Methoden, die durch ein Feststellen der Allokationskriterien der Werte das System operationsfähig machen, während nur die wissenschaftliche Reflexion sich um die Probleme der paradoxen Konstitution wissenschaftlicher Wahrheit und um die Notwendigkeit der Einführung spezifischer Asymmetrien kümmert. Diese Asymmetrisierungen nehmen ihrerseits die Form von Kontingenzformeln an, die es dem System erlauben, sich selbst einheitlich zu beschreiben, ohne zwischen den Werten eigener Unterscheidungen unentscheidbar zu oszillieren.

Welche Form auch immer die Asymmetrisierung annimmt, in jedem Falle erlaubt sie es dem System, Ankerpunkte für die eigenen Operationen zu finden. Unter diesem Gesichtspunkt scheinen Paradoxien eine Funktion der Irritation des Beobachters zu erfüllen, der, wenn er auf eine Paradoxie stößt und sich gezwungen sieht, eine unmögliche Entscheidung zu treffen, entweder aufgibt, weil seine Beobachtung blockiert ist, oder kreativ wird, indem er irgendeine Form der Asymmetrisierung findet. Die neueste Tendenz verschiedener Disziplinen (Kybernetik, Systemtheorie, Kunst, Logik usw.), Paradoxie eher zu suchen statt zu vermeiden, hat vermutlich den Zweck, den Beobachter (das heißt sich selbst), der auf der Suche nach neuen Formen der Strukturierung der eigenen Operationen ist, zu irritieren.

[G. C.]

Tautologie und Paradoxie in den Selbstbeschreibungen der modernen Gesellschaft, 1987; Sthenographie und Euryalistik, 1991; Die Paradoxie der Form, 1993

Politik

Das politische System ist ein Teilsystem der funktional differenzierten Gesellschaft [*siehe* Gesellschaftsdifferenzierung] mit der Funktion, die Fähigkeit zu gewährleisten, kollektiv bindend zu entscheiden.

Die Politik ist eng mit dem Besitz und dem Gebrauch von Macht [*siehe* Macht] verbunden. Nicht alle politischen Kommunikationen sind jedoch Machtgebrauch oder Androhung von Macht (zum Beispiel gilt das nicht für eine Debatte im Parlament, für Diskussionen innerhalb politischer Parteien etc.). Ein politisches System differenziert sich jedoch nur dann aus, wenn Macht festgestellt werden kann, die zur Annahme bindender Entscheidungen motivieren kann. Der Code der Macht (Unterlegene/Überlegene) erlaubt die Reproduktion der politischen Kommunikation.

Das Medium Macht und das politische System entwickeln sich gleichzeitig; die politische Funktion braucht das Medium Macht, und die Macht braucht ein politisches System. Die Differenzierung der Politik erlaubt die Konzentration und Generalisierung der Machtressourcen – ohne daß die ganze Gesellschaft deshalb von einer zentralen politischen Macht abhängig wird: Wirtschaft, Wissenschaft, Religion etc. basieren nicht auf dem Medium Macht, sondern operieren auf der Basis von Geld, Wahrheit, Glaube etc. Die Macht differenziert und befestigt sich durch die Staatsämter. Die Unterscheidung Unterlegene/Überlegene stimmt dann mit der Unterscheidung zwischen Amtsinhabern (Regierenden) und Unterworfenen (Regierten) überein. Der formelle Machtbesitz durch Ämter sichert die Kontrolle des Machtgebrauchs (eine Konfusion von Person und Amt gilt als Abweichung, letztlich als Korruption).

Da der Besitz eines Amtes andere vom Besitz des gleichen Amtes ausschließt, bestimmt die Struktur der Staatsämter den politischen Code Regierung/Opposition: wer Ämter und Macht besitzt, regiert, und wer keine Ämter und keine Macht besitzt, ist in der Opposition. Die Unterscheidung Regierung/Opposition ist eine weitere Codierung des politischen Systems, die es technisierbar macht [*siehe* Code]; dank ihr kann man direkt von der Unterlegenheit zur Überlegenheit und umgekehrt wechseln. Es handelt sich um einen Präferenzcode. Für das System sind Regierung und Opposition gleich relevant, aber die Regierung stellt einen positiven Wert (Anschlußwert) und die Opposition einen negativen Wert (Reflexionswert) dar. Durch diesen Code kann das politische System sich selbst beobachten und zu einer Zuschreibung aller Entscheidungen (auf die Regierung oder auf die Opposition) kommen.

Die Unterscheidung Regierung/Opposition begründet die Politikform der Demokratie: Demokratie kann in der Tat als Unterscheidung zwischen Regierung und Opposition definiert werden, die die Spitze der Politik spaltet. Die Spitze wird zum Ausgangspunkt für die Produktion von alternativen Möglichkeiten, weil die Regierenden ersetzt werden können. Der Besitz von Staatsämtern ist kontingent, er ist das Ergebnis einer Selektion von Personen und Programmen, die periodisch revidiert wird. Oppositionsmangel heißt Demokratiemangel, weil die Gesellschaft politisch stratifiziert wird (Diktatur): sie beschränkt die Ausdifferenzierung der Politik, weil mit dem Ausfallen eines seiner Werte (die Opposition) der politische Code verschwindet. Die Codierung wird durch einen Bezug auf Organisation (der Staat, die einzelne Partei) ersetzt.

Der Machtbesitz in der Politik muß legitim sein. Die Legitimation erfolgt durch Verfahren, die das Operieren des Codes erlauben: Wahlen sind das wichtigste dieser Verfahren. Politische Wahlen und legitime Regierungsbildung sind die Verfahren, die den Code und politische Programme miteinander koordinieren. Es gibt Regierungsprogramme und Oppositionsprogramme. Die demokratisch gewählte Regierung formuliert das Programm, das in der Politik die Präferenz hat in dem Sinne, daß es die Kommunikationen instruiert, die zu kollektiv bindenden Entscheidungen führen.

Code und Programme werden auch durch eine weitere Codierung miteinander verbunden: die Codierung progressiv/konservativ. Diese Unterscheidung erlaubt es, die Gesichtspunkte (Werte) für die Auswahl dessen festzustellen, was für alle bindend entschieden werden kann. Ihre Schwäche ist jedoch, daß sie der Dynamik der sozialen Veränderungen nicht entsprechen kann: die Konservativen schlagen neue Oppositionsprogramme vor und werden progressiv; die Progressiven verteidigen die Entscheidungen, die sie als Regierende getroffen haben, und werden konservativ. Die Verbindung zwischen Code und Programmen wird anstelle dieser Unterscheidung immer öfter von der Unterscheidung von expansivem Staat (oder Wohlfahrtsstaat) und restriktivem Staat geleistet.

Der Wohlfahrtsstaat ist durch den Versuch der Inklusion [*siehe* Inklusion] aller Menschen in das politische System gekennzeichnet. Der Versuch der generalisierten politischen Inklusion trifft jedoch aufgrund unzureichender Verfügbarkeit finanzieller und rechtlicher Mittel auf zahlreiche Schwierigkeiten. Die Politik wird von zwei externen Codes beschränkt: Geld [*siehe* Geld] und Recht [*siehe* Rechtssystem]. Diese Codes können für die generalisierte politische Inklusion (insbesondere für die Behandlung der Personen durch Therapie oder Erziehung) nicht benutzt werden. Sie setzen außerdem strenge Beschränkungen der politischen Intervention durch. Vor allem die ökonomischen Schwierigkeiten des Wohlfahrtsstaates haben zu restriktiveren Auffassungen der generalisierten Inklusion geführt. Darum wird die Unterscheidung zwischen expansivem und restriktivem Staat als neue Orientierung für die Auswahl der Programme wichtig.

Auch wenn die Bedeutung des Staates für das politische System offensichtlich ist, stimmt die Politik mit dem Staat nicht überein. Der Staat ist eine Organisation innerhalb der Politik, die durch Territorialgrenzen definiert ist. Das politische System der Weltgesellschaft ist intern in Territorialstaaten differenziert. Diese Segmentation in Staaten erleichtert die Erfüllung der politischen Funktion: mittels der Staatenbildung kann Demokratie lokal realisiert werden und können spezifische Ziele erreicht werden. Diese Differenzierung führt jedoch auch Probleme mit sich, weil die territorialen Grenzen die Politik auf lokale, ethnische oder religiöse Bedingungen festlegen können, die nicht den Bedürfnissen einer Weltgesellschaft entsprechen.

Außer dem Staat gibt es andere politische Organisationen, die direkt keine kollektiv bindenden Entscheidungen produzieren. Jeder Territorialstaat differenziert sich in Systeme nach dem Muster Zentrum/Peripherie. Die Organisation des Staates trägt die Verantwortung für das Territorium und ist der Orientierungspunkt für alle anderen politischen Organisationen (politische Parteien, Interessenverbände), die zur Peripherie gehören. Im Zentrum wird eine Hierarchie (Unterlegene/Überlegene) gebildet, während es in der Peripherie zu einer höheren Komplexität und höheren Empfindlichkeit für Irritationen aus der Umwelt kommt. Die Peripherie ist in nicht-koordinierte Segmente (wie die politischen Parteien) differenziert, mit der Funktion, auf nicht-bindende Weise die kollektiv bindenden Entscheidungen vorzubereiten.

Das politische System erschöpft sich auch nicht in der Menge der politischen Organisationen. Es kann allgemein als Einheit einer dreidimensionalen Unterscheidung beobachtet werden: Politik, Verwaltung und Publikum. Dabei handelt es sich nicht um eine Differenzierung in Teilsysteme, sondern um das Resultat einer doppelten Unterscheidung: auf der einen Seite werden die politischen Ämter von den Ämtern der Verwaltung unterschieden, und auf der anderen Seite wird die Einheit der Ämter vom Publikum der Bürger unterschieden. Die Interdependenzen zwischen Politik, Verwaltung und Publikum sind zirkulär – wobei keine Spitze und kein Zentrum festgestellt werden können (der Staat ist nur unter dem Gesichtspunkt der Differenzierung der Organisationen das Zentrum). Das macht die inneren Interdependenzen des politischen Systems sehr komplex und zwingt ständig zur Beobachtung zweiter Ordnung; die Politik kann nicht einfach das Publikum beobachten, sondern muß sich auch an der Art und Weise orientieren, wie das Publikum die Politik beobachtet.

[C. B.]

Die Politik der Gesellschaft, Manuskript; Politische Theorie im Wohlfahrtsstaat, 1981; Ökologische Kommunikation, 1986; Die Zukunft der Demokratie, 1986

Programm

Programme werden allgemein als Komplexe von Richtigkeitsbedingungen definiert. In bezug auf die Codes [*siehe* Code] stellen Programme Kriterien für die korrekte Zuschreibung der Codewerte fest, so daß ein an ihnen orientiertes System [*siehe* Gesellschaftsdifferenzierung] strukturierte Komplexität erreichen und den eigenen Verlauf kontrollieren kann.

In einem durch einen binären Code ausdifferenzierten autopoietischen System [*siehe* Autopoiesis] leitet der Code die Einheit der Operationen, die das System reproduzieren; er regelt die Produktion von Differenzen und dadurch die Informationsverarbeitung des Systems. Die Operationen verlaufen immer blind, und auf der Ebene der Operationen gibt es keinerlei Kontrolle des eigenen Verlaufs durch das System. Der Code liefert keine Handlungsanweisungen, sondern orientiert nur die Operationen, indem er den Anschluß an die folgenden Operationen sichert. Die Selbstregulierung und Selbstkontrolle des Systems ergeben sich dagegen auf der Ebene der Programme, die die Beobachtung der Operationen durch das System selbst leiten (aufgrund anderer Unterscheidungen als denjenigen, an denen diese Operationen sich orientieren). Die Programme stellen die Bedingungen fest, die für die Realisierbarkeit einer bestimmten Operation gegeben sein müssen. Sie bestimmen zum Beispiel, daß die Zuschreibung des positiven Codewertes nur unter gewissen Bedingungen korrekt ist. So bestimmen die Programme des Rechtssystems (Gesetze und Verfahren), welcher streitenden Partei recht und welcher unrecht zu geben korrekt ist und was bei der Entscheidung berücksichtigt werden muß. Die Programme der Wissenschaft (Theorien und Methoden) stellen die Bedingungen fest, die erfüllt werden müssen, um eine Wahrheit zu behaupten. Die Programme des Erziehungssystems bestimmen die Kriterien für die Selektion der Schüler usw.

Die Programme kompensieren die strenge Binarität des Codes – der nur zwei Werte zu berücksichtigen erlaubt – dadurch, daß sie in die Entscheidung systemfremde Kriterien einführen. Die Programme der Wissenschaft können die politische Opportunität oder die Kosten der Forschung berücksichtigen – auch wenn die Systemoperationen letztlich nur von der Unterscheidung wahr/nicht-wahr geleitet sind. Man kann also die Forschung mit Blick auf die verfügbaren Geldmittel oder auf bestimmte Interessen programmieren, aber diese Einflüsse können die Wahrheit der gewonnenen Ergebnisse nicht bestimmen. Diese Wahrheit ist keine politische oder wirtschaftliche Tatsache, sondern hängt nur vom Code der Wissenschaft ab. Systemexterne Kriterien, wie politische Opportunität oder Kosten, bestimmen also keineswegs die Produktion des Wissens; sie können jedoch die Forschung beschränken und die Implementierung der Programme beeinflussen.

Die Programme führen den durch den binären Code ausgeschlossenen dritten Wert wieder in das System ein, das sich am Code orientiert. Dadurch mildern sie die Einseitigkeit des Codes. Auch wenn das System sich nur an seinem Code (wahr/nicht-wahr, Recht/Unrecht usw.) orientiert, berücksichtigt es auf der Ebene der Programme die in anderen Gesellschaftsbereichen geltenden Kriterien. Auch wenn zum Beispiel die Wissenschaft nie ihre Wahrheiten in Übereinstimmung mit Schönheits- oder Wirtschaftlichkeitsüberlegungen generiert, kann sie versuchen, die Wahrheiten mit diesen Prioritäten kompatibel zu machen. Aufgrund der von den Programmen eingeführten »fremden« Kriterien können die binär codierten Systeme genügend Abstand von den eigenen Operationen gewinnen, um sie zu beobachten und den eigenen Verlauf zu dirigieren. Damit können sie ihre Komplexität erhöhen und strukturieren.

Wie die Selbstbeobachtung eines Systems immer die Weiterführung der Autopoiesis (der Operationen) [*siehe* Operation/Beobachtung] voraussetzt, so setzt die Programmierung immer die Orientierung am Code voraus. Mit Hilfe des Codes differenziert sich das System als Einheit aus der Umwelt aus, und keine Operation des Systems kann unabhängig vom Code stattfinden. Nur auf der Grundlage der Ausdifferenzierung und des Funktionierens des Codes kann die Programmierung systemfremde Kriterien berücksichtigen – und die Programme können sich auf jeden Fall nur auf den entsprechenden Code des Systems beziehen. Wenn man nicht mehr in der Lage ist, zwischen Wahrheit und Eigentum oder zwischen Wahrheit und Schönheit zu unterscheiden, kann man keine Kriterien für die Wahrheitszuschreibung feststellen. Während der Code nie gewechselt werden kann, können sich die Programme aufgrund der Operationen des Systems selbst ändern: in der Wissenschaft können sich zum Beispiel Theorien und Methoden ändern – immer jedoch auf der Grundlage des Codes wahr/nicht-wahr. Die auf der Ebene der Programme vollzogene Öffnung des Systems setzt seine Schließung auf der Ebene der Codierung voraus, während das Erreichen eines gewissen Komplexitätsniveaus im System der Programmierung bedarf.

Wenn man statt der Zuschreibung der Codewerte die Korrektheit des Verhaltens betrachtet, sind die Programme spezifische Gesichtspunkte, die der Identifizierung von Erwartungszusammenhängen dienen [*siehe* Identität/Differenz]. Ein chirurgischer Eingriff ist zum Beispiel ein Programm, das das Verhalten mehrerer Personen koordiniert und es ermöglicht, von jedem in jedem Moment ein bestimmtes, mit den anderen koordiniertes Verhalten zu erwarten. Das Programm bestimmt also, welches Verhalten für korrekt gehalten und deshalb erwartet werden muß. Je nachdem, ob die Richtigkeitsbedingungen mit Bezug auf die Realisierung bestimmter Bedingungen (wenn ein gewisser Umstand sich ergibt, dann muß ein gewisses Verhalten realisiert werden) oder mit Bezug auf die erhofften Folgen festgestellt werden, unterscheidet man Konditionalprogramme bzw. Zweckprogramme.

[E. E.]

Soziale Systeme, 1984, S. 432 f.; Ausdifferenzierung des Rechts: Beiträge zur Rechtssoziologie und Rechtstheorie, 1981, S. 140 ff., 275 ff.; Codierung und Programmierung: Bildung und Selektion im Erziehungssystem, 1986; Die Wissenschaft der Gesellschaft, 1990, S. 197 ff., 401 ff.

Prozeß

Der Prozeßbegriff bezeichnet eine zeitlich irreversible Ereignissequenz [*siehe* Ereignis]. Prozesse verfügen über eine doppelte Selektion operativer Möglichkeiten; zunächst begrenzt die erste Selektion den Bereich der Ereignisse, die auf jedes einzelne Ereignis im Verlaufe des Prozesses folgen können. In der konkreten Situation, in der sich der Prozeß realisiert, findet die zweite Selektion statt, die festlegt, welches Ereignis jeweils aktualisiert werden kann.

Unter einem »Prozeß« versteht man kein einfaches Nacheinander von Ereignissen, sondern die Ordnung dieser Ereignisse in Sequenzen dergestalt, daß die schon realisierten und die erwarteten Selektionen als Voraussetzung der im Moment zu realisierenden Selektion fungieren. Die in der Prozeßform durchgesetzte Begrenzung der Möglichkeiten erlaubt die Bestimmung der Anschlüsse, die jedes Ereignis in der jeweiligen Situation findet. Diese Begrenzung hat, anders gesagt, die Form eines Verweisungshorizonts auf Kommunikationsmöglichkeiten (in sozialen Systemen) oder Denkmöglichkeiten (in psychischen Systemen).

Prozesse können als Produktion von Irreversibilität nur vor dem Hintergrund dauerhafter Strukturen [*siehe* Struktur] beobachtet werden. Auf der Grundlage von Strukturen vergeht die Ereignissequenz, indem sie die Zukunft in Vergangenheit umwandelt.

[G. C.]

Temporalstrukturen des Handlungssystems, 1980; Soziale Systeme, 1984, S. 73 ff.

Psychisches System

Die psychischen Systeme oder Bewußtseinssysteme bilden neben den sozialen Systemen [*siehe* soziales System] und den lebenden Systemen eine der drei Ebenen der Konstitution von Autopoiesis [*siehe* Autopoiesis]. Die Operationen [*siehe* Operation/Beobachtung] des Bewußtseins sind Gedanken, die sich rekursiv in einem geschlossenen Netzwerk ohne Kontakt mit der Umwelt reproduzieren. Es gibt keine Möglichkeit, direkt in den Gedankenfluß eines Bewußtseins einzutreten; man kann die Gedanken nur von außen in der Weise und der Form des jeweiligen Beobachters beobachten.

Das Bewußtsein als geschlossenes System ist auch für andere autopoietische Systeme unzugänglich: weder der Organismus noch die Kommunikation können den Gedankenfluß bestimmen, sondern nur Reize anbieten, die das Bewußtsein in den eigenen Formen und nach den eigenen Strukturen frei verarbeiten kann [*siehe* strukturelle Kopplung]. Die sozialen Systeme gehören zur Umwelt des psychischen Systems und die Verhältnisse der Systemarten der Autopoiesis nehmen die Form der Interpenetration an [*siehe* Interpenetration]. Die Sozialisation der Bewußtseinssysteme vollzieht sich nicht durch einen Eingriff von außen, sondern ausschließlich als »Selbstsozialisation«; das psychische System benutzt Reize aus der Umwelt, um die eigenen Strukturen entsprechend dem eigenen Operationsmodus zu respezifizieren. Die Gesellschaft kann sich ihrerseits auf die psychischen Systeme beziehen, aber nur aufgrund spezifischer kommunikativer Strukturen: dafür werden die Identitäten der Personen konstruiert [*siehe* Inklusion].

Die operationale Schließung der psychischen Systeme schließt auch eine direkte Beziehung zwischen Bewußtseinssystemen aus. Sie können nur mittelbar durch die Kommunikation in Kontakt kommen. Die Kommunikation setzt jedoch immer die doppelte Kontingenz und die gegenseitige Intransparenz der teilnehmenden psychischen Systeme voraus, die füreinander *black boxes* bleiben.

Als autopoietische Operationen reproduzieren sich die Gedanken blind in einer einfachen Aufeinanderfolge; eine Kontrolle über den Verlauf der Autopoiesis kann nur auf der Ebene der Beobachtung ausgeübt werden [*siehe* Operation/Beobachtung]. Das Bewußtsein ist jedoch ein sinnkonstituierendes System [*siehe* Sinn]; ein System also, dessen Operationen immer von Selbstbeobachtung begleitet sind. Jeder Gedanke trägt zur Reproduktion des psychischen Systems als Einheit bei, weil er durch Beobachtung mit einem früheren Gedanken (natürlich desselben Systems) verbunden ist.

Die Beobachtung verlangt immer die Orientierung an einer Unterscheidung. Die Beobachtung der Gedanken durch andere Gedanken benutzt die Unterscheidung Selbstreferenz/Fremdreferenz [*siehe* Selbstreferenz]. Das Bewußtsein konstruiert diese Unterscheidung durch die Identifikation mit dem eigenen Körper, den es sowohl von außen wie auch von innen (zum Beispiel als Gewicht oder als Schmerz) beobachten kann und den es unvermeidlich von anderen Körpern oder von anderen Objekten unterscheidet. Aufgrund der Unterscheidung Selbstreferenz/Fremdreferenz wird ein Gedanke als Vorstellung-von-etwas beobachtet, und der folgende Gedanke kann in einer Situation von »Bistabilität« entscheiden, ob er sich an der Selbstreferenz (der Vorstellung) oder an der Fremdreferenz (dem vorgestellten »etwas«) des vorhergehenden Gedankens orientiert.

Dadurch ist das System auch in der Lage, eine Art Kontrolle über sich selbst auszuüben, weil es die selbstreferentielle Seite des vorherigen Gedankens unterscheiden und daran anknüpfen kann. Der Gedanke denkt dann andere Gedanken und entwickelt sich in komplexeren und abstrakteren Formen, die von früheren Gedanken und nicht notwendigerweise von Umweltereignissen ausgelöst werden. Eine zentrale Rolle in diesem Prozeß spielt die Sprache [*siehe* Sprache]; wenn Gedanken sprachlich ausgedrückt werden, können sie leichter beobachtet werden, während sprachliche Formen und sprachliche Regeln die Selbstkontrolle unterstützen können.

Auf dieser Basis kann das Bewußtsein fortgeschrittene Selbstreferenzformen wie Reflexivität und Reflexion [*siehe* Reflexion] entwickeln. Es kommt zur Reflexion, wenn das psychische System sich selbst als Einheit (»alle meine Gedanken«) beobachtet – wenn es also eine Vorstellung der Identität des Bewußtseins innerhalb des Bewußtseins produziert. Das System erfaßt sich selbst als eine Identität, die gegenüber der Umwelt erkannt und in wechselnden Kontexten wiedererkannt werden kann.

Die Selbstbeobachtung des Bewußtseins durch das Bewußtsein besitzt jedoch keine privilegierte Stellung gegenüber der Beobachtung von außen. Es handelt sich in beiden Fällen um eine Vereinfachung aufgrund eines besonderen Beobachtungsschemas, das seinen blinden Fleck hat. Die Selbstanalyse führt zu keiner kompletten Selbstbeschreibung des psychischen Systems.

[E. E.]

Soziale Systeme, 1984, S. 346 ff.; Die Autopoiesis des Bewußtseins, 1985; Die Form ›Person‹, 1991

Rationalität

Der Begriff der Rationalität bezeichnet die unwahrscheinlichste und voraussetzungsreichste Form der Selbstbeobachtung [*siehe* Operation/Beobachtung]. Man spricht von Rationalität, wenn sich ein reflexionsfähiges System [*siehe* Reflexion] – also ein System, das in der Lage ist, sich selbst als unterschieden von seiner Umwelt zu beobachten – an der Einheit dieser Unterscheidung orientieren kann. Das System kann also nicht nur sich selbst mit Hilfe der Unterscheidung System/Umwelt beobachten, sondern auch diese Unterscheidung als von anderem unterschieden beobachten, sie kontingent setzen [*siehe* Kontingenz] und daraus Informationen gewinnen [*siehe* Information]. Ein als rational zu bezeichnendes System ist in der Lage, die eigene System/Umwelt-Unterscheidung der Realität auszusetzen, zu überprüfen und dadurch zu beobachten, was sich (im System und in der Umwelt) verändern würde, wenn die Unterscheidung eine andere wäre. Mit anderen Worten: es soll in der Lage sein, gegenüber sich selbst und den eigenen Operationen Abstand zu gewinnen und die eigene Position gegenüber der Umwelt aufgrund von Kriterien zu korrigieren, die im System selbst aufgebaut und variiert werden.

Ein System würde sich dann rational verhalten, wenn es seine Einwirkungen auf die Umwelt aufgrund der Rückwirkungen dieser Einwirkungen auf sich selbst kontrollieren könnte. Im Falle des Gesellschaftssystems würde das heißen, daß die von der Gesellschaft für die Gesellschaft generierten Umweltprobleme in die Kommunikation wiedereingeführt und kontrolliert werden. Die heutige Gesellschaft zeigt zum Beispiel ein Rationalitätsdefizit, weil sie nicht voraussehen kann, wie die durch die Verbreitung der Schulerziehung (die die Motivationen und Verhaltensweisen riesiger Mengen von Menschen beeinflußt) verursachte Veränderung der psychischen Umwelt auf die Gesellschaft insgesamt zurückwirkt. Die ökologischen Probleme sind ein anderes besonders prägnantes Beispiel.

Vollkommene Rationalität ist allerdings nie erreichbar, denn sie würde vom System die Fähigkeit verlangen, intern die Unterscheidung zwischen sich selbst und seiner Umwelt zu beobachten – und das produziert immer eine Paradoxie [*siehe* Re-entry]. Im Falle eines funktional differenzierten Gesellschaftssystems [*siehe* Gesellschaftsdifferenzierung] ist auch eine »beschränkte Rationalität« kaum denkbar: da die Beziehung zur Umwelt in eine Vielfalt von System/Umwelt-Unterscheidungen der einzelnen Funktionssysteme (die weder aufeinander noch auf eine einheitliche Perspektive zurückgeführt werden können) fragmentiert ist, gibt es keine kompetente soziale Instanz, die die Beziehung »der Gesellschaft« zur Umwelt als Einheit erfassen und vertreten kann. Die drängenden Probleme der heutigen Gesellschaft treffen gleichzeitig auf die Notwendigkeit und die Unmöglichkeit einer globalen gesellschaftlichen Rationalität.

Unter solchen Umständen müssen Rationalitätsurteile von externen Daten abgekoppelt und auf die Art und Weise der internen Behandlung der Unterscheidung von Selbstreferenz und Fremdreferenz bezogen werden. Man gelangt dann zu einer Formulierung eines an der Differenztheorie [*siehe* Identität/Differenz] orientierten Begriffs von Systemrationalität: ein System wird als rational definiert, wenn es seinen Beobachtungen die eigene Differenz zur Umwelt als Differenz zwischen Selbstreferenz und Fremdreferenz zugrunde legt. Ein solches System zieht also auf der Ebene seiner Operationen eine Unterscheidung zwischen sich selbst und der eigenen Umwelt (in dem Sinne, daß das, was System ist, nicht Umwelt ist und aus dem System ausgeschlossen ist) und orientiert sich auf der Ebene der Beobachtungen an dieser Unterscheidung als Unterscheidung zwischen Innenbezug und Außenbezug (es schließt sich dadurch auf der Beobachtungsebene in die Welt ein). In den eigenen Operationen wird das System in bezug auf das, was in der Umwelt geschieht, indifferent, und es benutzt diese Indifferenz, um eigene Komplexität aufzubauen. Es erfaßt die Umweltdaten nur auf der Beobachtungsebene und dort nur als Irritation. Es behandelt Irritation intern als Information.

In dieser neuen Formulierung verwandelt sich das Problem der Rationalität in die Fähigkeit des Systems, die Autopoiesis aufgrund einer immer selektiven und unwahrscheinlichen Beziehung zur Umwelt fortzusetzen. Das System muß in der Lage sein, Differenzen zu erhalten und zu verwenden, um die eigene Irritabilität zu verstärken – auch wenn es unvermeidlich immer selbstreferentiell operiert.

[E. E.]

Soziale Systeme, 1984, S. 638 ff.; Das Moderne der modernen Gesellschaft, 1991; Die Gesellschaft der Gesellschaft, 1997, S. 171 ff.; Europäische Rationalität, 1992

Recht

Das Recht ist ein funktional differenziertes Teilsystem der modernen Gesellschaft [*siehe* Gesellschaftsdifferenzierung], das die Funktion hat, stabile Erwartungen auch in dem Falle aufrechtzuerhalten, in dem sie enttäuscht werden [*siehe* Erwartungen]. Solche Erwartungen sind Normen, die unabhängig von ihrer eventuellen Verletzung stabil bleiben.

Der die Operationen des Rechts anleitende Code [*siehe* Code] besteht in der binären Differenz Recht/Unrecht. Rechtlich codierte Kommunikation bezieht sich auf Streitfälle, in denen Rechte reklamiert und in bezug auf geltende Normen entschieden werden muß, wer recht und wer unrecht hat. Das Recht ist deshalb ein System, das Konflikte löst, zugleich aber auch generiert, weil man sich auf das Recht berufen kann, wenn man Druck nicht nachgeben oder Befehlen nicht gehorchen will.

Die Funktion des Rechtssystems bezieht sich auf die zeitliche Dimension der Kommunikation und nicht auf die soziale [*siehe* Sinndimensionen]: durch das Recht wird keine Integration der Individuen und auch keine soziale Kontrolle des Verhaltens gewährleistet. Normen garantieren jedoch eine Begrenzung dessen, was im Laufe der Zeit erwartet werden kann, und in diesem Sinne beschränken sie die Freiheit und diskriminieren sehr stark zwischen dem, was erwartet, und dem, was nicht erwartet werden muß. Durch Normierung versucht die Gesellschaft eine inhärent unsichere Zukunft zu binden und zu sichern. Nur auf dieser Basis entstehen die sozialen Kosten dieser Zeitbindung, die vor allem in einer Beschränkung der künftigen Verhaltensmöglichkeiten der Individuen bestehen; das Risiko, das das Recht eingeht, besteht darin, Personen als abweichend zu kennzeichnen, wenn nicht sogar zu kriminalisieren, ohne die Absichten oder die Motivationen ihres eventuellen, abweichenden Verhaltens im voraus zu kennen. Das Recht diskriminiert und entscheidet für den einen gegen den anderen, und dies für eine im einzelnen noch nicht absehbare Zukunft.

Die Programme [*siehe* Programme], die es dem Code des Rechts erlauben, operativ zu werden, sind Normen und Verfahren. Trotz des Eindrucks, den man auf den ersten Blick gewinnt, sind diese Programme immer Konditional- und nicht Zweckprogramme. Normen ermöglichen die Allokation der Codewerte Recht/Unrecht in Abhängigkeit von den Fällen, die auftauchen; als Programme haben sie die Form »wenn ..., dann ...«, die nicht im Hinblick auf Zwecke spezifiziert wird. Auch wenn Normen ad hoc eingeführt werden, deshalb an bestimmte Situation gebunden sind und mit einer besonderen Zwecksetzung festgelegt werden können, kann das nur im Rahmen der allgemeineren konditionalisierenden Normierung geschehen. Die Programme des Rechtssystems legen die Bedingungen von vornherein fest, die erfüllt sein müssen, damit von einem Streitfall die Rede sein kann; das schließt nicht aus, daß das Recht gegenüber der Zukunft offen und kognitionsfähig ist. Die konditionale Programmierung erlaubt dem Rechtssystem, klar zwischen Selbstreferenz (formalen Bedingungen der Relevanz, die aus Erfahrungen mit der Behandlung von Rechtsfällen entstehen und als Begriffe gespeichert werden) und Fremdreferenz (Fälle von Interessenverletzung, die substantielle Argumentationen erlauben) [*siehe* Selbstreferenz] zu unterscheiden – und deshalb auch zwischen dem zu unterscheiden, was rechtlich relevant, und dem, was rechtlich irrelevant ist. Zweckprogramme ermöglichen eine solche Diskriminierung nicht, weil sie zu eng an die jeweiligen besonderen Fälle gebunden sind: gesetzt, der Zweck würde einmal erreicht, welche Norm könnte dann noch gelten? Das Recht kombiniert also Normierung und Kognition dergestalt, daß sowohl seine Stabilität (Normen gelten weiter, auch wenn sie enttäuscht werden) als auch seine Lernfähigkeit (im Falle von Streitfällen neuer Art kann man neue Normen produzieren) gewährleistet sind.

Unter diesem Gesichtspunkt ist das Recht ein soziales, evoluierendes System [*siehe* Evolution]. Die evolutionäre Variation besteht in der Kommunikation enttäuschter normativer Erwartungen; das passiert, wenn sich ein Verhalten rückblickend als eine Enttäuschung von Erwartungen erweist. Der einzelne Fall macht eine Norm deutlich, die vor dem Fall nicht existierte: *ex facto ius oritur*. Natürlich passiert das nur, wenn jenes Verhalten bestritten und wenn so ein Konflikt generiert wird; denn ein Beobachter, der zwischen denen, die recht, und denen, die unrecht haben, unterscheidet, kann sich nur dann ausdifferenzieren, wenn Konflikte kommuniziert werden. Die Selektion der Variationen wird durch Verfahren ermöglicht, die es erlauben zu entscheiden, wer recht und wer unrecht hat, und zwar so, daß das Verfahren wiederholbar und wiederbenutzbar ist und den verschiedenen Situationen gegenüber unverändert bleibt. Diese Verfahren (etwa ein Prozeß vor Gericht) differenzieren sich aus, um zu einer Entscheidung zu kommen, und sind deshalb zweckgebundene Episoden, die die Selektivität der Entscheidungen deutlich machen. Die Variation belastet sich also mit der Aufgabe, das Recht zu verändern, während die Selektion bestimmt, welche der beiden Seiten recht hat. Die Verfahren haben mit anderen Worten nicht die Funktion der Rechtsänderung, sondern nur die, das Recht deutlich und offenbar zu machen. Die Stabilisierung des rechtlichen Wissens realisiert sich ausgehend von den Erfahrungen der einzelnen Fälle, indem alte Fälle mit den neuen aufgrund von begrifflichen Klassifikationen, schon verwendeten Entscheidungsregeln usw. verglichen werden. In jedem Fall muß man prüfen, ob der neue Fall anderen ähnlich ist oder nicht; wenn ja, dann kann der Fall »subsumiert« werden, andernfalls muß man eine neue Regel schaffen.

Wie nunmehr deutlich ist, hat das moderne Recht darauf verzichtet, sich selbst auf externe und notwendige Voraussetzungen zu gründen: es gibt kein natürliches, sondern nur noch ein positives Recht, das heißt ein selbstgesetztes Recht, in dem keine Norm unverzichtbar ist. Das impliziert Schwierigkeiten in der rechtlichen Reflexion über das Recht, die zum Beispiel daraus entstehen, daß ohne externe Bezüge Paradoxien auftreten [*siehe* Paradoxie]. Das Recht kann sich selbst kein Fundament geben, es sei denn ein paradoxes: Auf der Basis welchen Rechts stellt das Recht fest, wer recht und wer unrecht hat? Das Recht meint natürlich, daß eine solche Unterscheidung mit Recht getroffen wird, so wie Moralisten meinen, es sei gut, zwischen gut und böse zu unterscheiden. Die paradoxe Struktur des Rechts, wie die jeden anderen Systems, erlaubt es ihm jedoch, gegenüber der Realität empfindlich zu bleiben und so auch seine Funktion zu erfüllen; wäre es möglich, das Recht vollständig und endgültig zu begründen, ginge der Sinn jeder Normierung verloren; oder man müßte erklären, warum die Natur oder Gott es den Menschen erlaubt, universelle Normen zu verletzen, und damit würde sich die Paradoxie nur verschieben.

Der Bezug auf »Gerechtigkeit« als einen höchsten Wert des Rechts hilft auch nicht weiter. Dieser Bezug bleibt ein Bezug ohne operativen Wert, weil es unmöglich ist, ihn in Programme zu übersetzen. Wenn nur gerechte Normen produziert werden sollten und wenn jede einzelne Entscheidung entsprechend gerecht sein sollte, würde das System jede Reproduktionsfähigkeit rasch verlieren. Man muß in der Tat berücksichtigen, daß das Recht keinen Konsens voraussetzt; man kann nicht verlangen, daß alle mit allen Normen einverstanden sind, da dies die Evolution des Systems stoppen würde. Die Verfahren erfordern, daß nur wenige (zum Beispiel die Richter) die Gültigkeit der Norm als Bindung für alle ansehen und dann entsprechend entscheiden. Der Wert der Gerechtigkeit wird im System in der Form von »Gleichheit« (Behandle Gleiches gleich und Ungleiches ungleich!) verbreitet, weitere Begründungen der rechtlichen Tätigkeit werden nicht verlangt.

Das Recht scheint die Funktion eines Immunsystems für die Gesellschaft zu erfüllen [*siehe* Konflikt], weil es erlaubt, ohne eine komplette Kenntnis der Faktoren auf unvorhergesehene Situationen zu reagieren, die zu einer Störung (das heißt zu einem Widerspruch und einem Konflikt) geführt haben. Andererseits entstehen Streitfälle normalerweise aus unklaren Tatsachen, und diese Produktion von Streitfällen hat das Recht nicht unter Kontrolle; es verwandelt die Sicherheit, die sich aus dem Erwarten von etwas als wahrscheinlich ergibt, in die Unsicherheit, die aus möglichen Enttäuschungen der Norm resultiert.

[G. C.]

Rechtssoziologie, 1972; Das Recht der Gesellschaft, 1993; Gibt es in unserer Gesellschaft noch unverzichtbare Normen?, 1993

Redundanz/Varietät

Der Begriff der Redundanz ist ein klassischer Begriff der Systemtheorie, der dem Begriff der Varietät gegenübergestellt wird, um zwei unterschiedliche Weisen zu bezeichnen, die Komplexität eines Systems zu messen.

Mit Redundanz meint man das Ausmaß, in dem durch die Kenntnis eines Elements automatisch eine gewisse Kenntnis der anderen Elemente des Systems gewonnen wird – mit anderen Worten, das Ausmaß, in dem die Kenntnis eines Elements den Informationsgrad anderer verringert. Mit der Ähnlichkeit der Elemente steigt die Redundanz des Systems; eine Botschaft, die eine schon bekannte Nachricht mitteilt, ist sehr redundant. Kommunikation kann als Verbreitung von Redundanz verstanden werden: Wenn A B eine gewisse Information mitteilt, kann später C, der Zugang zur selben Information sucht, sich sowohl an A als auch an B wenden. Mit der Redundanz ist normalerweise ein Sicherheitsaspekt verbunden; dieselbe Funktion kann auf verschiedene Weisen erfüllt werden. Wenn Schwierigkeiten auftauchen, sind dann alternative Möglichkeiten verfügbar.

Unter Varietät versteht man dagegen die Vielfalt und Heterogenität der Elemente eines Systems – also auch die Unwahrscheinlichkeit, jedes Element ausgehend von der Kenntnis anderer Elemente vorhersehen zu können. Mit steigender Varietät nimmt die Öffnung des Systems gegenüber der Umwelt zu.

Während Varietät und Redundanz üblicherweise für umgekehrt proportionale Größen gehalten werden – in dem Sinne, daß die Zunahme der einen die Abnahme der anderen mit sich bringt –, stellt Luhmann die Hypothese auf, daß Formen erarbeitet werden können, die höhere Varietät mit einer Zunahme der Redundanz kombinieren. Eine wissenschaftliche Theorie kann zum Beispiel wirksamer als frühere Theorien sein, weil sie ihre Redundanz reorganisiert (also neue Verbindungen zwischen den Begriffen feststellt), sich dadurch auf ein höheres Generalitätsniveau stellt und es erlaubt, unterschiedlichere Objekte in Betracht zu ziehen (mehr Varietät).

Mit dem Übergang zur funktionalen Differenzierung [*siehe* Gesellschaftsdifferenzierung] geht ein Redundanzverzicht einher – in dem Sinne, daß die unterschiedlichen Funktionen (einmal ausdifferenziert) nur noch an einer einzigen Stelle innerhalb der Gesellschaft erfüllt werden können. Die Multifunktionalität, die zum Beispiel Familien, Moral oder religiöse Kosmologien kennzeichnete, entfällt, und jede Funktion kann nur vom zuständigen System und nirgendwo sonst erfüllt werden.

[E. E.]

Soziale Systeme, 1984, S. 237, 406; Ökologische Kommunikation: Kann die moderne Gesellschaft sich auf ökologische Gefährdungen einstellen?, 1986, S. 208 ff.; Die Wissenschaft der Gesellschaft, 1990, S. 436; Organisation, 1988

Re-entry

Der Begriff des re-entry beschreibt die Fähigkeit autopoietischer Systeme [*siehe* Autopoiesis] – welche auf der Grundlage einer Unterscheidung ausdifferenziert sind und die Einheit des Systems produzieren können –, diese Unterscheidung in sie selbst einzuführen und zur Strukturierung der eigenen Operationen zu verwenden. Zu einem re-entry kommt es zum Beispiel, wenn ein auf der Grundlage der besonderen Unterscheidung seines Codes [*siehe* Code] ausdifferenziertes Funktionssystem lernt, diese Unterscheidung intern zu behandeln: wenn zum Beispiel das Wissenschaftssystem, dessen Operationen sich am Code wahr/nichtwahr orientieren, eine Wissenschaftstheorie erarbeitet, die die Verwendung des Codes wahr/nicht-wahr mit den Mitteln des Codes wahr/nicht-wahr beobachtet. Die epistemologische Reflexion ist das re-entry der Unterscheidung wahr/nicht-wahr in das System, das sich durch diese Unterscheidung aufbaut; es handelt sich somit um eine Operation der Wissenschaft, in der die Frage nach der Wahrheit der Operationen der Wissenschaft – also der Wahrheit der Unterscheidung wahr/nicht-wahr – gestellt wird. So entsteht eine Situation, in der die Unterscheidung gleichzeitig dieselbe (als die besondere Unterscheidung der Operationen dieses Systems) und eine andere (als beobachtete Unterscheidung) ist. Das daraus folgende Problem ist, wie diese Paradoxie [*siehe* Paradoxie] behandelt werden kann – ohne sich von ihr blockieren zu lassen. Das Problem des re-entry ist nichts anderes als die »Andersheit des Selben« – die Notwendigkeit, dieselbe Unterscheidung so zu behandeln, als ob sie eine andere wäre.

Mit re-entry wird also die »Wiedereinführung« einer Unterscheidung in den Bereich bezeichnet, den sie zu unterscheiden erlaubt. Der Begriff stammt aus George Spencer Browns logischem Kalkül [*siehe* Operation/Beobachtung], der die Eigenschaft hat, ausschließlich auf der Operation der Bezeichnung und Unterscheidung aufgebaut zu sein. Die Systemtheorie interpretiert diese Operation als Beobachtung: etwas wird bezeichnet und gleichzeitig von anderem unterschieden. Die Verbindungen zwischen den Operationen innerhalb ein und desselben Systems führen zum Aufbau von immer komplexeren Formen, bis zu dem Punkt, an dem der Kalkül ein ausreichendes Komplexitätsniveau erreicht hat und eine Operation einschließt, die anstelle eines externen Objekts wieder die das System konstituierende Operation von Bezeichnung/Unterscheidung bezeichnet – also die gleiche Operation, die sie selbst realisiert.

Dank eines Rekurses auf Zeit ist das System in der Lage, diese Operation in sich selbst zu behandeln. Es ist dann möglich, eine (Beobachtungs-)Operation zu vollziehen, die die eigene Unterscheidung von anderem unterscheidet, eine Operation also, in der die Unterscheidung zweimal auftaucht: als systemeigene Unterscheidung und als laufende Unterscheidung – als beobachtete Unterscheidung und als beobachtende Unterscheidung. Es kommt zu einem re-entry.

Der Begriff des re-entry ist zunächst nützlich, um die Frage der Paradoxie [*siehe* Paradoxie] zu behandeln, weil er zeigt, wie ein System durch Rekurs auf die zeitliche Nachfolge seiner Operationen das Problem der Paradoxie neutralisieren kann. Er ist außerdem nützlich, weil er zu diskriminieren erlaubt, welche der möglichen binären Unterscheidungen [*siehe* Code] angemessen sind, um die Autopoiesis eines Systems zu leiten. Nur wiedereintrittsfähige Unterscheidungen ermöglichen es, ein minimales Komplexitätsniveau im Aufbau des Systems zu erreichen; es handelt sich um solche Unterscheidungen, die die Einheit der Unterscheidung auf einer ihrer Seiten behandeln können. Ein Beispiel ist die Unterscheidung System/Umwelt: wenn das System ein gewisses Komplexitätsniveau erreicht hat, ist es in der Lage, sich die Frage der eigenen Beziehung zur Umwelt zu stellen. Die Wiedereintrittsfähigkeit kennzeichnet diese Unterscheidung gegenüber Alternativen wie zum Beispiel der Unterscheidung Ganzes/Teil; wenn man nur über die Unterscheidung zwischen dem

Ganzen und seinen Teilen verfügt, fehlt die Möglichkeit, den Surplus zu berücksichtigen, daß das Ganze etwas anders ist als die bloße Summe seiner Teile. Um diesen Surplus zu qualifizieren, brauchte man einen Begriff, der unabhängig von der Gegenüberstellung von Teilen und Ganzem definiert ist – man braucht den Rekurs auf eine andere Unterscheidung.

[E. E.]

Die Wissenschaft der Gesellschaft, 1990, S. 83 ff., 479 ff.; Observing Reentries, 1993

Reflexion

Unter Reflexion versteht man eine spezifische Form der Selbstbeobachtung eines Systems [*siehe* Operation/Beobachtung], die die Unterscheidung System/Umwelt [*siehe* System/Umwelt] benutzt und die Einheit des Systems als Gesamtheit beobachtet.

In der allgemeinen Form der Selbstbeobachtung wird die Unterscheidung nicht bestimmt, aufgrund deren eine Informationsverarbeitung vollzogen wird [*siehe* Information]. Es handelt sich um die Beobachtung einer Operation eines Systems durch eine andere Operation desselben Systems, aber nicht um eine Beobachtung der Einheit des Systems; eine Kommunikation kann zum Beispiel eine frühere Kommunikation beobachten, um zu überprüfen, ob es Mißverständnisse gab. Von Reflexion spricht man nur dann, wenn die Einheit des Systems zum Thema der Kommunikation wird. Nur in diesem Fall stimmen Selbstreferenz und Systemreferenz überein; nur in diesem Fall beobachtet also das System sich selbst als Gesamtheit und nicht eine einzelne Operation. In einem psychischen System zum Beispiel kommt es zur Reflexion, wenn das Bewußtsein nicht einen einzelnen Gedanken, sondern sich selbst als das System beobachtet, das »alle seine Gedanken« umfaßt.

Die Operationen [*siehe* Operation/Beobachtung] bilden die Einheit des Systems, indem sie es als autopoietischen Zusammenhang [*siehe* Autopoiesis] von einer Umwelt unterscheiden, die ihm nicht zugehört. In der Reflexion realisiert sich ein reentry [*siehe* Re-entry] der Unterscheidung System/Umwelt in das, was sie unterscheidet (in das System) – und dies mit Hilfe einer weiteren Operation desselben Systems, die die Autopoiesis fortsetzt.

Auch die Reflexion setzt also die Fortsetzung der Autopoiesis voraus, aber sie ermöglicht es dem System zugleich, Informationen über sich selbst zu gewinnen. Sie bringt das System in die Form einer Differenz (die Differenz System/Umwelt), stellt es als kontingente Einheit [*siehe* doppelte Kontingenz] dar und vergleicht es mit alternativen Möglichkeiten. Die Reflexion führt in der Tat dazu, daß der Zustand des Systems mit anderen möglichen Zuständen verglichen und die Frage jeweiliger Vorteile und Nachteile gestellt wird – und daß versucht werden kann, das System in der besten Richtung entsprechend zu verändern. Das System beobachtet sich selbst als unterschieden von seiner Umwelt und kann dann eine Art Kontrolle über seinen Operationsmodus ausüben. Das Wissenschaftssystem (das auf der Grundlage der Unterscheidung wahr/unwahr, die die Grenze zur Umwelt auszeichnet, ausdifferenziert ist) kann auf der Ebene der epistemologischen Reflexion diese Unterscheidung beobachten und die Art und Weise kontrollieren, wie sie benutzt wird; es kann eine wahre und eine unwahre Art unterscheiden, die Unterscheidung wahr/unwahr zu benutzen, und die Fortsetzung der Operationen entsprechend konditionieren.

Auch die Reflexion ist eine Operation und operiert auf der Basis einer Vereinfachung ihres Objekts. So wenig wie die Außenbeobachtung kann sie somit zur kompletten Erkenntnis des beobachteten Systems führen. Da die Reflexion sich innerhalb des Systems realisiert, hat sie unvermeidlich paradoxale Züge [*siehe* Paradoxie]. Sie ermöglicht es jedoch dem System, sich selbst zu informieren und dadurch eine Veränderung der eigenen Strukturen auszulösen [*siehe* Information]. Die Reflexion ist ein dynamisches Moment, weil die Beobachtung innerhalb des Systems im Rahmen eines Modells dieses Systems weitere Operationen auslöst, die die Strukturen verändern, denen dann neue Selbstbeobachtungen folgen usw.

[E. E.]

Soziale Systeme, 1984, S. 373 f., 601, 617 ff.; Die Autopoiesis des Bewußtseins, 1985; Individuum, Individualität, Individualismus, 1989; Die Wissenschaft der Gesellschaft, 1990, S. 469 ff., 528 ff., 698 ff.

Religion

Die Funktion der Religion besteht in der kommunikativen Behandlung der Unterscheidung zwischen dem, was beobachtbar ist, und dem, was unbeobachtbar ist; diese Funktion kann nur paradox erfüllt werden [*siehe* Paradoxie]. Zur Erläuterung dieser Definition soll darauf aufmerksam gemacht werden, daß jede Form, das heißt jede Unterscheidung [*siehe* Identität/Differenz], eine Grenze zieht zwischen dem, was bestimmt werden kann, und etwas anderem, das ausgeschlossen, impliziert, mit gemeint, aber nicht bezeichnet wird. In jeder Kommunikation findet ein Verweis auf etwas Unbeobachtbares statt. In dieser Hinsicht impliziert alle Kommunikation Religion; dieser Universalismus wird jedoch dadurch aufgefangen, daß die Religion die Wirklichkeit nur aufgrund eigener und spezifischer Kriterien beobachten kann. Das Besondere an der Religion besteht in der Art und Weise, wie sie die Differenz beobachtbar/unbeobachtbar behandelt, indem sie diese Differenz zum eigenen Hauptbezugsproblem macht. Die Formen der Kommunikation sind religiös, wenn ihr Sinn auf die Einheit jener Differenz verweist. In den entwickelteren Religionen der modernen Gesellschaft wird diese Differenz durch die binäre Unterscheidung von Immanenz und Transzendenz codiert [*siehe* Code]: für jede immanente Tatsache, die kommuniziert werden kann, gibt es immer ein transzendentes, als solches nicht beobachtbares Korrelat.

Religion hat es immer mit einer zweifachen Wirklichkeit zu tun – einerseits gibt es die immanente, reale und andererseits die transzendente, imaginäre Wirklichkeit. Die Differenz beobachtbar/unbeobachtbar wird von der Religion als Einheit so dargestellt, daß ein re-entry [*siehe* Re-entry] vollzogen wird: die Unterscheidung beobachtbar/unbeobachtbar ist beobachtbar. Sie tritt auf der beobachtbaren Seite wieder ein, und Sinnformen können religiös erlebt werden, wenn sie als Einheit der Differenz mysteriös und paradox bezeichnet werden.

Die Reproduktion dieser Unterscheidung und ihre soziale Kontrolle bilden ein allen Religionen, die sich in der Geschichte der Gesellschaft entwickelt haben, gemeinsames Problem: Wie kann vermieden werden, daß das Imaginäre derart auf Willkür reduziert wird, daß jeder irgend etwas religiös Relevantes sagen kann? Die andere Seite der Frage stellt das komplementäre Problem: wie können Situationen zugelassen und ermöglicht werden, in denen das religiöse Erlebnis als Einheit von Beobachtbarem und Unbeobachtbarem möglich ist?

Einer der ersten Wege, die die Projizierung einer religiös imaginären Wirklichkeit ermöglichen, ist das Geheimnis; die Kommunikation wird so eingeschränkt, daß es möglich wird, das Sakrale von allem anderen, zum Beispiel von seiner Trivialisierung, zu unterscheiden. Die Gegenstände, auf die die religiöse Kommunikation sich bezieht (Knochen, Statuen, Tiere, Orte usw.), werden gegenüber der Normalität verfremdet und bleiben trotzdem wahrnehmbar. Es gibt etwas, das man anfassen kann, aber man darf nicht wirklich zugreifen, auch wenn man es könnte, da Objekte immer nur Objekte sind und die Ereignisse sich innerhalb von ganz normalen Abläufen ereignen; gerade das stellt die Möglichkeit sicher, Verhalten religiös adäquat zu programmieren.

Ein evolutionärer Sprung findet dann statt, wenn neben der alten Unterscheidung von Dingen und Ereignissen sich der eigentliche Code der Religion ausdifferenziert, der zwischen Immanenz und Transzendenz unterscheidet. Das ist deswegen vorteilhaft, weil er es erlaubt, die ganze Welt zu beobachten und sie genau und klar zu duplizieren: für alles, was immanent beobachtbar ist, gibt es ein transzendentes Sinnkorrelat. Es geht nicht mehr darum, Dinge oder Ereignisse nach sakral/profan zu sortieren, sondern man muß sich an Gott als Beobachter wenden. Im Falle der jüdischen Religion zum Beispiel hat Gott keinen Namen; er entzieht sich jeder Erkenntnis, und er erschließt sich der Welt nur als Text, der interpretiert werden muß. Aufgabe der Tradition wird dann die Tradierung der sich widersprechenden Interpretationen, und die daraus entstehenden Kontroversen begünstigen wiederum die Tradierung. Gott ist also der transzendente Beobachter und zugleich die Einheit von Beobachter und Beobachtetem; jede Form von Heiligkeit, die in der immanenten Welt zugelassen wird, ist immer nur ein Reflex der Transzendenz. Die Besonderheit religiöser Codierung besteht gerade darin, daß das re-entry des Codes nicht auf der positiven, sondern auf der negativen Seite realisiert wird. Während die anderen Codes von der Voraussetzung ausgehen, es sei positiv, zwischen positiv und negativ zu unterscheiden (es ist eine logische Wahrheit, daß zwischen wahr und unwahr unterschieden werden muß; es ist gut,

gut von böse getrennt zu halten usw.), macht Religion jeden Sinn bestimmbar, indem sie darauf verweist, was in jedem Sinn unbestimmbar ist.

Zumindest in den Hochreligionen wird der Code im Anschluß an Moral [*siehe* Moral] programmiert. Die Kommunikation wird durch die Differenz gut/schlecht orientiert, mit dem daraus folgenden Problem, daß Gott auch schlechte Handlungen zuläßt und damit beweist, jenseits aller Unterscheidungen zu sein. Die Wahlfreiheit wird dann als Kulminationspunkt der Schöpfung angesehen; die einzige göttliche Empfehlung ist es, in allem, was geschieht, etwas Transzendentes zu sehen.

Die Besonderheit monotheistischer Religionen besteht in ihrer spezifischen Kontingenzformel: Gott. Die Transzendenz existiert als Person, und das vermutlich, um Transzendenz als Beobachtungsperspektive auf die immanente Welt zu beziehen. Gott ist eine Person und als solche ein Beobachter – jedoch ein ganz besonderer Beobachter, da er keine Unterscheidung zu treffen braucht, oder besser gesagt: er kann jedes Unterscheidungsschema als Differenz und als Einheit des Unterschiedenen zugleich realisieren. Die Menschen brauchen nicht zu wissen, wie oder was Gott ist, und sie müssen es auch nicht versuchen (anders als Luzifer), da dies bedeuten würde, sich selbst von Gott unterscheiden, das heißt ihn beobachten zu wollen. Wenn man jedoch davon ausgeht, daß Gott alles beobachtet und sich deshalb von allem unterscheiden muß, kann er in der Welt nicht beobachtet werden.

Mit dem Übergang zur funktionalen Differenzierung [*siehe* Gesellschaftsdifferenzierung] trifft die Religion auf eine neue Situation und damit auf neue Probleme. Ihre Weltanschauung kann nicht mehr für die ganze Gesellschaft gelten, und die Moral selbst wirkt nicht als Integrationsfaktor der Gesellschaft. Auch wenn die Moral ihren Universalismus beibehält, so können ihre Programme keinen allgemeinen Konsens finden; die gesellschaftliche Integration realisiert sich nur noch durch die Verhältnisse zwischen den verschiedenen Funktionssystemen und nicht mehr mit Verweis auf die Gebote. Das Verhältnis der Religion zu den anderen gesellschaftlichen Bereichen ist nicht mehr das der Stratifizierung. In der theologischen Diskussion und Reflexion spricht man heute von Säkularisierung, womit grundsätzlich die Tatsache bezeichnet wird, daß es eine der Religion externe soziale

Umwelt gibt und daß Religion nur eines der vielen Funktionssysteme der Gesellschaft ist.

Anders als bei einigen Teilsystemen verfügt Religion über kein symbolisch generalisiertes Kommunikationsmedium [*siehe* Symbolisch generalisierte Kommunikationsmedien]. Obwohl der Glaube einige Merkmale solcher Medien aufweist, fehlt ihm vor allem deren typische Tendenz, deutlich zwischen Handeln und Erleben [*siehe* Zurechnung] als unwahrscheinliche, Motivation erfordernde Selektionen zu unterscheiden. Der religiöse Glaube kann eine solche Unterscheidung nicht treffen, weil das ganze Leben der Beobachtung Gottes unterstellt werden muß und es keinen Sinn hätte, daß man sein Heil durch ein Erleben ohne entsprechendes Handeln oder, umgekehrt, durch bloßes gesinnungsbeliebiges Handeln gewinnen könnte. Religion ist der Einheit des Menschen zu nah, um so unterscheiden zu können.

Eine Art funktionales Äquivalent liegt vielleicht in der besonderen Tendenz der Religion, Inklusionen und Exklusionen zu vollziehen. Religion ist das einzige Teilsystem der Gesellschaft, das sich nicht in die Integration von Exklusionsverhältnissen einreiht [*siehe* Inklusion/Exklusion]; auch die von anderen Systemen Ausgeschlossenen (zum Beispiel die Armen) können in die religiöse Kommunikation eingeschlossen werden. Umgekehrt heißt Exklusion aus der Religion noch nicht, wie im Mittelalter, Exklusion aus der Gesellschaft.

Inwiefern Religion die Ausgeschlossenen, die einen großen Anteil an der Weltbevölkerung ausmachen, einzuschließen vermag, ist eine Frage, die nur empirisch beantwortet werden kann, und es bleibt in der Tat schwierig zu verstehen, inwiefern Religion diese Funktion als die eigene reflektieren kann.

[G. C.]

Die Religion der Gesellschaft, Manuskript; Funktion der Religion, 1977; Soziologische Aufklärung 4, 1987, S. 227 ff., 236 ff.; Die Sinnform Religion, 1996

Risiko/Gefahr

Der Begriff des Risikos bezieht sich auf die Möglichkeit des Eintretens künftiger Schäden als Folge eigener (gegenwärtiger) Entscheidungen. Die gegenwärtigen Entscheidungen bedingen das, was in der Zukunft passieren wird, ohne daß man genau weiß, auf welche Weise sie dies tun werden. Die Entscheidungen müssen daher ohne hinreichende Kenntnis des Zukünftigen getroffen werden. Mit anderen Worten: Wer in der Gegenwart eine Entscheidung trifft, kann nie vor eventuellen künftigen Schäden geschützt werden, und diese Schäden können eine Folge seines eigenen Verhaltens sein. Der Risikosachverhalt ist eben dadurch gekennzeichnet, daß es trotz dieser Möglichkeit negativer Folgen sinnvoll und vorteilhaft sein kann, so zu entscheiden und nicht anders.

Die Wahrnehmung als Risiko hängt also von der Zuschreibung [*siehe* Attribution] der (möglichen bzw. tatsächlich eingetroffenen) Schäden einer Entscheidung auf eben diese Entscheidung ab. Das setzt eine Beobachtung zweiter Ordnung [*siehe* Operation/Beobachtung] voraus, bei der ein Beobachter einen anderen Beobachter (der auch er selbst sein kann) beobachtet. Diese Beobachtungsform ermöglicht die Unterscheidung verschiedener Unsicherheits- und Gefährdungslagen: Eine allgemeine, von unkontrollierbaren (zum Beispiel natürlichen) Faktoren abhängige Unsicherheit ist noch kein Risiko, also keine selbsterzeugte Schadensmöglichkeit. In diesem Sinne liegt es nahe, zwischen Risiko und Gefahr zu unterscheiden. Von Risiko ist nur dann die Rede, wenn der mögliche Schaden Folge einer Entscheidung desselben (dadurch betroffenen) Systems ist (bzw. so zugerechnet wird) und ohne diese Entscheidung nicht entstanden wäre, während unter Gefahr ein solcher möglicher Schaden verstanden wird, der keiner Entscheidung zugerechnet werden kann – es sei denn: den riskanten Entscheidungen anderer. Die Gefahr, beim Regen (als einem unkontrollierbaren Umweltgeschehen) naß zu werden, hat sich mit der Erfindung des Regenschirms in das Risiko verwandelt, infolge der Entscheidung, den Schirm nicht mitzunehmen, naß zu werden.

Jedes Risiko führt andererseits dazu, weitere Risiken zu produzieren – wie zum Beispiel das Risiko, den Schirm zu verlieren, falls man entschieden hat, das Risiko, naß zu werden, nicht eingehen zu wollen. Mit der Unterscheidung Risiko/Gefahr entfällt die Vorstellung von Sicherheit. Sicherheit wird zu einem leeren Begriff, man kann nie sicher vor künftigen Schäden sein. Selbst der Versuch, Risiken zu entgehen (zum Beispiel dadurch, daß man langsam fährt) ist riskant (weil man zu spät ankommen kann, keine Zeit hat, andere Sachen zu erledigen, oder auch von anderen überfahren werden kann, die schneller vorankommen wollen). Auch die verlorenen Gelegenheiten stellen ein Risiko dar, was die Entscheidungslast deutlich erhöht. Das alte Rezept von *prudentia* hilft heutzutage nicht mehr weiter. Der Begriff des Risikos kann in der Sachdimension also beliebig generalisiert werden. Jede Entscheidung und jedes Verhalten kann sich als riskant erweisen – und umgekehrt: Es gibt kein sicheres (da risikofreies) Verhalten.

Das Risiko ist eine der Formen der Zeitbindung (*time binding*), also eine der Formen, mit denen die Gesellschaft ihre eigenen Veränderungen dadurch kontrolliert, daß sie die künftigen Zustände an gegenwärtige Entscheidungen bindet. Die zunehmende Verbreitung der Orientierung an Risiken stellt jedoch die anderen Formen von Zeitbindung (Normen und Eigentum) in Frage.

Normen als kontrafaktische Erwartungen [*siehe* Rechtssystem] stellen das fest, was man in der Zukunft zu erwarten hat, und bleiben gültig auch im dem Falle, daß die Erwartungen enttäuscht werden [*siehe* Erwartung]. In riskanten Lagen ist es jedoch weder möglich noch plausibel, in der Gegenwart zu bestimmen, wie die anderen sich in zukünftigen Lagen verhalten müssen: In der Debatte über ökologische Fragen wird zum Beispiel immer die Notwendigkeit erwähnt, den künftigen Generationen offene Optionen zu lassen, weil sie möglicherweise aufgrund von Motivlagen entscheiden werden, die wir heute noch gar nicht kennen können.

Das Eigentum behandelt das Problem der Knappheit [*siehe* Wirtschaftssystem] und der Bestrebung, auch in der Zukunft die Möglichkeit des Zugangs zu knappen Gütern sicherzustellen. Das Eigentum schützt vor dem Zugang anderer; nur der Eigentümer darf über die eigenen Güter verfügen. In einer monetarisierten Wirtschaft haben jedoch alle Güter einen Geldwert, und auch das Eigentum ist Risiken ausgesetzt: Wenn man das eigene Eigentum nicht investiert, nimmt sein Wert rasch ab – aber jede Investition ist andererseits unvermeidlich riskant.

Aus soziologischer Sicht wird die Frage dadurch noch komplizierter, daß die Bewertung der Risiken und die Bereitschaft, Schäden zu akzeptieren, in Abhängigkeit davon variieren, ob man sie aus der Perspektive des Risikos (des Entscheiders) oder aus der Perspektive der Gefahr (des Betroffenen) betrachtet. Dieselbe Person, die die hohen Risiken ihrer Entscheidung, Zigaretten zu rauchen, akzeptiert, reagiert völlig anders auf die Gefahr von Gesundheitsschäden infolge von Umweltverschmutzung oder anderer Formen von Kontamination: Der Raucher akzeptiert das Risiko des Rauchens, will aber nicht den Gefahren ausgesetzt werden, die von den riskanten Verhaltensweisen anderer generiert werden, und dies auch dann, wenn er weiß, daß Rauchen schädlicher sein kann als das Einatmen schmutziger Luft.

Allgemeiner gesehen ist es soziologisch entscheidend, hervorzuheben, daß Entscheidungen (die die Bereitschaft der Entscheidenden, die damit verbundenen Risiken einzugehen, voraussetzen) für alle anderen Gefahren darstellen – insbesondere für diejenigen, die davon betroffen sind. Nimmt man diese Zurechnungsdifferenz an, so gilt: Kein rationales Argument kann die Betroffenen von der Unbedenklichkeit des Risikos (das eine Gefahr ist) überzeugen – zum Beispiel die Einwohner eines Gebietes, in dem ein Kraftwerk gebaut werden soll, davon zu überzeugen, daß die daraus resultierenden Risiken (wie statistisch unwahrscheinlich auch immer) akzeptabel sind. Die Verbreitung der Orientierung an Risiken hat also gravierende Folgen für die noch möglichen Solidaritätsformen in der modernen Gesellschaft.

Die Unwirksamkeit der rationalen Erklärung verweist auf eine weitere Eigenschaft des Risikos: Der Erwerb neuer Informationen führt nicht zu einer Abnahme der Risiken, sondern eher zu ihrer Zunahme infolge des nun höheren Bewußtseins der Umstände, die ins Spiel kommen. Auch die Wissenschaft kann also keine Unterstützung gegenüber den Überraschungen anbieten, die in der Zukunft entstehen können.

[E.E.]

Soziologie des Risikos, 1991; Risiko und Gefahr, 1990.

Selbstreferenz

Der Begriff der Selbstreferenz bezeichnet die Tatsache, daß es Systeme gibt, die sich durch jede ihrer Operationen auf sich selbst beziehen [*siehe* Operation/Beobachtung]. Das sind (organische, psychische, soziale) Systeme, die die Wirklichkeit nur aufgrund dieses Selbstkontaktes beobachten können [*siehe* System/Umwelt].

Selbstreferenz gibt es dann, wenn die Operation der Beobachtung in das eingeschlossen wird, was bezeichnet wird, wenn sie also etwas bezeichnet, dem sie selbst zugehört. Ein soziales System zum Beispiel kann nur Kommunikation reproduzieren und kann die Welt nur durch Kommunikation berücksichtigen; die Selbstreferenz ist in der Form der Mitteilung in jeder Kommunikation mit impliziert [*siehe* Kommunikation]. Auf dieselbe Art und Weise kann ein Bewußtsein nur denken und die Wirklichkeit nur Relevanz gewinnen als Gegenstandsbezug des Denkens.

Der Begriff von Selbstreferenz ist weder rein analytisch noch als Merkmal des transzendentalen Subjektes gemeint. Gegenstand der Systemtheorie ist weder der Mensch noch das Subjekt. Die selbstreferentielle Konstitution der organischen, psychischen und sozialen Systeme wird als empirischer Befund anerkannt; solche Systeme existieren in der wirklichen Welt und sind wirklich selbstreferentiell [*siehe* Konstruktivismus]. Diese Auffassung versucht die Auseinandersetzungen zwischen Nominalismus und Realismus zu überwinden; Selbstreferenz bezeichnet keine solipsistische bzw. transzendentale Vorstellung der Welt. Selbstreferentiell konstituierte Systeme müssen das, was zum System gehört (seine eigenen Operationen), von dem unterscheiden können, was ihrer Umwelt zuzurechnen ist. Einerseits setzt Selbstreferenz die Möglichkeit voraus, die systemeigenen Operationen so zu reproduzieren [*siehe* Autopoiesis], daß jede Unterscheidung, die zum Beobachten (das heißt zum Bezeichnen von etwas) verwendet wird, durch die Operationen in dem System selbst konstruiert werden muß. Andererseits darf das System sich selbst nicht mit der externen Wirklichkeit, also mit seiner Umwelt verwechseln; Bedingung seiner Operativität und jeder Form von Kognition ist die Möglichkeit, zwischen Selbst- und Fremdreferenz intern (wo sonst?) zu unterscheiden. Diese Fähigkeit unterscheidet selbstreferentielle Systeme von trivialen Maschinen im Sinne Heinz von Foersters: während letztere Inputs auf immer dieselbe Weise in Outputs transformieren, ist bei selbstreferentiellen Maschinen der Output vom jeweiligen inneren Zustand abhängig, in dem sich das System befindet; derselbe Input kann dann bei verschiedenen Zuständen zu vollkommen verschiedenen Ergebnissen führen.

Der Begriff der Selbstreferenz fällt mit dem der Tautologie nicht zusammen; es geht nicht um eine Operation, die sich selbst unmittelbar bezeichnet (zum Beispiel: A = A), sondern um eine Operation, die etwas bezeichnet (das »Selbst« der Referenz), dem sie zugehört; diese Bezeichnung kann nur aufgrund eines Unterschieds durchgeführt werden, der das, was sich auf sich selbst bezieht, von etwas anderem zu unterscheiden erlaubt. Eine Tautologie wäre eine nichtinformative, für die Operationen des Systems fatale Form von Selbstreferenz: Die Ausschließung des Bezugs auf anderes würde jeden operativen Anschluß blockieren [*siehe* Asymmetrisierung].

Selbstreferenz kann, je nachdem, welche Unterscheidung zur Bezeichnung des »Selbst« verwendet wird, unterschiedlich spezifiziert werden:

(a) Wenn das, was sich auf sich selbst bezieht, ein Element des Systems ist (eine Kommunikation, ein Gedanke, eine Zelle), spricht man von basaler Selbstreferenz. Der Begriff des Elements bezeichnet das, was für das System eine weiter nicht dekomponierbare, also elementare Einheit ist. Einerseits ist jedes Element ein solches nur in bezug auf ein System, und es gibt kein Element ohne das System, in dem die Elemente Elemente sind. Andererseits existieren Elemente nur in bezug auf andere Elemente; der Unterschied und das Verhältnis von Element und Relation ist genau das, was sie konstituiert. Die Unterscheidung, die es dem Element erlaubt, sich auf sich selbst zu beziehen, ist also die zwischen Element und Relation, aufgrund deren die systemeigenen Operationen zirkuläre Verweise auf sich selbst innerhalb von Anschlüssen an andere Operationen vornehmen. Selbstreferenz ist daher die Form des Sinns [*siehe* Sinn], denn das Aktualisierte kehrt zu sich selbst innerhalb des Verweises auf das Mögliche zurück. Im Falle sozialer Systeme kommt es zu basaler Selbstreferenz insofern, als Kommunikationen keinen anderen Bezugspunkt als andere Kommunikationen haben; nur aufgrund dieses Bezugs erlauben sie die Autopoiesis des Systems. Die zugelassenen Beziehungen zwischen den Elementen werden von den Strukturen des Systems ausgewählt; in diesem Sinne kann die Unterscheidung von Element und Relation nicht auf der Ebene der Strukturen beobachtet werden, sondern nur auf der Ebene der Autopoiesis. Sinnkonstituierende Systeme erzeugen ihre eigenen Elemente als Operationen und in dieser Erzeugung haben sie absolute Verantwortung: Die Identität und die Qualität eines Elementes kann nur innerhalb desjenigen Systems konstituiert werden, für das das Element ein solches ist. Ein Input von Operationen von außen ist ebenso undenkbar wie eine externe Bestimmung der Relationen zwischen ihnen, weil das die Zerstörung des Systems bedeuten würde.

(b) Wenn das »Selbst« der Referenz ein Prozeß ist [*siehe* Prozeß], spricht man von Reflexivität, die aufgrund der Unterscheidung von Vorher und Nachher beobachtet werden kann. Reflexivität besteht in der Verstärkung der Selektivität des Prozesses durch die Anwendung des Prozesses auf sich selbst, die der Anwendung auf das, was prozessiert wird, vorgeordnet wird. Ein Beispiel ist das Lernen der Lernens, das sich, statt auf den Gegenstand des Lernens unmittelbar, auf den Prozeß des Lernens selbst bezieht derart, daß seine Fähigkeit und seine Selektivität verstärkt wird.

(c) Im dritten Fall bezieht sich das System durch seine eigenen Operationen auf sich selbst, und das erfordert, daß das System innen (sich selbst) und außen (seine Umwelt) unterscheiden kann. Dann spricht man von Reflexion. Die Unterscheidung, die in diesem Falle den Selbstbezug anleitet, ist die von System und Umwelt [*siehe* Reflexion].

In allen diesen Arten der Selbstreferenz hat man es mit einer geschlossenen Zirkularität zu tun, die jedoch die Existenz der Umwelt nicht leugnet, die Umwelt wird im Gegenteil in den Selektionen des Systems vorausgesetzt. Selbstreferentielle Systeme sind autonome Systeme, die diese Geschlossenheit zur Erhaltung der eigenen Autopoiesis und Ermöglichung eigener Beobachtungen verwenden. Unter Autonomie soll deswegen nicht Unabhängigkeit verstanden werden, sondern selbstreferentielle Geschlossenheit: die Umwelt kann die Spannbreite der operativen Möglichkeiten begrenzen oder erweitern, aber das ändert nichts daran, daß die Operationen nur von dem und in dem System erzeugt und miteinander verbunden werden können.

Deswegen ist Autonomie immer absolut und nicht relativ, da es keinen Sinn hätte, sich ein nur zum Teil autonomes oder nur »ein bißchen« geschlossenes System vorzustellen. Externe, beobachtbare Einflüsse auf das System betreffen also nur seinen Grad an Irritabilität oder die Leistungsanforderungen, die von anderen Systemen gestellt werden, nie aber seine Autonomie oder seine Geschlossenheit. Unter Autonomie soll deshalb das Verhältnis von Abhängigkeit und Unabhängigkeit zwischen System und Umwelt verstanden werden, wobei diese Unterscheidung nur im System, das heißt selbstreferentiell, getroffen werden kann. In diesem Sinne hängt zum Beispiel wissenschaftliche Forschung sicherlich von den finanziellen Ressourcen (wirtschaftlichen Operationen) ab, die ihr zur Verfügung gestellt werden, aber diese Ressourcen können keine Wahrheit kaufen. Das System der Wissenschaft kann seine eigene Komplexität erhöhen und sich entsprechend strukturieren, wenn es immer weniger beeinflußbar durch moralische, religiöse oder politische Ansprüche wird. Wenn aber die Wissenschaft zu einem Teilsystem der funktional differenzierten Gesellschaft [*siehe* Gesellschaftsdifferenzierung] geworden ist, kann sie allein über die Wissensproduktion, die Forschung und die Unterscheidung von wahr und unwahr entscheiden. Man kann dann ein System beobachten, das sich auf autopoietischer Ebene durch seine eigene basale Selbstreferenz reproduziert und seine eigene Reflexion in der Form von Erkenntnistheorien entwickelt. Die Umweltrelevanz wird nicht durch die selbstreferentielle Konstitution dieser Systeme geleugnet; die Umwelt stellt man sich als eine nur von den Systemstrukturen bestimmbare Komplexität vor, aber es ist die Umweltkomplexität, die den Aufbau einer systeminternen Komplexität erlaubt [*siehe* Komplexität, System/Umwelt].

Der Begriff der Selbstreferenz schließt deshalb jede Kontinuität von System und Umwelt aus. Das impliziert, daß jede Beschreibung der Umwelt durch das System (das heißt jede Fremdreferenz und jede Öffnung) nur als Konstruktion des Systems möglich ist. Die Komplexität der Welt [*siehe* Welt] kann nie in dem System widergespiegelt bzw. reproduziert werden, weil das die Auflösung der Grenzen des Systems und das Ende seiner Autopoiesis bedeuten würde. Außerdem steigt die Komplexität der Welt mit den Beobachtungsversuchen, weil mit der Beobachtung eine zusätzliche Komplexität eingeführt wird, die weitere Operationen erfordert, um ihrerseits beobachtet zu werden. Das ist so, weil eine Beobachtung sich selbst in dem Moment, in dem sie stattfindet, nicht beobachten kann [*siehe* Operation/Beobachtung]; die Schemata, die sie verwendet, bilden ihren blinden Fleck, und nur durch weitere Beobachtungen kann die Frage gestellt werden, welche Kriterien zugrunde gelegt worden sind. Die Beobachtung ist demnach nur möglich, wenn eine Grenze zwischen dem System, das beobachtet, und allem anderen gezogen wird, und das heißt, daß nur ein selbstreferentielles System in der Lage ist, zu beobachten [*siehe* Information, Konstruktivismus].

Auch wenn es auf den ersten Blick so scheint, so ist doch Selbstreferenz nicht mit dem Beobachter gleichzusetzen. Die Form des Beobachters besteht nicht in der bloßen Selbstbezeichnung, sondern in der Differenz von Selbst- und Fremdreferenz als Differenz. Radikaler gesagt ist der Beobachter die Einheit dieser Differenz; das Selbst kann nur im Unterschied zum anderen erwähnt werden, und im Grunde genommen ergibt sich die Einheit des Beobachters als Paradoxie, als Einheit des Differenten, als Simultaneität von Selbst- und Fremdreferenz.

[G. C.]

Soziale Systeme, 1984, S. 57 ff., 539 ff.; The Autopoiesis of Social Systems, 1986; Selbstreferentielle Systeme, 1987

Semantik

Semantik ist der Begriffsvorrat der Gesellschaft. Der Begriff der Semantik kann soziologisch unter Verweis auf die Begriffe Sinn [*siehe* Sinn] und Kommunikation [*siehe* Kommunikation] definiert werden. Auf der einen Seite kann Semantik als die Menge der Formen definiert werden, die für die Selektion der Sinninhalte in der Gesellschaft benutzt werden können – oder als die Menge der Sinnprämissen, die erhaltenswert sind. Auf der anderen Seite kann Semantik als der Themenvorrat definiert werden, der für die Einführung in die Kommunikation verfügbar gehalten wird. Die Semantik schließt also die kondensierten und wiederverwendbaren Sinninhalte (auch Kultur genannt) ein, die für die Kommunikation verfügbar sind.

Der Sinn existiert nur in der Gegenwart als Ereignis. Um die Sinnselektionen koordinierbar zu machen, muß jeder Sinninhalt in der Gesellschaft erwartbar sein. Der Sinn muß also verarbeitet, typisiert und in bezug auf einen Bereich von Verweisungen definiert werden. Verarbeitung und Typisierung des Sinnes bedeuten Entwicklungsmöglichkeit dessen, was vertraut ist, aber auch dessen, was neu, erwartbar, sogar mehrdeutig ist; auch ungewöhnliche oder kritische Sinninhalte müssen sich mit dem laufenden Gebrauch der vertrauten Sinninhalte verbinden können.

Die Formen, die zur Semantik gehören, bestehen aus generalisiertem Sinn [*siehe* Symbolisch generalisierte Kommunikationsmedien], der aus dem konkreten Inhalt einzelner Kommunikationen ausgewählt worden ist, als typisierter Sinn verarbeitet wurde und relativ unabhängig von der einzelnen Situation verfügbar ist. Diese Sinntypisierung entspricht der Notwendigkeit einer Verknüpfung der Kommunikationen; die Verbindung vollzieht sich durch die Selektion spezifischer Sinninhalte nach einer bestimmten Typologie, die die Verbindung zwischen Neuem und bereits Bekanntem verständlich macht. Dazu dient die Semantik. Sie besteht aus Begriffen und Ideen, die benutzt und gegebenenfalls konstruiert werden können: aus Weltauffassungen, aus wissenschaftlichen Theorien, aus Meinungen, Essays, Diskussionsmaterialien etc. Der generalisierte und verarbeitete Sinn kann als Kommunikationsthema benutzt werden; die Semantik kann als Themenvorrat beobachtet werden.

Durch Sinntypisierung macht die Semantik die Gesellschaft für bestimmte Kommunikationsinhalte und nicht für andere empfindlich: dadurch orientiert sie die Kommunikation. So gesehen kann die Semantik nicht als ein autonomes System verstanden werden; sie ist vielmehr eine Menge gesellschaftlicher Formen.

Innerhalb der Semantik können zwei Ebenen der Sinnverarbeitung unterschieden werden. Auf einer ersten Ebene schließt die Semantik alles ein, was als Kommunikationsthema produziert wird (auch Flüche, Sprichwörter etc.). Sie orientiert die weniger abstrakte, vertraute Kommunikation. Auf einer zweiten Ebene, die eine Verarbeitung der Verarbeitung des Sinnes darstellt, findet man die gepflegte Semantik: die Semantik, die für ernsthaftere und abstraktere Kommunikationsabsichten aufbewahrt und tradiert wird. Sie schließt Texte, historisch-kulturelle Materialien und Selbstbeschreibungen der Gesellschaft (wie etwa die soziologische Theorie der Gesellschaft) ein.

Die Evolution der Gesellschaft korreliert mit der Entwicklung der Verbreitungsmedien [*siehe* Verbreitungsmedien] und mit der Veränderung der Gesellschaftsstruktur [*siehe* Gesellschaftsdifferenzierung]. In der schriftlosen, segmentär differenzierten Gesellschaft ist die Semantik nur mündlich verfügbar und vom Gedächtnis der Teilnehmer, das heißt der psychischen Systeme, abhängig. Nach der Erfindung der Schrift (in stratifizierten Gesellschaften) wird es möglich, die Semantik in geschriebenen Texten zu verankern; dann kann sie soziale Entwicklungsprozesse antizipieren, auslösen oder auch auf veralteten Traditionen beharren. Die Selektion der Semantik erfolgt nach Kriterien der Plausibilität und der Evidenz. Sie wird als Menge von Dogmen stabilisiert. Die Erfindung neuer Verbreitungsmedien – vom Buchdruck bis zum Fernsehen – und die funktionale Differenzierung der Gesellschaft lösen eine wichtige Veränderung aus; die semantischen Formen entwickeln und differenzieren sich, trennen sich von den früheren Selektionskriterien, entdogmatisieren sich und schließen an die Reflexion [*siehe* Reflexion] der Funktionssysteme an. In der modernen Gesellschaft wird die gepflegte Semantik als wissenschaftliche, wirtschaftliche, rechtliche, religiöse usw. Orientierung in den Funktionssystemen hervorgebracht.

Semantik und Gesellschaftsstruktur sind nicht direkt miteinander verbunden. Die Veränderungen der Semantik sind nur über die dazwischentretende Variable der sozialen Komplexität mit den Veränderungen der Gesellschaftsstruktur korreliert. Mit der Veränderung der Gesellschaftsstruktur ändern sich Selektivität und Kontingenzniveau der Verknüpfungen von Kommunikationen. Das bedeutet eine Veränderung des Niveaus der sozialen Komplexität. Diese Veränderung erfordert eine Veränderung in der Semantik, die die Funktion hat, die Kommunikation zu orientieren. Wenn sie sich mit der Veränderung der Verknüpfungen von Kommunikationen nicht ändert, verliert die Semantik den Zugriff auf die soziale Realität und kann die Kommunikation nicht mehr orientieren. Die Beziehung von Struktur und Semantik ist demnach zirkulär: die Veränderung der Semantik hängt von der Strukturveränderung ab, aber bestimmt zugleich den Erfolg der neuen Kommunikationsthemen und der Typisierungen des Sinnes. Trotz dieser Zirkularität evoluiert die Semantik immer mit einer zeitlichen Verzögerung gegenüber den Strukturveränderungen; die Beschreibung der Gesellschaft ist den neuen Entwicklungen immer mehr oder weniger unangemessen.

[C. B.]

Gesellschaftsstruktur und Semantik I, 1980; Liebe als Passion, 1982; Die Gesellschaft der Gesellschaft, 1997, S. 866 ff.

Sinn

Sinn ist das Medium [*siehe* Form/Medium], das die selektive Erzeugung aller sozialen und psychischen Formen erlaubt. Die Form des Sinns ist die Unterscheidung real/möglich – oder aktuell/potentiell. Der Sinn ist eine evolutionäre Errungenschaft der sozialen und psychischen Systeme, die deren Selbstreferenz [*siehe* Selbstreferenz] und Komplexitätsaufbau [*siehe* Komplexität] Form gibt.

Mit Bezug auf Edmund Husserls Phänomenologie ist für Luhmann Sinn die Prämisse jeder Erfahrungsverarbeitung: Sinn erweist sich im Verweisungsüberschuß auf weitere Möglichkeiten des Erlebens in jedem einzelnen Erleben. Der Sinn ist die Simultanpräsentation von Aktuellem und Möglichem (Potentiellem); jedes reale Datum wird auf einen Horizont weiterer Möglichkeiten projiziert, und jede Aktualisierung potentialisiert weitere Möglichkeiten. Möglichkeit und Realität, Potentielles und Aktuelles erscheinen immer nur zusammen. Der Sinn reproduziert sich durch ein Erleben, das ihn aktualisiert und auf weitere Möglichkeiten verweist, die nicht aktualisiert werden.

Diese phänomenologische Definition von Sinn kann in eine soziologische Systemtheorie integriert werden, für die der Sinnbegriff grundlegend ist. Sinn konstituiert sich nur in sozialen [*siehe* Soziales System] und in psychischen Systemen [*siehe* Psychisches System]. Kommunikationen und Gedanken realisieren sich im Medium des Sinns. Etwas Bestimmtes ist jeweils Thema der Kommunikation oder Gegenstand der psychischen Intention, während alles übrige Horizont der Kommunikation und des Denkens ist.

Auf der einen Seite kann eine Kommunikation (ein Gedanke) in sich selbst und in ihre aktuelle Realität nicht eingeschlossen werden: Sie (er) konstituiert sich nur in der Verweisung auf weitere Kommunikationsmöglichkeiten (Denkmöglichkeiten). Auf der anderen Seite bildet die Aktualisierung einer bestimmten in sich abgeschlossenen Kommunikation (eines Gedankens) die Grundlage für die Eröffnung weiterer Kommunikationsmöglichkeiten (Denkmöglichkeiten). In der Terminologie der Systemtheorie sagt man, daß die basale Selbstreferenz [*siehe* Selbstreferenz] der sozialen und psychischen Systeme durch Sinn ermöglicht wird; eine Kommunikation kann an weitere Kommunikationen (ein Gedanke an weitere Gedanken) anschließen, wenn sie einen Überschuß an Kommunikationsmöglichkeiten (Denkmöglichkeiten) eröffnet. Sinn bestimmt also die Anschlußfähigkeit der Elemente, die diesen Systemen die Möglichkeit sichert, weiter zu operieren.

Ein sinnkonstituierendes System ist eine Ordnung, die selektiv gegenüber anderen Möglichkeiten offen ist. Der Sinn beschränkt jedoch auch die Möglichkeiten der Systembeobachtung. Für die sinnkonstituierenden Systeme hat alles Sinn, weil alles nur auf der Grundlage von Sinn kommuniziert (oder gedacht) werden kann. Sinn ist das unerläßliche Medium für die Operationen der sozialen und der psychischen Systeme. Auf der einen Seite kann die Welt nur im Medium Sinn beobachtet werden. Auf der anderen Seite realisiert sich Sinn nur in sozialen und psychischen Systemen. Sinn und System setzen sich also gegenseitig voraus: sie sind nur zusammen möglich.

Da Sinn die Einheit der Differenz zwischen Aktuellem und

Möglichem ist, hat alles (alles Reale und alles Mögliche) Sinn. Sinn schließt sogar die eigene Negation ein: auch die Negation von Sinn hat Sinn (auch das Sinnlose hat Sinn). Jeder Sinninhalt gewinnt aktuelle Realität nur in der Verweisung auf weiteren Sinn, und die Verweisung schließt auch die Möglichkeit der Wiederaktualisierung desselben Inhaltes ein. Sinn verweist immer wieder auf Sinn – er ist selbstreferentiell. Die Welt entsteht also als Gesamtheit der Sinnverweisungen: Sinn bestimmt für soziale und psychische Systeme den Verweisungsüberschuß, der die Weltkomplexität konstituiert, und die Welt dient als Voraussetzung für die Aktualisierung der konkreten Inhalte. Mit dem Sinnbegriff geht man vom Postulat unveränderlicher Letztprinzipien über zur Möglichkeit, alles als kontingent zu beobachten.

In psychischen und sozialen Systemen hat Sinn die Funktion, den Zugang zu den Überschußmöglichkeiten aufzuzeigen und zu kontrollieren. Auf der einen Seite zwingt Sinn dazu, nur einige der produzierten Möglichkeiten zu aktualisieren und die anderen im Hintergrund zu lassen. Auf der anderen Seite erlaubt Sinn, sich als Verweisung auf alles zu beziehen, was nicht aktuell ist; er erlaubt es, das Mögliche zu berücksichtigen. Sinn hält die Welt als das Nicht-Aktualisierte zugänglich und vermeidet, daß in der Aktualisierung eines Gegebenen die Verweisung auf ein Mögliches verschwindet. Mit anderen Worten: Sinn erlaubt die gleichzeitige Reduktion und Erhaltung der Weltkomplexität im System.

Auch die Grenzen des Systems zur Umwelt werden im Medium des Sinns gezogen [*siehe* System/Umwelt]. Im Fall sozialer und psychischer Systeme spricht man deswegen von Sinngrenzen. Es handelt sich um Selektionshilfen und nicht um räumliche oder materielle Grenzen. Die Sinngrenzen umfassen den Möglichkeitsbereich innerhalb eines Systems; sie machen also dieses System als Selektionskontext beobachtbar, der nur die eigenen Operationen produziert. Die Grenzen zeigen, daß im System besondere Bedingungen reduzierter Komplexität gelten.

Sinn ist die besondere Selektionsform der sozialen und psychischen Systeme. Eine Sinnselektion aktualisiert etwas und läßt die nicht aktualisierten Möglichkeiten im Hintergrund. Selektion ist Aktualisierung von etwas durch Negation [*siehe* Negation] alles übrigen. Die Negation, die nicht Vernichtung, sondern Potentialisierung bedeutet, ist die Grundpräsentation des Sinnoperierens.

Der Sinnbegriff erlaubt es, die Spezifizität der sozialen und psychischen Systeme gegenüber den lebenden Systemen (Organismen, Gehirne) zu präzisieren. Sinn ist eine evolutive Errungenschaft der sozialen und psychischen Systeme, die keine Analogie zu lebenden Systemen zuläßt: Sinn und biologisches Leben müssen als unterschiedliche Typen autopoietischer Organisation unterschieden werden. Um auf die evolutive Besonderheit der Sinnsysteme bezogen zu werden, müssen die systemischen Begriffe (Autopoiesis, Selbstreferenz, Beobachtung etc.) aus ihren ursprünglichen bio-kybernetischen Kontexten abstrahiert werden. Damit wird eine nicht-reduktionistische Theorie sozialer und psychischer Systeme mit der Annahme konstruiert, daß diese wie lebende Systeme autopoietisch sind, aber diese Annahme mit Hilfe eines Rekurses auf den Sinnbegriff spezifiziert.

[C. B.]

Soziale Systeme, 1984, S. 64 ff., 92 ff.; Die Gesellschaft der Gesellschaft, 1997, S. 44 ff.; Der Sinn als Grundbegriff der Soziologie, 1971

Sinndimensionen

Der Sinn [*siehe* Sinn] artikuliert die Differenz von Aktuellem und Möglichem in drei unterschiedlichen Sinndimensionen. Ein sinnkonstituierendes System kann Möglichkeiten auf relativ autonome Weise in jeder Dimension aktualisieren oder negieren, ohne unbedingt entsprechende Möglichkeiten in den anderen Dimensionen aktualisieren oder negieren zu müssen. Das wird dadurch ermöglicht, daß die Bestimmungen und die Negationen die Verweise auf anderes ordnen, indem sie sich auf die für jede Sinndimension spezifischen Horizonte beziehen. Die drei Dimensionen sind: Sachdimension, Sozialdimension und Zeitdimension.

(a) In der Sachdimension wird der Verweisungshorizont nach der Differenz dies/anderes strukturiert, wobei die Bestimmung von etwas (»das«) die (implizite) Negation dessen erfordert, was anderes ist: ein Pferd ist keine Kuh, eine Zahl ist kein Spiel, die Geschwindigkeit ist keine Farbe. Im Fall sozialer Systeme betrifft die Differenz die Themen, über die kommuniziert wird, im Falle psychischer Systeme bezieht sie sich auf Gegenstände der bewußten Aufmerksamkeit. Für jedes Thema und jeden Gegenstand artikuliert die Sachdimension eine Differenz zwischen zwei Horizonten, dem Innen und dem Außen dessen, was von der Beobachtung bezeichnet wird; der Beobachter kann eine Seite der Unterscheidung bezeichnen und die andere negieren, aber für eine weitere Bezeichnung verfügbar halten. In der Sachdimension kann man eine Systemreferenz wählen, zum Beispiel durch die paradigmatische Unterscheidung System/Umwelt. Der Beobachter orientiert sich dann an einem System und läßt alles andere als Umwelt dieses Systems im Hintergrund. Die Identität des beobachteten Systems ist in diesem Falle das Innen, auf das die Beobachtung sich bezieht, und alles andere bildet das Außen dieser Form. Im allgemeinen handelt es sich bei dem von der Kommunikation gewählten Thema oder dem Gegenstand, auf den das Bewußtsein aufmerksam wird, um Reduktionen der Umweltkomplexität [*siehe* Komplexität], die es erlauben, Anschlüsse für die weiteren Operationen des beobachtenden Systems zu finden. Die Komplexität wird ihrerseits in der Form anderer Themen oder anderer möglicher Gegenstände erhalten, also als »anderes« in bezug auf das Thema oder den intendierten Gegenstand.

(b) Die Sozialdimension konstituiert sich in den Möglichkeitshorizonten der Kommunikationspartner »Ego« und »Alter«. Der Sinn wird in diesem Fall nicht in bezug auf Themen oder Gegenstände erarbeitet, sondern kondensiert in der Unterschiedlichkeit der Perspektiven von Ego und Alter. Die Sozialdimension gründet sich auf die Nicht-Identität beider Kommunikationspartner und behandelt diese Nicht-Identität als doppelten Verweisungshorizont. Es geht nicht einfach darum, daß Ego den inneren Horizont von Alter als ein in der Sachdimension beobachtetes System bezeichnet, sondern eher darum, daß Alter auch ein Beobachter ist, der kontingent und unvorhersehbar operiert. Ego und Alter beobachten sich wechselseitig, und diese wechselseitige Abhängigkeit des einen vom anderen bildet den sozialen Charakter der Differenz Ego/Alter.

In der Sozialdimension etabliert sich ein Zusammenhang von Perspektiven, der die Welt als soziale Welt konstituiert; hier können verschiedene Gesichtspunkte, unterschiedliche Selektionen, Erfahrungen von anderen, Konsens und Dissens beobachtet werden. Die Sozialdimension zeigt sich als doppelte Kontingenz [*siehe* Doppelte Kontingenz], zu deren Behandlung soziale Systeme erforderlich sind; diese doppelte Kontingenz führt dazu, die Sozialität des Sinnes als Pluralität der Beobachtungsperspektiven zu begreifen und nicht nur als Pluralität von Systemreferenzen. Ego beobachtet Alter als Alter ego, indem er die Art und Weise der Sachbestimmung von Sinn, die beobachtet werden kann, dupliziert. Die Horizonte der Verweise auf das Mögliche werden deshalb nicht in der Sachdimension begrenzt, sondern sie müssen auch in der Sozialdimension festgelegt werden, in der die Selektivität des Sinnes in der Besonderheit jeder Perspektive mit Bezug auf die anderen besteht.

(c) Die Zeitdimension artikuliert sich in den Horizonten der Vergangenheit und der Zukunft, die sich immer nur in der Gegenwart konstituieren können [*siehe* Zeit]. Die Möglichkeit, das Verstreichen der Zeit zu begreifen, gründet sich auf eine besonders komplexe Konstruktion der Zeitdimension. Diese Möglichkeit setzt zwei verschiedene Weisen der Bestimmung von Gegenwart voraus, die nur gleichzeitig möglich sind. Einerseits ereignet sich die Gegenwart immer als Ereignis, also zeitlich punktuell, und bezeichnet so den Moment, in dem Veränderungen irreversibel werden. Andererseits kann aber diese Ereignishaftigkeit nur aufgrund einer Gegenwart beobachtet werden, die dauert und die Möglichkeit der Reversibilität garantiert. In der punktualisierten Gegenwart wird Zukunft ständig zur Vergangenheit: das ist die Zeit, die mit der Uhr gemessen wird und die ständig vergeht. Die Gegenwart, die dauert und den Zugang zum Möglichen trotz der Irreversibilität der Ereignisse offenhält, ist die Gegenwart, in der Anfang und Ende von Perioden festgestellt, Prozesse beschleunigt oder verlangsamt und andauernde Situationen beobachtet werden können. Die Dauerhaftigkeit einer Situation ist der Hintergrund, vor dem die Irreversibilität der Ereignisse beobachtet werden kann, während die Punktualität der Ereignisse es ermöglicht, eine andauernde Situation zu beobachten. Nur dank der Unterscheidung von Punktualität und Dauer werden eine Zukunft und eine Vergangenheit projiziert, da es aufgrund der einfachen Irreversibilität (oder Dauer) unmöglich wäre, ein Gedächtnis der vergangenen Selektionen zu bilden oder eine Zeit zu projizieren, die sich erst noch zu ereignen hat. Dank der Gleichzeitigkeit beider Gegenwarten ist es möglich, Strukturen und Prozesse zu unterscheiden [*siehe* Struktur, Prozeß], je nachdem, ob die Dauer einer zeitlichen Situation oder die Sequenz momenthafter Ereignisse berücksichtigt wird, die sich in jener Situation ereignen.

Jedes sinnkonstituierende System gründet sich auf der Möglichkeit, diese drei Dimensionen zu unterscheiden, in denen Sinn sich artikuliert und differenziert. Die drei Dimensionen differenzieren sich, indem die konkrete Aktualisierung in einer Sinndimension nicht das bestimmt, was in den anderen aktualisiert werden kann. Die Dauer eines Gegenstandes (Zeitdimension) wird nicht von einem Konsens (Sozialdimension) über seine Existenz bestimmt, so wie die Wahl einer Zeitperiode (Zeitdimension) weder das, was man beobachten kann (Sachdimension), noch den, der beobachten wird (Sozialdimension), festlegt.

Daß die drei Dimensionen voneinander unterschieden werden können, bedeutet aber nicht, daß sie völlig unkoordiniert sind. Die Konstitution dessen, was man beobachten kann, erfordert im Gegenteil ihre Interdependenz, weil das, was in einer Dimension aktualisiert wird, die Bestimmungsmöglichkeit des Sinnes in den anderen begrenzt (nicht: bestimmt). Wenn sich zum Beispiel die Perspektiven auf die Zukunft einer gegebenen Situation ändern, kann das Folgen sowohl für die Konsens- bzw. Dissensmöglichkeiten als auch für die sachliche Spannbreite der in der Gegenwart realisierbaren Dinge haben. [G. C.]

Soziale Systeme, 1984, S. 112 ff.; Teoria della società, 1992; Der Sinn als Grundbegriff der Soziologie, 1971

Soziales System

Ein soziales System ist ein autopoietisches, selbstreferentielles System [*siehe* Selbstreferenz, Autopoiesis], das sich in Differenz zu einer Umwelt [*siehe* System/Umwelt] konstituiert. Es ist ein sinnkonstituierendes System [*siehe* Sinn]. Seine Operationen und Letztelemente sind Kommunikationen [*siehe* Kommunikation]. Es gibt nicht nur ein soziales System, sondern mehrere. Die sozialen Systeme entstehen durch Selbstkatalyse aus dem Problem der doppelten Kontingenz [*siehe* doppelte Kontingenz], das durch Kommunikationen verarbeitet wird.

Der Begriff eines sozialen Systems hat einen Bezug zur allgemeinen Systemtheorie, die die Grundlagen der Beschreibung jedes Systems formuliert. Es gibt drei analytische Ebenen, die es erlauben, soziale Systeme von anderen Systemtypen zu unterscheiden und die Verbindungen zwischen den Typen festzustellen.

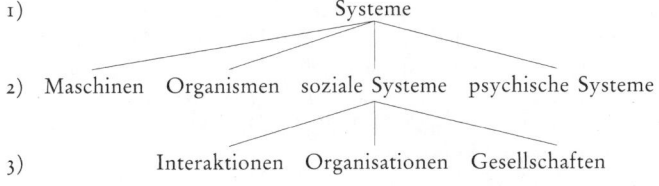

Abb. 1 (aus: Soziale Systeme, 1984, S. 16)

In der Behandlung sozialer Systeme muß die Begrifflichkeit der allgemeinen Systemtheorie (also der ersten Ebene) vorausgesetzt werden. Der Paradigmenwechsel in der allgemeinen Systemtheorie hat wichtige Auswirkungen auf die Soziologie; eine Folge ist zum Beispiel, daß das soziale System nicht mehr als ein Ganzes definiert werden kann, das aus Teilen besteht. Ausgangspunkt der Analyse ist vielmehr die Unterscheidung von System und Umwelt, wobei das System autopoietisch und operational geschlossen ist [*siehe* Autopoiesis].

Diese allgemeinen Definitionen reichen jedoch für die Analyse der sozialen Systeme nicht aus. Um soziale Systeme zu beobachten, muß man sie zuerst von andersartigen (lebenden und psychischen) Systemen unterscheiden und jede Vermengung der analytischen Ebenen vermeiden. Vor allem darf man das, was auf einer Ebene identisch ist, nicht auch auf anderen Ebenen als identisch annehmen.

Auf der zweiten Ebene im Schema müssen Begriffe ins Spiel kommen, die die Spezifizität der sozialen Systeme bezeichnen und sie von den anderen Typen unterscheiden. Dafür sind die Begriffe Sinn und Kommunikation zentral. Der Sinnbegriff unterscheidet soziale und psychische Systeme von lebenden Systemen wie Zellen, Organismen, Gehirne. Soziale und psychische Systeme sind sinnkonstituierende Systeme. Durch den Kommunikationsbegriff, der die Operation und das Letztelement der sozialen Systeme bezeichnet, werden sie von den auf dem Prozessieren von Gedanken basierenden psychischen Systemen unterschieden.

Aus den Formulierungen auf den ersten beiden Ebenen folgt, daß die Analyse der sozialen Systeme nicht mehr wie in der soziologischen Tradition mit dem Problem der Stabilität starten kann. Das Bezugsproblem ist statt dessen die Fortsetzung der Autopoiesis im Verhältnis zur Umwelt. Das Anfangsproblem der doppelten Kontingenz wandelt sich in die Frage um, wie Kommunikationen ohne Dauer (die beim Entstehen sofort verschwinden) [*siehe* Ereignis] ständig produziert und miteinander verknüpft werden können.

Auf der dritten Ebene können drei Typen sozialer Systeme unterschieden werden: Interaktionen [*siehe* Interaktion], Organisationen [*siehe* Organisation] und die Gesellschaft [*siehe* Gesellschaft]. Man kann weder die Typen aufeinander reduzieren noch Modelle benutzen, die das Primat eines Typs voraussetzen. Die Theorie sozialer Systeme erklärt die soziale Realität mit Rekurs auf die drei Typen, ihre Autonomie und ihre Interdependenzen. Deshalb kann man nicht mehr, wie noch Talcott Parsons, von einer Theorie des sozialen Systems im Singular sprechen, sondern muß von sozialen Systemen im Plural sprechen.

[C. B.]

Soziale Systeme, 1984; Ökologische Kommunikation, 1986; The Autopoiesis of Social Systems, 1986; Insistence on Systems Theory, 1983

Soziologische Aufklärung

Der Begriff der soziologischen Aufklärung bezeichnet das allgemeine Programm der Soziologie Luhmanns. Die Aufklärung setzt eine Beobachtung [*siehe* Operation/Beobachtung] voraus. Jede Beobachtung basiert auf einem Differenzschema. Aufklärend zu operieren bedeutet, in der Beobachtung eine spezifische Differenz zu benutzen: die Differenz bewußt/unbewußt in der Beobachtung psychischer Systeme und die Differenz manifest/latent in der Beobachtung sozialer Systeme. Die Differenz manifest/latent bezeichnet die spezifisch soziologische Aufklärung.

Die Aufklärung entsteht historisch im achtzehnten Jahrhundert im Übergang von der stratifizierten Differenzierung zur primären funktionalen Differenzierung der europäischen Gesellschaft [*siehe* Gesellschaftliche Differenzierung]. Anders als diese erste Aufklärung setzt die soziologische Aufklärung die Reflexionsfähigkeit [*siehe* Reflexion] voraus, die eine Folge der Entwicklung der funktional differenzierten Gesellschaft ist. Während die erste Aufklärung als die Entfaltung der menschlichen Vernunft verstanden wurde, die in der Gesellschaft Rationalität und Gerechtigkeit durchsetzt, wird die soziologische Aufklärung als Ausdehnung der Beobachtungsfähigkeit der sozialen Systeme – also deren Fähigkeit, die Komplexität [*siehe* Komplexität] der Welt zu erfassen und zu reduzieren – verstanden. Mittel dieser Aufklärung sind also die beobachtungsfähigen sozialen Systeme.

Zu einer soziologischen Aufklärung kommt es, wenn die Möglichkeit produziert wird, in der Gesellschaft das, was latent ist, zu beobachten und von dem zu unterscheiden, was manifest ist. Die Latenz besteht in den Möglichkeiten, die in einem System nicht benutzt werden können, obwohl sie bestimmt oder bestimmbar sind. In jedem sozialen System gibt es Latenz; jedes soziale System entzieht bestimmte Voraussetzungen der eigenen Autopoiesis der Beobachtung, um die eigene Einheit relativ unproblematisch bewahren zu können. Für ein soziales System kann es somit nützlich sein, einige Grundlagen der eigenen Ordnung zu schützen und von der Beobachtung (Thematisierung) auszuschließen (Latenzschutz). Die Unzweckmäßigkeit der Beobachtung und die Zweckmäßigkeit des Schutzes werden von der Struktur [*siehe* Struktur] des Systems bestimmt, die bestimmte Unterscheidungen zur Verfügung stellt und andere ausschließt (indem sie latent gemacht werden). Die Latenz ist immer kontingent: gewisse Latenzen können manifest werden, und andere können an ihre Stelle treten. Die Zweckmäßigkeit der Beobachtung der Unterscheidungen variiert mit der Variation der sozialen Strukturen.

Die Erweiterung der Beobachtungsfähigkeit – also der Fähigkeit, das Problem der Komplexität in der Gesellschaft zu behandeln – hängt von der Ausdifferenzierung des Wissenschaftssystems und innerhalb dessen der Soziologie ab. Diese Ausdifferenzierung erlaubt es, die Latenz zu beobachten und das, was selbstverständlich scheint, kontingent zu setzen – ohne dabei die Schutzfunktion auf der Ebene der Gesamtgesellschaft aufzugeben. Durch die Systemtheorie kann die Soziologie die Komplexität dessen, was sie beobachtet, manifest machen, ohne daß die Gesellschaft auf die Möglichkeit der Erhaltung der Latenz verzichten müßte. Die Wissenschaft und die Soziologie selbst sind zur Aufklärung fähig, weil sie durch eine eigene Latenz gekennzeichnet sind. Sie können deshalb keine höhere Beobachtungsfähigkeit gegenüber anderen Systemen beanspruchen; ihr Vorteil besteht darin, beobachten zu können, daß ihre Beobachtung Ergebnis der eigenen Operationen ist.

Soziologische Aufklärung bedeutet nicht nur, latente Strukturen und Funktionen in der Gesellschaft manifest zu machen, sondern auch, die verschiedenen (als Strukturen und Funktionen benutzbaren) Äquivalente miteinander zu vergleichen [*siehe* funktionale Analyse]. Denn wenn ein System die Funktion der Latenz erkennt, beobachtet es auch die dafür verfügbaren äquivalenten Alternativen.

Die Aufklärung erlaubt ein Bewußtsein (in psychischen Systemen) und eine Kommunizierbarkeit (in sozialen Systemen) der Kontingenz des Systems. Sie zeigt jedoch auch, daß die Gesellschaft aufgrund der Latenz nicht sehen kann, was sie nicht sehen kann. Sie macht also manifest, daß die Funktion der Latenz verlangt, diese Funktion selbst latent zu halten.

[C. B.]

Soziologische Aufklärung, 1967; Soziale Systeme, 1984

Sprache

Sprache ist das Medium [*siehe* Kommunikationsmedien] mit der Funktion, das Verstehen der Kommunikation wahrscheinlich zu machen. Sprache ermöglicht, den Bereich des Wahrnehmbaren zu überschreiten und mit Hilfe von symbolischen Generalisierungen in der Form von Zeichen über etwas zu kommunizieren, was nicht anwesend oder was nur möglich ist.

Eine Kommunikation, also das Verstehen der Differenz zwischen Information und Mitteilung [*siehe* Kommunikation, Information], muß nicht notwendigerweise sprachliche Form annehmen, sondern kann auch auf der Basis von Wahrnehmungen ablaufen: Ego nimmt das Verhalten von Alter wahr (der schnell und vielbeschäftigt läuft) und interpretiert es als Mitteilung, die eine bestimmte Information kommunizieren soll (Alter will sich nicht aufhalten und reden). Die Wahrnehmung als solche ist keine Kommunikation; man nimmt Laute, Bilder, Reize im allgemeinen wahr ohne jede Verbindung zur Kommunikation, und man verarbeitet sie als Information. Um im obigen Beispiel zu bleiben: Durch die Wahrnehmung kann man bloß feststellen, daß Alter schnell läuft. Diese Wahrnehmung wird zur Kommunikation nur in den Fällen, in denen die Unterscheidung zwischen einer weiteren Information und ihrer Mitteilung ins Spiel kommt – nur dann also, wenn eine Kommunikation jemandem zugeschrieben wird, der sie mitteilt: Alter kommuniziert, daß er gegenwärtig nicht zur Verfügung steht.

Auf der Ebene der Wahrnehmung kann man nie sicher sein, daß es sich tatsächlich um Kommunikation handelt und nicht einfach um ein Verhalten mit einem anderen Zweck (Alter ging nur schnell, weil er spät dran war); die Unterscheidung zwischen Information und Mitteilung ist nicht scharf und eindeutig. Die Situation ändert sich, wenn die Mitteilung sprachlich ist; es werden dann spezifische Laute produziert, die derart unwahrscheinlich und wiedererkennbar artikuliert sind, daß es sehr schwierig wird zu verneinen, daß die Mitteilung eine kommunikative Intention hat. Laute wie die der Sprache werden nicht zufällig produziert.

Die mündliche Sprache hat eine spezifische Form [*siehe* Einheit/Differenz]: die Unterscheidung zwischen Laut und Sinn. Der Laut ist nicht der Sinn, aber bestimmt jeweils, was der Sinn ist, wovon die Rede ist. Der Sinn ist nicht der Laut, aber bestimmt, welcher Laut zu benutzen ist, um den betreffenden Sinn auszudrücken. Auf diese Unterscheidung gründet sich die Arbitrarität der Sprache; die Verbindung zwischen dem sprachlichen Zeichen und dem bezeichneten Inhalt beruht nicht auf einer Ähnlichkeit der beiden (einer Ähnlichkeit des Objekts »Tisch« mit der Lautsequenz *t-i-sch*), und es gibt keinen inneren Grund, um einen bestimmten Inhalt mit einer bestimmten Lautsequenz anstatt einer anderen zu bezeichnen. Deshalb unterscheidet die sprachliche Kommunikation den Inhalt scharf von den ihn ausdrückenden Formen. Sie macht die Unterscheidung zwischen

Information und Mitteilung eindeutig und generalisiert sie; man kann unabhängig von der Wahrnehmungsanwesenheit der entsprechenden Objekte für jeden Kommunikationsinhalt ein sprachliches Zeichen produzieren. Es ist also möglich, auch über »abstrakte Objekte« zu sprechen, die nie wahrgenommen werden können: Wahrheit, Gerechtigkeit, unsterbliche Menschen, Objekte, die nur in der Kommunikation existieren, abwesende oder unmögliche Dinge und vor allem frühere Kommunikationen.

Indem die Sprache es der Kommunikation ermöglicht, jeden möglichen Inhalt als Objekt zu behandeln, ermöglicht sie es ihr auch, reflexive Form anzunehmen [*siehe* Selbstreferenz], also über sich selbst zu kommunizieren. Die Sprache macht die Unterscheidung zwischen Information und Mitteilung ausreichend klar und eindeutig, so daß sie zum Objekt weiterer Kommunikation werden kann. Man kann sich dann fragen, warum eine gewisse Information so und nicht anders mitgeteilt wurde, oder überprüfen, ob man verstanden worden ist. Die sprachliche Kommunikation kann also ein enorm hohes Komplexitätsniveau erreichen, weil sie auf der einen Seite sich auf frühere Kommunikationen rekursiv beziehen und ihre Voraussetzungen annehmen kann und auf der anderen Seite immer unwahrscheinlichere Formen riskieren kann (man spricht auch über Dinge, die den Partnern unbekannt oder unmöglich sind), weil Unverständnis gegebenenfalls auf reflexiver Ebene geklärt werden kann (also mit Hilfe einer Kommunikation über Kommunikation). Die Einführung der Schrift und später des Buchdrucks [*siehe* Verbreitungsmedien] ermöglicht es dann, sich auch an Nicht-Anwesende oder sogar an Unbekannte zu wenden, und zeichnet dadurch weitere Unwahrscheinlichkeitsniveaus der Kommunikation aus.

Man kann mit sprachlichen Mitteln eine Negation kommunizieren [*siehe* Negation], während es keine negative Wahrnehmung gibt (die Wahrnehmung eines Nicht-Objekts). Man kann zum Beispiel über ein nichtgegebenes Objekt als etwas Nichtexistierendes sprechen, aber man kann dieses Objekt nicht wahrnehmen. Die Negationsfähigkeit verdankt sich dem spezifischen Code [*siehe* Code] des Mediums Sprache: dem Code Ja/Nein. Die Sprache korreliert jeder positiven Äußerung (Ja-Fassung) eine entsprechende negative Äußerung (Nein-Fassung), so daß jede sprachliche Kommunikation unvermeidlich auf die mögliche Gegenaussage verweist. Für jede sprachliche Kommunikation kann eine sie negierende Aussage formuliert werden, und diese Möglichkeit ist immer implizit mit gegeben. Die Kommunikation nimmt dann die Form der Differenz zwischen zwei entgegengesetzten Möglichkeiten an und kann also – da eine Unterscheidung – als Information verarbeitet werden [*siehe* Information]. Deshalb erlaubt es die Sprache, über jeden Inhalt informativ zu kommunizieren, und stellt daher den Variationsmechanismus der Evolution der Gesellschaft [*siehe* Evolution] dar.

Dank ihrer besonderen Eigenschaften spielt die Sprache außerdem eine wesentliche Rolle bei der Interpenetration [*siehe* Interpenetration] von psychischen und sozialen Systemen. Auch wenn sie aus hochstrukturierten Elementen besteht (den sprachlichen Termini, die miteinander durch derart strenge Verweisungen verbunden sind, daß mit der Veränderung eines einzigen Phonems das Wort nicht mehr dasselbe ist), dient die Sprache als Medium [*siehe* Medium/Form] sowohl für die Kommunikation als auch für das Bewußtsein, die ihr ihre Formen auferlegen können; die Sprache eignet sich, jeden Gedanken auszudrücken und jede Kommunikation zu formulieren.

Nach dieser Auffassung (und entgegen verbreiteten linguistischen Theorien) ist die Sprache als solche kein System, sondern ein Medium, das von Systemen benutzt wird, um eigene Operationen zu strukturieren – und insbesondere um Reflexivität zu gewinnen. Es gibt keine spezifische Operation der Sprache; die Sprache existiert nur in den Operationen der psychischen und sozialen Systeme. Ihre innere Systematizität muß auf die Autopoiesis der sie benutzenden Systeme und nicht auf eigene Operationen eines Systems der Sprache zurückgeführt werden. Unter den daraus folgenden Konsequenzen ist besonders relevant, daß die sprachlichen Termini keine Zeichen sind, die für einen externen Referenten stehen, sondern Artikulationen der Autopoiesis der psychischen und sozialen Systeme. Unter der Bedingung der autopoietischen Schließung beziehen sich diese Operationen nicht auf die Außenwelt, sondern nur auf innere Operationen desselben Systems.

[E. E.]

Soziale Systeme, 1984, S. 208 ff., 367 ff.; Wie ist Bewußtsein an Kommunikation beteiligt?, 1988; Die Wissenschaft der Gesellschaft, 1990, S. 47 ff.; Die Gesellschaft der Gesellschaft, 1997, S. 108 ff., 205 ff.; Zeichen als Form, 1993

Struktur

Strukturen sind Bedingungen, die den Anschlußbereich der Operationen eines Systems begrenzen; sie sind Bedingungen der Autopoiesis jedes Systems [*siehe* Autopoiesis]. Der Strukturbegriff bezeichnet die Selektion der Relationen zwischen Elementen, die in einem System zugelassen sind. In sinnkonstituierenden Systemen [*siehe* Sinn] können Strukturen nicht aus Relationen zwischen Elementen bestehen, da Elemente Ereignisse ohne Dauer sind [*siehe* Ereignis]: mit ihrem Verschwinden würden auch die Relationen und mit ihnen das System selber verschwinden. Die Selektionen, die eine strukturelle Relevanz gewinnen, sind solche, die die Rekombinationsmöglichkeiten der Elemente (Kommunikationen oder Gedanken) begrenzen.

Das heißt zunächst, daß Struktur und System nicht deckungsgleich sind. Obwohl es strukturlose Systeme nicht geben kann und Strukturen immer nur Strukturen eines Systems sein können, bezeichnen die beiden Begriffe zwei völlig unterschiedliche Befunde: Während Elemente eines Systems Operationen sind, die als solche ständig reproduziert werden müssen, kondensieren Strukturen nur durch die Wiederholung von Identischem in verschiedenen Zusammenhängen. Die Identität des Systems kann zum Beispiel auch dann erhalten werden, wenn seine Strukturen sich verändern. Dasselbe gilt für Gegenstände, Situationen, Zeitperioden, Personen usw.; in allen diesen Fällen geht es um sinnhafte Zusammenhänge, die als Strukturen an Bedeutung gewinnen, wenn es möglich ist, deren Identität über den einzelnen Moment hinaus, in dem sie stattfinden, zu generalisieren.

Strukturen können auch als Selektionen von Selektionen bezeichnet werden, weil sie den Anschlußbereich begrenzen (erste Selektion), aufgrund dessen das System die eigenen Elemente produziert (zweite Selektion). Ohne Strukturen könnte das System nicht feststellen, ob sich überhaupt weitere eigene Operationen ereignen; vielmehr würde es sich mit der Unbestimmtheit der Anschlüsse und deshalb der Unmöglichkeit konfrontiert sehen, seine Autopoiesis weiterzutreiben. Die Komplexität des Systems wird durch Strukturbildung bestimmbar gemacht, die Selektivität des einzelnen Ereignisses wird erhalten und im nächsten Ereignis wieder vorgestellt als ein Möglichkeitsbereich, aus dem die nächste Selektion gewonnen werden kann.

In diesem Sinne gewährleisten Strukturen die Existenz des Systems nicht dank ihrer Stabilität, sondern nur deshalb, weil sie den Übergang von einer Operation zu einer anderen sichern können. Die Stabilität des Systems muß somit als »dynamische Stabilität« gedacht werden, weil die Kontinuität des Systems nur durch die Diskontinuität seiner Operationen garantiert wird. Die Strukturen erhalten sich, wenn sie wiederholt und in verschiedenen Situationen kondensiert werden, sonst werden sie vergessen.

Im Falle sozialer Systeme sind Strukturen Erwartungsstrukturen [siehe Erwartung], die Kommunikationsmöglichkeiten aufzeigen, an denen sich das System orientieren kann; durch Erwartungsbildung kann ein soziales System Anschlüsse und deshalb operative Möglichkeiten bestimmen. Ohne Strukturen könnte die Kommunikation weder entscheiden, welche Themen besprochen werden können, noch klären, wer wann anfangen muß zu kommunizieren. Autopoiesis und Struktur stimmen daher nicht überein; im Falle sozialer Systeme sind Operationen, also Systemelemente, Kommunikationen, während die Strukturelemente Erwartungen sind.

In zeitlicher Sicht gewährleisten Strukturen die Reversibilität der Selektionen, obwohl die Selektionen als Ereignisse irreversibel in die Vergangenheit abtauchen. Die Struktur erlaubt Dauer vor dem Hintergrund zeitlicher Punktualität der Ereignisse und deshalb die Reaktualisierung von Situationen, in denen neue Operationen ausgewählt werden müssen. Aufgrund eigener Strukturen kann ein System vergangene Situationen erinnern oder sich künftige Situationen vorstellen, indem es vom laufenden, unaufhörlichen Vergehen der Operationen abstrahiert. In diesem Sinne machen Strukturen die Selektivität der Kommunikation sichtbar und mit ihr auch die Möglichkeit unterschiedlicher Selektionsrichtungen.

Strukturen können sich ändern, das System ist daher lernfähig. Von Lernen kann nur in bezug auf Strukturen gesprochen werden, weil Ereignisse nicht geändert werden können: sie ereignen sich und verschwinden sofort wieder. Nur ihr Informationswert überrascht und führt Neuheit ein im Vergleich zu dem, was das System aufgrund seiner Strukturen erwartet.

[G. C.]

Soziale Systeme, 1984, S. 73 f., 377 ff.; Teoria della società, 1992

Strukturelle Kopplung

Das Problem, auf das sich der Begriff der strukturellen Kopplung bezieht, hängt mit dem Begriff der autopoietischen Schließung zusammen [*siehe* Autopoiesis], nach dem jede von einem System verwendete Einheit innerhalb des Systems selbst produziert wird, ohne Input von Einheiten oder von Information aus der Umwelt. Autopoietische Systeme sind strukturdeterminierte Systeme in dem Sinne, daß nur systemeigene Strukturen die Operationen bestimmen können. Es ist ausgeschlossen, daß Umweltgegebenheiten das, was im System passiert, bestimmen können. Jedes System bedarf trotzdem vieler faktischer Voraussetzungen in seiner Umwelt, die es weder produzieren noch sicherstellen kann: es bedarf also eines für seine Existenz notwendigen »Materialitätskontinuums«. Die Reproduktion der Kommunikation setzt zum Beispiel eine mit ihr und mit der Reproduktion von Organismen kompatible physikalische Umwelt voraus, ebenso die Verfügbarkeit von psychischen Systemen, die an der Kommunikation teilnehmen können, sowie viele andere Umstände, die normalerweise für selbstverständlich gehalten werden.

Mit Maturanas Begriff der strukturellen Kopplung wird das Verhältnis eines Systems zu den Umweltvoraussetzungen bezeichnet, die gegeben sein müssen, um die Autopoiesis fortsetzen zu können. Jedes System ist in diesem Sinne an seine Umwelt angepaßt; wäre es nicht so, könnte es nicht existieren. Innerhalb des so verfügbaren Möglichkeitsraumes vollzieht es seine Operationen autonom. Strukturelle Kopplung und Selbstdetermination des Systems stehen in einer »orthogonalen Beziehung« zueinander: Auch wenn sie sich voraussetzen, können sie sich gegenseitig nicht bestimmen. Die Umwelt kann auf das System nur dadurch einwirken, daß sie Irritationen (Störungen, Perturbationen) produziert, die intern verarbeitet werden [*siehe* Konstruktivismus]; auch die Irritationen sind jedoch interne Konstruktionen, die aus einer Konfrontation der Ereignisse mit den eigenen Strukturen des Systems resultieren. Es gibt also keine Irritationen in der Umwelt; die Irritation ist in der Tat immer Selbstirritation – gegebenenfalls ausgehend von Umweltereignissen.

Zum Beispiel sind psychische Systeme mit den neurophysiologischen Prozessen des »eigenen« Organismus in dem Sinne gekoppelt, daß sie nur dann operieren können, wenn das organische System lebt, mit dem sie verbunden sind. Das heißt jedoch keineswegs, daß sie sich diesem anpassen müssen oder daß die Gedanken den Zuständen des Organismus entsprechen müssen. Diese Zustände werden normalerweise nicht einmal wahrgenommen – und wenn sie wahrgenommen werden, dann nur auf der höchst selektiven Weise spezifischer psychischer Formen (zum Beispiel als Schmerz).

Soziale Systeme sind ihrerseits mit den psychischen Systemen strukturell gekoppelt; gäbe es keine Bewußtseinssysteme, wäre die Fortsetzung der Kommunikation unmöglich. Die Bewußtseinsinhalte sind deshalb jedoch nicht Kommunikationsinhalte, und die Gedanken sind keine Elemente der Kommunikation. Mit anderen Worten: die Grenzen des psychischen Systems sind keine Grenzen der Gesellschaft und umgekehrt, so daß das, was gesellschaftlich möglich ist, nicht notwendigerweise von jedem Bewußtsein verstanden werden muß – und nicht alles, was denkbar ist, in der Kommunikation ausgedrückt werden kann. Jedes Bewußtsein erlebt manchmal die Inkommunikabilität seiner eigenen Gedanken, die nicht ohne Verzerrung in die explizite Unterscheidung von Information und Mitteilung [*siehe* Kommunikation] überführt werden können; und die an der Kommunikation teilnehmenden psychischen Systeme prozessieren intern viel mehr Gedanken, als in die Kommunikation ›eingeführt‹ werden können. Bewußte Gedanken begleiten die Beiträge zur Kommunikation, dirigieren sie und versuchen, sie zu kontrollieren; man überlegt, man sucht die Worte, man registriert Erfolge und Mißerfolge bei dem, was gedacht wird usw. – ohne daß dies in der Kommunikation ausgedrückt wird. Auch die in der Kommunikation aktualisierten Verweisungen und Verbindungen können jedoch in ihrer vollen Komplexität niemals von den begrenzten Fähigkeiten eines einzelnen Bewußtseins rezipiert und verarbeitet werden; es könnten jederzeit mehr Informationen gewonnen werden als die, die jeweils verarbeitet werden, und jedes Bewußtsein kann die Kommunikation anders verstehen.

Darüber hinaus hat die strukturelle Kopplung der sozialen mit den psychischen Systemen die wichtige Eigenschaft, daß die Kommunikation nur von den Bewußtseinssystemen und nicht von physikalischen, chemischen oder neurophysiologischen Ereignissen als solchen irritiert werden kann; diese können die Kommunikation nur durch die Vermittlung der Wahrnehmung durch Bewußtseinssysteme stören. Denn nur psychische Systeme können wahrnehmen und diese Wahrnehmung dann kommunikativ ausdrücken. Das Feuer kann Bücher verbrennen, kann aber weder Bücher schreiben noch ihren Inhalt bestimmen. Es kann jedoch von jemandem wahrgenommen werden, der das Feuer zum Thema der Kommunikation machen kann. Ein externes Ereignis kann also die Kommunikation nur durch den doppelten Filter der Selektivität der psychischen und der sozialen Systeme irritieren.

Die strukturelle Kopplung zweier Systeme führt nie zu ihrer Fusion oder zur stabilen Koordination der jeweiligen Operationen. Die strukturelle Kopplung entsteht in einem Ereignis [*siehe* Ereignis], das im selben Moment verschwindet, in dem es entstanden war. Die Übereinstimmung ist also nur ereignishaft und bedeutet keine Fusion der implizierten Systeme, weil sie sich sofort wieder trennen, wenn sie sich getroffen haben. Dasselbe Ereignis kann als Kommunikation ein Element des sozialen Systems sein, an das sich andere Kommunikationen anschließen, und zugleich als Gedanke ein Element der teilnehmenden psychischen Systeme sein, an den sich andere Gedanken anschließen. Seine soziale Selektivität ist jedoch immer eine andere als seine psychische, und auf keinen Fall entsteht eine Koordination von psychischen und sozialen Prozessen. Ein und dieselbe Kommunikation kann Element mehrerer sozialer Systeme sein, ohne dadurch ihre Differenzierung aufzugeben; eine Spende in der Kirche ist zum Beispiel eine Operation im Wirtschaftssystem und im Religionssystem zugleich – hat aber unterschiedliche Folgen in den jeweils implizierten Systemen; ihre religiöse Bedeutung stimmt mit ihrer wirtschaftlichen Bedeutung nicht überein. Die Anschlußfähigkeit eines Ereignisses ist intern vom System bestimmt, dessen Element es ist, und es ist auf jeden Fall das Ergebnis einer Selektion, die die Trennung der Systeme bestätigt und verarbeitet, die in dem betreffenden Ereignis konvergieren. Was sie gemeinsam haben, ist nur das Ereignis und nicht ein Element.

So verstanden, ist die strukturelle Kopplung völlig kompatibel mit der Hypothese der autopoietischen Schließung der Sinnsysteme, weil sie nur auf der Ebene der Strukturen – und nicht auf der Ebene der Selbstreproduktion – ins Spiel kommt. Die Unabhängigkeit der Systeme in der Konstitution der eigenen Elemente und in der Bestimmung der Anschlüsse bleibt unberührt, während zugleich eine Koordination der Strukturen beobachtet werden kann. Wenn es zum Beispiel zu einer Koinzidenz zwischen sozialem und psychischem System in einem Ereignis kommt, kann die Kommunikation die Aufmerksamkeit des Bewußtseins für einen Moment besetzen. Sie kann aber weder bestimmen noch voraussagen, mit welchen Gedanken das Bewußtsein die laufende Kommunikation begleiten wird oder wie es die Kommunikation verarbeiten wird. Das Bewußtsein ist in jedem Fall ein System, das ausschließlich von eigenen Strukturen bestimmt wird – auch wenn die Entwicklung dieser Strukturen von kommunikativen Ereignissen irritiert werden kann.

Man spricht von Interpenetration [*siehe* Interpenetration], wenn die strukturelle Kopplung in einem Verhältnis der gegenseitigen Abhängigkeit zwischen Systemen stattfindet, von denen jedes nur dann existieren kann, wenn die anderen auch existieren. Die betreffenden Systeme entwickeln sich dann ko-evolutiv.

[E. E.]

Wie ist Bewußtsein an Kommunikation beteiligt?, 1988; Die Wissenschaft der Gesellschaft, 1990, S. 29 ff., 38 ff., 163 ff.; Operational Closure and Structural Coupling, 1992; Die Gesellschaft der Gesellschaft, 1997, S. 92 ff., 100 ff., 779 ff.

Symbolisch generalisierte Kommunikationsmedien

Symbolisch generalisierte Kommunikationsmedien sind spezielle Strukturen [*siehe* Struktur], die der Kommunikation Erfolgswahrscheinlichkeit sichern, weil sie die Unwahrscheinlichkeit in die Wahrscheinlichkeit transformieren, daß Alters Selektion von Ego akzeptiert wird. Als solche Kommunikationsmedien gelten

Macht (oder Macht/Recht), wissenschaftliche Wahrheit, Geld (oder Eigentum/Geld), Liebe, Kunst, Werte.

Die Codierung der Sprache [*siehe* Sprache] macht das Verstehen wahrscheinlich, damit aber auch die Ablehnung einer Kommunikation möglich. Der Kommunikationserfolg ist unwahrscheinlich, weil Ego die von Alter vorgeschlagene Selektion (eine Bitte, ein Vorschlag, ein Befehl) als Prämisse der eigenen Selektivität ablehnen kann. Nicht alle sprachlich codierten Kommunikationen brauchen ein symbolisch generalisiertes Kommunikationsmedium. In Gesellschaften, in denen alle Kommunikation mündlich ist [*siehe* Gesellschaftsdifferenzierung], wird die Möglichkeit einer Annahme oder Ablehnung einer Kommunikation auf der Grundlage gemeinsamer und unbezweifelbarer Welterfahrung, eines gemeinsamen Gedächtnisses, des Konsensdrucks durch die Anwesenden und eines direkten Bezugs auf die Betroffenen geklärt.

All dies ist mit der Verbreitung der Fernkommunikation [*siehe* Verbreitungsmedien] – die die Annahme der Kommunikation unwahrscheinlich macht – nicht mehr möglich. Die Fernkommunikation richtet sich auch und vor allem an Abwesende und schließt sich an unbekannte künftige Entwicklungen an. Die Ablehnung wird wahrscheinlich, wenn die Partner sich nicht kennen (warum sollte man den Vorschlag eines Unbekannten annehmen?), wenn der Selektionsinhalt unplausibel ist (warum sollte man die Forderung akzeptieren, seine Güter mit anderen zu teilen?), wenn die Selektionszuschreibung problematisch wird (warum sollte man einen Befehl annehmen, dessen Herkunft unbekannt ist?).

In diesen Fällen ist die Verbindung (oder die Kopplung) zwischen der Selektion einerseits und der Motivation, die Selektion zu akzeptieren, andererseits nicht selbstverständlich. Egos Motivation, die von Alter vorgeschlagene Selektion zu akzeptieren, wird vielmehr unwahrscheinlich – und auf dieses Problem antworten die symbolisch generalisierten Kommunikationsmedien. Ego nimmt Alters Befehl an, eine Strafe zu bezahlen, weil Alter Macht besitzt; Ego nimmt Alters Behauptung an, daß die Erde um die Sonne kreist, weil es sich um eine wissenschaftliche Wahrheit handelt; Ego nimmt Alters Vorschlag an, den Abend zusammen zu verbringen, weil er Alter liebt.

Wenn das passiert, dient das Kriterium der Kopplung der Selektionen zugleich dazu, den Adressaten zur Annahme der Selektion zu motivieren. Jedes dieser Medien kombiniert also im eigenen Bereich Selektion und Motivation und macht dadurch die Annahme von Alters Selektion als Grundlage von Egos weiteren Selektionen wahrscheinlich. Die Begriffe »Annahme« und »Motivation« werden jedoch ohne Bezug auf das psychische System benutzt. Die Annahme bedeutet keine innere Zustimmung und die Motivation keinen psychischen Zustand, weil man darüber nichts weiß und nichts wissen kann: sie werden nur als Erfolgsbedingungen der Kommunikation in Betracht gezogen.

Ein symbolisch generalisiertes Kommunikationsmedium erfüllt seine Funktion, wenn die Annahme der Selektion von der konkreten Situation unabhängig ist; was gilt, ist nicht die Wirkung der einzelnen Selektion, sondern die Existenz einer generalisierten Regelung der Koordinierung der Selektionen. Unter »Generalisierung« versteht man die Behandlung einer Mehrheit von Verweisungen als Einheit. Der Sinn [siehe Sinn] einer spezifischen Kommunikation erschöpft sich nicht in der Kommunikation selbst, sondern kondensiert zu Formen, auf die man sich in anderen Situationen, zu anderen Zeitpunkten und mit anderen Partnern beziehen kann. Die Sinngeneralisierung erfolgt durch Symbole, die eine Einheitsformierung unter einer Mehrheit der Referenzen erlauben. Dank dieser symbolischen Generalisierung kann die Perspektive des Mediums universelle Geltung gewinnen (Liebe ist Liebe unabhängig von der Identität des Partners, von den Umständen des Treffens, von der Geschichte der Beziehung) und jede spezifische Situation regeln – ohne sie zu bestimmen (man kann je nach Partner, Umständen, Beziehungsgeschichte anders lieben). Die Selektionen der Partner sind stabil gekoppelt, aber die Kopplung wird von Fall zu Fall spezifiziert.

Die symbolisch generalisierten Kommunikationsmedien sind differenziert. Ihre Differenzierung bedarf zuerst einer Differenzierung der Bezugsprobleme (besondere Erfolgsunwahrscheinlichkeiten der Kommunikation) und hat sich im Laufe der Evolution der Gesellschaft mit der Zunahme der Unwahrscheinlichkeit des Erfolgs der Kommunikation entwickelt. Die symbolisch generalisierten Kommunikationsmedien sind also ein Produkt der Evolution; sie haben sich erst im Übergang zur modernen Gesellschaft [siehe Gesellschaftsdifferenzierung] voll entwickelt und die Selbstkatalyse einiger Funktionssysteme ausgelöst.

Ausgehend von besonderen Bezugsproblemen entspricht die Differenzierung der Medien der Differenzierung verschiedener Arten, gekoppelte Selektionen zuzuschreiben [*siehe* Attribution]. Die Selektionen können als Handlungen oder als Erfahrungen zugeschrieben werden; man fragt sich zunächst, ob Alter im Hinblick auf sein Handeln oder im Hinblick auf sein Erleben betrachtet werden muß und ob Ego Alters Selektion mit dem eigenen Handeln oder dem eigenen Erleben koordinieren muß. Die Erfolgsbedingungen der Kommunikation differenzieren sich dementsprechend.

Die symbolisch generalisierten Kommunikationsmedien unterscheiden sich aufgrund der Kombination von Alters Selektionen und Egos Selektionen, die als Handeln oder als Erleben zugeschrieben werden. Die jeweilige Attributionsweise erlaubt es, die Orientierung der Kommunikation festzustellen. Sie erlaubt eine Zuschreibung von konditionierenden Ursachen: Wenn Alter erlebt oder handelt (Ursache), dann erlebt oder handelt Ego (Konditionierung). Sobald die Selektion deutlich Alter (Alters Handeln) oder seiner Umwelt (Alters Erleben) zugeschrieben worden ist, kann Ego motiviert werden, das eigene Handeln oder Erleben auf diese Selektion zu gründen.

Vier Attributionskonstellationen sind möglich, wobei jeder bestimmte symbolisch generalisierte Kommunikationsmedien zugeordnet werden können:

(1) Alter handelt/Ego handelt: Alters Handeln löst Egos Handeln aus, das sich also auf die Bedingungen bezieht, die Alters Handeln setzt. Das entsprechende Medium ist die Macht (oder Macht/Recht, weil die Macht rechtlich geregelt werden muß);

(2) Alter handelt/Ego erlebt: Alters Handeln löst Egos Erleben aus, das sich also auf die Bedingungen bezieht, die Alters Handeln setzt. Die entsprechenden Medien sind das Geld (oder Eigentum/Geld, weil das Geld den Eigentumserwerb regelt) und die Kunst;

(3) Alter erlebt/Ego handelt: Alter kommuniziert das eigene Erleben und löst dadurch Egos Handeln aus – das sich also auf die Bedingungen bezieht, die Alters Erleben setzt. Das entsprechende Medium ist die Liebe;

(4) Alter erlebt/Ego erlebt: Alter kommuniziert das eigene Erleben und löst dadurch Egos Erleben aus – das sich also auf die Bedingungen bezieht, die Alters Erleben setzt. Die entsprechen-

den Medien sind die wissenschaftliche Wahrheit und die Werte. Luhmann schlägt das folgende zusammenfassende Schema vor:

Alter	Ego Erleben	Handeln
Erleben	Ae → Ee Wahrheit Werte	Ae → Eh Liebe
Handeln	Ah → Ee Eigentum/Geld Kunst	Ah → Eh Macht/Recht

Abb. 2 (aus: Die Gesellschaft der Gesellschaft, 1997, S. 336)

Die wichtigste strukturelle Eigenschaft symbolisch generalisierter Kommunikationsmedien ist das Vorliegen eines binär schematisierenden Codes [*siehe* Code]. Der Code bestimmt die Form des Mediums, das also nicht nur symbolisch, sondern auch »diabolisch« ist, weil es eine Unterscheidung zwischen zwei Werten produziert: zum Beispiel zwischen Zahlen und Nicht-Zahlen (Geld) oder wahr und nicht-wahr (Wahrheit). Durch die Unterscheidung der beiden Codewerte gewinnt ein symbolisch generalisiertes Kommunikationsmedium aus jedem Ereignis und aus jeder Situation Information (etwas ist wahr oder nicht-wahr, man zahlt oder zahlt nicht etc.).

Der Code ist durch eine soziale Präferenz für einen der beiden Werte (den »positiven«) gekennzeichnet; das erlaubt es dem Code, sich selbst in diesem Wert zu lokalisieren (die Wahrheit im Wahren, das Geld in den Zahlungen). Der Code hebt die Kontingenz der Selektionen nicht auf; man kann immer gegen die Macht handeln oder die Macht mißbrauchen, eine wissenschaftliche Wahrheit nicht akzeptieren und eine Alternative produzieren. Der Code hat jedoch den Vorteil, diese Kontingenz an die vom Medium gesetzte Orientierung zu binden: Die Kontingenz ist relativ mit Bezug auf die Macht, die Wahrheit oder das Geld. Das verstärkt die Erfolgsmöglichkeiten der vorgeschlagenen Selektion.

Die Erleichterung des Übergangs von einem zum anderen Codewert wird Technisierung genannt [*siehe* Code]. Diese Technisierung kann durch die Entwicklung eines Zweitcodes begünstigt werden: das Geld ist die Zweitcodierung des Eigentums und das Recht die Zweitcodierung der Macht. Es ist auch möglich, daß ein Medium keine Technisierung entwickelt und sie durch funktionale Äquivalente ersetzt [*siehe* Liebe *und* Kunst]. Da die Technisierung eine höhere Anschluß- und Interdependenzunterbrechungsfähigkeit erlaubt, eignet sie sich jedoch zu einer leichteren Ausdifferenzierung gesellschaftlicher Teilsysteme. Eine Ausnahme bildet die Wahrheit, die einen Nebencode neben dem Hauptcode entwickelt. Dieser Nebencode kommt in den Fällen ins Spiel, in denen der Hauptcode die Annahme der Kommunikation nicht sichern kann. Da die Wahrheit keine ausreichenden Evaluationskriterien anbietet, um zur Annahme der Selektion zu motivieren, rekurriert man auch in der Wissenschaft auf Reputation. Im Falle der Werte schließlich gibt es keinen einheitlichen Code.

Wenn es zu einer Technisierung des Codes kommt, sichert ein symbolisch generalisiertes Kommunikationsmedium die Autopoiesis eines Funktionssystems [*siehe* Wirtschaftssystem, Politik, Wissenschaftssystem]. In diesen Fällen ist der Code in der Lage, die autopoietische Einheit des Systems zu strukturieren. Es kommt jedoch nicht immer zu einer Kopplung von System und symbolisch generalisiertem Kommunikationsmedium. Sie fehlt in den Funktionssystemen, die auf die kommunikative Behandlung der Umwelt (psychische Systeme, Körper, transzendente Sinnhorizonte) spezialisiert sind, weil diesen Systemen die Beziehung auf ein Primärproblem der Erfolgsunwahrscheinlichkeit der Kommunikation fehlt. In diesen Systemen entwickelt sich eine Codierung, die unmittelbar auf die Funktion Bezug nimmt [*siehe* Religionssystem], während die Interaktion eine wichtige Rolle für die Wahrscheinlichkeit der Annahme spielt [*siehe* Erziehungssystem]. Die komplexeren sozialen Systeme, die sich selbst besser irritieren und kontrollieren können – also die Systeme, die die unwahrscheinlichere Kommunikation realisieren –, sind jedoch diejenigen, die durch Medien gesteuert werden.

Weitere wichtige Eigenschaften der symbolisch generalisierten Kommunikationsmedien sind: (a) Reflexivität (Liebe wird durch Liebe angeregt, Geld durch Geld gewonnen, Macht durch Macht erworben etc.), die zur Differenzierung des Mediums beiträgt, weil sie es von sich selbst abhängig macht; (b) die Einführung von Programmen [*siehe* Programm], die zur Allokation der Codewerte notwendig sind; (c) symbiotische Symbole oder Mechanismen (Wahrnehmung, physische Gewalt, Sexualität etc.), die bestimmen, wie die Kommunikation sich durch die Körper der Teilnehmer irritieren lassen kann; (d) Inflation (Entwertung) und Deflation (Aufwertung) des Mediums, also zu hohe bzw. zu niedrige Inanspruchnahme des Vertrauens in das Medium.

Die symbolisch generalisierten Kommunikationsmedien sind nicht unabhängig voneinander. Die Beziehungen hängen vor allem von den Eigenschaften der Codes ab. Jedes Medium hat in der Gesellschaft vor allem deswegen generalisierte Geltung, weil sein Code nur in einem beschränkten Bereich gilt (Geld hat nur eine wirtschaftliche Geltung, aber macht die wirtschaftliche Kommunikation für die ganze Gesellschaft wahrscheinlich). Sie sind außerdem von den Leistungen der Programme abhängig, die es ermöglichen, konkrete Bedingungen der Zuschreibung der Codewerte eines Mediums in den Bedingungen eines anderen Mediums aufzugreifen: wirtschaftliche Investitionen (Geld) zum Beispiel können wissenschaftliche Forschung (Wahrheit) realisieren. Zwischen den Medien kann es dagegen keine transitive oder hierarchische Beziehung geben: das Geld kann nicht direkt in Wahrheit oder in Macht umgewandelt werden; die Macht setzt sich nicht in Geld oder die Liebe in Wahrheit um.

[C. B.]

Macht, 1975; Generalized Media and the Problem of Contingency, 1976; Die Gesellschaft der Gesellschaft, 1997, S. 316 ff.

System/Umwelt

Die Differenz System/Umwelt ist der Ausgangspunkt der Luhmannschen Systemtheorie. Kein System kann unabhängig von seiner Umwelt gegeben sein, denn es entsteht dann, wenn seine Operationen eine Grenze ziehen, die das System von dem unterscheidet, was als Umwelt ihm nicht angehört: Kein System kann außerhalb seiner Grenzen operieren [*siehe* Operation/Beobachtung]. Ohne eine Umwelt, von der es sich unterscheidet, könnte kein System bestimmt werden; das System muß ein autonomer Bereich sein, in dem besondere Bedingungen gelten, die sich einer Eins-zu-Eins-Entsprechung mit den Umweltzuständen entziehen [*siehe* Autopoiesis].

Eine Grenze festzustellen heißt nicht, das System zu isolieren. Die Operationen sind immer interne Operationen, aber auf der Ebene der Beobachtung kann die Grenze überwunden werden und können unterschiedliche Formen der Interdependenz zwischen System und Umwelt festgestellt werden. Jedes System braucht eine ganze Reihe von Umweltvoraussetzungen; ein soziales System braucht zum Beispiel die Verfügbarkeit psychischer Systeme, die an der Kommunikation teilnehmen können, neben einer kompatiblen physikalischen Umwelt (Temperaturen innerhalb einer bestimmten Variationsspanne, angemessene Schwerkraft etc.) und vielen anderen Bedingungen. Ein und dasselbe Ereignis kann außerdem zugleich dem System und seiner Umwelt angehören. Ein bestimmtes Ereignis kann zum Beispiel Element sowohl eines sozialen Systems (als Kommunikation) als auch eines psychischen Systems (als Gedanke) sein, obwohl diese Systeme füreinander wechselseitig Umwelt sind [*siehe* Interpenetration]; dieses Ereignis unterliegt Bedingungen, die innerhalb des Systems immer andere als in seiner Umwelt sind [*siehe* Ereignis].

Die Umwelt ist ihrerseits nicht »an sich« Umwelt, sondern immer Umwelt eines Systems, für das sie das Außen (»alles übrige«) ist. In bezug auf ein System gehört alles, was nicht in das System hineinfällt, zur Umwelt – die dann für jedes System eine andere ist. Die Umwelt wird in der Tat von den Operationen eines Systems als Rest konstituiert (als »Negativkorrelat«: sie schließt alles ein, was nicht zum System gehört) und ist selbst kein System; sie verfügt weder über eigene Operationen noch über eine eigene Handlungsfähigkeit. Die Attribution [*siehe* Attribution] auf die Umwelt ist eine interne Strategie des Systems zur Bewältigung der eigenen Komplexität. Die Umwelt ist nicht wie das System von Grenzen, sondern von Horizonten umgeben, die nie überwunden werden können, weil sie mit der Komplexitätszunahme des Systems wachsen; der Horizont entfernt sich, je mehr man sich ihm nähert.

Die Systemrelativität der Umwelt impliziert weder eine Abwertung der Umwelt noch eine Unterordnung ihrer Rolle. Der Anfangspunkt der Theorie ist weder das System noch die Umwelt, sondern ihre Differenz [*siehe* Differenz], für die beide Seiten gleichermaßen unerläßlich sind. Es gibt keinen Aufbau eines Systems ohne eine Beziehung zur Umwelt, und auch keine Umwelt ohne System: sie entstehen nur zusammen. Auf der einen Seite ist die Handlungsfähigkeit Eigenschaft eines Systems und bildet eine Asymmetrie im System/Umwelt-Verhältnis – die sich auch in der Tatsache ausdrückt, daß nur das System ein re-entry [*siehe* Re-entry] der Unterscheidung selbst vollziehen kann. Auf der anderen Seite ist die Umwelt immer die Seite, die die höhere Komplexität aufweist.

Die Unterscheidung System/Umwelt stabilisiert ein Komplexitätsgefälle, das das System zu ständigen Selektionen zwingt und ihm die Kontingenz aller Operationen auferlegt [*siehe* Komplexität]; die Umwelt schließt immer mehr Möglichkeiten ein, als das System aktualisieren kann. Auch wenn sie immer zum jeweiligen System relativ ist, ist die Umwelt somit nicht passiv und widerstandslos für dessen Bedürfnisse verfügbar; sie weist eigene Formen und eigene Bedürfnisse auf, mit denen das System sich konfrontieren muß. In einer absolut chaotischen und entropischen Umwelt wäre allerdings keine Systemkonstitution möglich. Die Umwelt muß wenigstens genug Ordnung aufweisen, um das Treffen und die Aufrechterhaltung von Unterscheidungen zu ermöglichen [*siehe* Konstruktivismus].

Um die Strukturierung und die autonome Dynamik der Umwelt zu verstehen, muß die Unterscheidung zwischen der Umwelt eines Systems und den Systemen in der Umwelt dieses Systems (die sich ihrerseits an eigenen System/Umwelt-Unterscheidungen orientieren, für die das zuerst genannte System zur Umwelt gehört) berücksichtigt werden. Die Umwelt eines Kommunikationssystems schließt zum Beispiel eine Mehrheit von Organismen, psychischen Systemen und weiteren sozialen Systemen ein – jedes davon ist durch eine spezifische Autopoiesis charakterisiert und nur minimal von den Operationen des sozialen Systems selbst beeinflußt. Kein System kann über die System/Umwelt-Beziehung anderer Systeme verfügen. Deshalb erscheint ihm seine Umwelt, die vom System selbst konstituiert wird, als ein komplexes Netzwerk sich wechselseitig beeinflussender System/Umwelt-Unterscheidungen, die das System nicht bestimmen kann.

Die Umwelt ist immer viel komplexer als das System, und diese Asymmetrie kann nicht umgekehrt werden; jeder Versuch des Systems, seine Umwelt zu kontrollieren, bedeutet eine Veränderung in der Umwelt anderer Systeme, die darauf reagieren und die Umwelt des ersten Systems noch komplexer machen – und damit das Komplexitätsgefälle reproduzieren.

Dieses Gefälle zwingt das System, gegenüber der Umwelt schärfere Reduktionen als gegenüber sich selbst vorzunehmen. Die Umweltkomplexität wird sozusagen »pauschal« verarbeitet. Das System reagiert mit einer höheren Komplexität auf innere Ereignisse und Prozesse als auf Ereignisse und Prozesse in der Umwelt (es könnte sie sowieso nicht alle berücksichtigen); es zeigt also eine relative Indifferenz für die Umweltgegebenheiten. Die interne oder externe Zuschreibung ist jedoch selbst eine interne Strategie für die Orientierung der Systemoperationen; was extern lokalisiert wird, hängt von den internen Strukturen ab, und in der Orientierung auf die Umwelt reagiert das System auf etwas, was es selbst aufgebaut hat (aber nicht zwingend kontrollieren kann). Das Wirtschaftssystem kann zum Beispiel einen Börsencrash sich selbst als Folge der eigenen Operationen oder der Umwelt als Folge politischer Ereignisse, empfindlicher Unternehmer oder anderer Faktoren zuschreiben.

Wenn die Frage der Rationalität [*siehe* Rationalität] gestellt wird, gibt es ein re-entry der System/Umwelt-Unterscheidung in das System, das intern sein Verhältnis zur Umwelt behandelt. Das Wirtschaftssystem kann sich dann zum Beispiel fragen, wie die eigenen Prozesse auf das Operieren der Politik gewirkt und als Rückwirkung die Ereignisse ausgelöst haben, die den Börsencrash verursachten.

Kein Datum kann endgültig im System oder in der Umwelt lokalisiert werden, sondern gehört gleichzeitig je nach der Beobachtungsperspektive zu einem System und zur Umwelt anderer Systeme. Jede Beobachtung muß dann die eigene Systemreferenz bestimmen – also den Beobachter, der sie vollzieht – und kann sich nicht auf die Voraussetzung einer gegebenen Wirklichkeit stützen.

Die Unterscheidung System/Umwelt kann innerhalb des Systems wiederholt werden. Das System stellt dann selbst eine Umwelt für die Ausdifferenzierung von Teilsystemen dar, die unter der Voraussetzung der Komplexitätsreduktion des umfassenden

Systems gegenüber der unbestimmten Umwelt eigene System/ Umwelt-Unterscheidungen konstituieren [*siehe* Differenzierung, Gesellschaftsdifferenzierung]. [E. E.]

Soziale Systeme, 1984, S. 35 ff., 242 ff.; Die Wissenschaft der Gesellschaft, 1990, S. 287 ff.; Die Gesellschaft der Gesellschaft, 1997, S. 60 ff.

Verbreitungsmedien

Verbreitungsmedien sind Medien [*siehe* Medium/Form], die die Unwahrscheinlichkeit bearbeiten, daß die Kommunikation die Adressaten erreicht. Es ist unwahrscheinlich, daß die Kommunikation Personen erreicht, die nicht physisch anwesend sind [*siehe* Interaktion]. Für die Verbreitung über die Grenzen von Interaktionen hinaus ist eine besondere Technologie erforderlich, die die Verbreitungsmedien verfügbar machen. Diese Medien haben sich auf der Grundlage der Sprache evolutiv entwickelt.

Das historisch erste Verbreitungsmedium war die Schrift. Sie hat es der Kommunikation ermöglicht, die Grenzen der Mündlichkeit zu überwinden, und hat wichtige Veränderungen in der Gesellschaft im allgemeinen mit sich gebracht. Während die mündliche Kommunikation sich im Medium der akustischen Wahrnehmung vollzieht, führt die Schrift eine Symbolisierung im Medium der optischen Wahrnehmung ein; sie erlaubt neuartige Operationen (Schreiben und Lesen), bei denen man nicht mehr wie in der mündlichen Kommunikation zwischen Zeichen und Laut unterscheiden muß, sondern zwischen Silbenkombinationen und Sinn. Mit der Schrift entsteht die Unterscheidung zwischen zwei Formen der Sprachwahrnehmung: auf der einen Seite sichert die schriftliche Form das Erreichen vieler Adressaten; auf der anderen Seite gewinnt die mündliche Kommunikation mit der Verfügbarkeit von schriftlichen Texten eine neue Relevanz.

Eine wichtige Auswirkung der Schrift auf die Kommunikation ist die räumliche und zeitliche Trennung zwischen Mitteilung und Verstehen [*siehe* Kommunikation], die sehr viele Möglichkeiten der Rekombination (viele können das Geschriebene lesen) und der Neuordnung der Kommunikationssequenzen zur Verfügung stellt. Sie schafft auch die Illusion der Gleichzeitigkeit des

Ungleichzeitigen und erlaubt, in der Gegenwart mehrere Gegenwarten zu kombinieren, die füreinander Vergangenheit oder Zukunft sind; in Geschriebenem oder Gelesenem kann eine Gegenwart dargestellt werden, die für die aktuelle Gegenwart (des Lesenden) Vergangenheit ist – oder eine Zukunft, die heute Vergangenheit ist. Schließlich erleichtert die Schrift die Beobachtung zweiter Ordnung [*siehe* Operation/Beobachtung] und die Reflexivität [*siehe* Reflexivität] der Kommunikation: da geschriebene Texte für das Lesen und das Wiederlesen verfügbar sind, wird die Kommunikation leichter Objekt weiterer Kommunikation. Die Kommunikationssequenzen verlangen nicht mehr eine strenge Reziprozität zwischen den Teilnehmern; wer schreibt, ist allein und hat die Zeit und die Möglichkeit, seine Vorschläge selektiv zu verarbeiten und die Verständlichkeitsbedürfnisse der Partner zu berücksichtigen.

Die Schrift hat eine Differenzierung der Gesellschaft angeregt, ist der Ausgangspunkt der Evolution von Ideen [*siehe* Semantik] und steigert die Möglichkeit der Ablehnung der Kommunikation. Diese Auswirkungen sind viele Jahrhunderte später durch die Erfindung des Buchdrucks enorm verstärkt worden. Mit dem Buchdruck können sich geschriebene Texte noch weiter verbreiten. Dadurch sind die Voraussetzungen für das Erreichen unbeschränkt vieler Adressaten entstanden.

Die enorme Zunahme der Zahl der Leser hat die Kommunikation stark verändert. Vor der Erfindung des Buchdrucks diente die Schrift nur als Gedächtnis eines bereits vorhandenen Wissens und war die mündliche Kommunikation immer noch grundlegend. Mit dem Buchdruck hat sich die Reichweite der schriftlichen Kommunikation erweitert, die Kommunikationsmöglichkeiten haben sich im Raum und in der Zeit differenziert, die Wahrscheinlichkeit der Ablehnung der Kommunikation hat zugenommen und die Ideenevolution hat sich in Gang gesetzt. Die Funktion des gedruckten Buches ist es nicht, das Wissen aufzubewahren, sondern es zu erweitern und neues, originelles Wissen zu produzieren. Der Buchdruck macht die existierende Semantik beobachtbar und stellt diese vor die Notwendigkeit, das veraltete und überholte Wissen zu beseitigen. Mit dem Buchdruck kann man die einzelnen Individuen im Publikum nicht mehr beobachten, so daß sich der Schreiber ausschließlich an den Interessen und der Relevanz des Textes in der Gesellschaft orientieren muß.

Wie der Leser, so wird auch der Erzähler als einzelnes Individuum unsichtbar, und der Text gewinnt eine immer stärkere Autonomie. Vom Buchdruck angeregt, hat sich in der Gesellschaft der Übergang von einer hierarchischen zu einer heterarchischen Ordnung vollzogen – von einer stratifizierten zu einer funktional differenzierten Gesellschaft [*siehe* gesellschaftliche Differenzierung]. In der funktional differenzierten Gesellschaft haben sich die Verbreitungsmedien weiterentwickelt, was wiederum die Veränderung in Richtung Heterarchie unterstützt hat.

Die in der funktional differenzierten Gesellschaft entstandenen Verbreitungsmedien sind vor allem Medien der Telekommunikation: Radio, Kino und Fernsehen bis hin zu Telefon und Telefax. Die Telekommunikation hebt das Medium der optischen Wahrnehmung hervor und hebt tendenziell die räumlichen und zeitlichen Beschränkungen der Kommunikation auf. Die Kommunikation bewegter Bilder macht außerdem jede Realität mit Garantie der Originaltreue reproduzierbar. Medien wie Kino und Fernsehen kombinieren optische und akustische Wahrnehmung und führen zur Kommunikabilität der Welt als Ganzer. Wenn die Bilder und die Laute der Welt direkt kommunizierbar sind, braucht man (und kann man) nicht mehr zwischen Mitteilung und Information unterscheiden; und wenn zwischen Information und Mitteilung nicht mehr unterschieden wird, wird die Kommunikation (die gleichwohl stattfindet) unsichtbar. Daraus entsteht die Frage, was dann noch als Kommunikation unterscheidbar ist.

Eine weitere wichtige Wirkung der Telekommunikation (mit der Ausnahme des Telefons) ist die Durchsetzung der Einseitigkeit in der Kommunikation (wer spricht, hört nicht zu, und wer zuhört, spricht nicht). Die Mitteilung ist keine Selektion in der Kommunikation mehr, sondern Selektion für die Kommunikation: wer mitteilt, wählt Themen, Formen und Zeiten für eine einseitige Kommunikation aus. Etwas Ähnliches gilt für das Verstehen: wer zuhört und zuschaut, wählt aus, was er hören und sehen will. Die Selektion vollzieht sich dann nicht mehr auf der Grundlage der Koordination zwischen Mitteilung und Verstehen; diese trennen sich immer mehr. Damit fällt auch der Mechanismus der Selbstkorrektur der ›traditionellen‹ Kommunikation aus: Ego hört dem zu, was Alter sagt, und antwortet dann; Alter muß Egos Antwort berücksichtigen usw.

Die neueste technologische Entwicklung ist der Computer als Medium. Dieses Medium erlaubt es, die Eingabe von Daten in die Kommunikation einerseits gegenüber der Informationsnachfrage andererseits zu differenzieren. Wie im Fall der Schrift gibt es keine Einheit zwischen Mitteilung (hier Dateneingabe) und Verstehen. Anders als bei der Schrift fehlt hier jedoch auch die Einheit der Information: wer etwas mitteilt, weiß nicht, wie die eingegebenen Daten vom Computer verarbeitet werden.

Die neuen Verbreitungsmedien haben die Kommunikationsmöglichkeiten enorm erweitert. Heute kann der Kommunikation nichts mehr entzogen werden. Daraus ergeben sich wichtige soziale Veränderungen und insbesondere Auswirkungen auf die Entwicklung der heterarchischen Ordnung. Daraus ergibt sich auch eine immer größere Diskrepanz zwischen aktueller und potentieller Kommunikation, also auch ein stärkerer Selektionszwang. Die Verbreitungsmedien entwickeln dann eine eigene Selektivität, die sich auf die Inhalte der Kommunikation auswirkt und die Kommunikationsmöglichkeiten beeinflußt; die Kommunikationsthemen müssen sich an die Selektion dessen anpassen, was in den Techniken der Medien (Zeitschriften, Fernsehen etc.) »gut« kommuniziert werden kann.

[C. B.]

The Form of Writing, 1992; Die Realität der Massenmedien, 1996; Die Gesellschaft der Gesellschaft, 1997, S. 202 f., 249 ff.

Wahrheit

Wahrheit ist ein symbolisch generalisiertes Kommunikationsmedium [*siehe* symbolisch generalisierte Kommunikationsmedien], das die Annahme neuen, überraschenden, abweichenden, aufgrund wissenschaftlicher Theorien und Methoden überprüften Wissens wahrscheinlicher macht [*siehe* Wissenschaft].

Dieses Wissen kann sich nicht einfach durch eigene Evidenz oder durch die Reputation dessen, der es behauptet, durchsetzen. Oft geht es im Gegenteil um Wissen und um Neuheiten, die der Selbstverständlichkeit der Tatsachen widersprechen und vom normalen Verlauf des täglichen Lebens in starkem Maße abweichen. Das Kommunikationsmedium Wahrheit motiviert zur Annahme einer solchen Erkenntnis, ohne daß jede weitere Kommunikation dazu gezwungen ist, die Prozesse zu wiederholen, die eine Aussage als wissenschaftlich wahr (oder unwahr) bezeichnet haben.

Die Zurechnungskonstellation, die die wissenschaftliche Wahrheit charakterisiert, nimmt auf das Erleben der Kommunikationspartner Bezug: das Erleben von Alter konditioniert das Erleben von Ego. Der Inhalt wissenschaftlicher Aussagen kann mit anderen Worten nicht als Interesse oder Wille zugerechnet werden, weil damit kein Verzicht auf die Bindung anderer einhergehen würde. Der Wahrheitsgehalt solcher Aussagen soll nicht auf eine Verantwortung Alters und nicht auf Willkür zurückgeführt werden, sondern auf die Nichtwillkürlichkeit der Welt, die als solche erlebt werden kann.

Der Code [*siehe* Code] des Kommunikationsmediums Wahrheit besteht in der Differenz von wahr und unwahr, wobei der erste Wert die Weiterführung der Kommunikation auf der Suche nach neuen Anschlüssen erlaubt, während der zweite Wert die Kommunikation zur Reflexion der Bedingungen zwingt, die zu einem Fehler geführt haben; auch diese Reflexion erlaubt das Weiterführen der Autopoiesis des Wissenschaftssystems.

Die Programme [*siehe* Programm] der Wissenschaft sind Theorien und Methoden. Theorien sind aufgrund von Begriffen gebildete Aussagenzusammenhänge, die die Fremdreferenz der Kommunikation zum Beispiel auf Gegenstände bilden. Sie gewährleisten keineswegs eine komplette Entsprechung von wissenschaftlicher Wahrheit und der externen Wirklichkeit [*siehe* Konstruktivismus], sondern sie ermöglichen den Vergleich verschiedener Lösungen von Problemen, die die wissenschaftliche Kommunikation selbst aufstellt. Die Methoden stellen dann die Bedingungen fest, unter denen die Aussagen als wahr bzw. unwahr bezeichnet werden können. Auf eine entsprechende Logik verpflichtet, behandeln Methoden die zwei Werte des Codes als äquivalent und als gleich wahrscheinlich und setzen Kriterien durch, aufgrund deren entschieden werden kann, was der Fall ist; eine wissenschaftliche Aussage kann nur wahr oder unwahr sein. In diesem Fall ist das, was die Symmetrie unterbricht, nicht die Fremdreferenz wie im Falle der Theorien, sondern die Zeit; die Methoden beschreiben eine richtige Sequenz der Wahrheitsfindung unabhängig vom jeweiligen kognitiven Inhalt der Aussagen. Die Allokation der Werte kann durch lineare, auf Kausalität verpflichtete Methoden angeleitet werden oder durch zirkuläre, etwa funktionale Methoden [*siehe* Funktionalismus].

Methoden und Theorien differenzieren sich voneinander mit Bezug auf den Unterschied von Selbstreferenz und Fremdreferenz [*siehe* Selbstreferenz]. Methoden stellen die Selbstreferenz der Wissenschaft dar, weil sie keinen externen Bezug haben. Theorien stellen die Fremdreferenz dar; sie ermöglichen eine Asymmetrisierung zwischen wissenschaftlicher Beobachtung und beobachtetem Gegenstand. Als Beobachtungen sind sie wissenschaftliche Konstruktionen; nicht die Theorien gründen sich auf die Identität oder Einheit des Gegenstandes, auf den sie sich beziehen, sondern der Gegenstand wird als Einheit und Identität von der Theorie konstruiert.

In dieser Hinsicht ist es hervorzuheben, daß die wissenschaftliche Wahrheit nicht als gelungene Anpassung an Gegenstände oder als Entdeckung der Wirklichkeit gemeint sein kann. Die beiden Werte des Wahrheitscodes (wahr/unwahr) entsprechen in keiner Weise der Wirklichkeit; im Widerspruch zur Annahme klassischer aristotelischer Logik ist Wahrheit kein Merkmal der Gegenstände und ein Fehler kein Sonderrecht des Bewußtseins. Zwischen den Werten des Codes und der Differenz von Innen und Außen (das heißt von Selbst- und Fremdreferenz) besteht ein orthogonales Verhältnis: sowohl das Innen als auch das Außen können beobachtet werden und deshalb Thema wahrer bzw. unwahrer Aussagen sein. Was dann »objektiv« heißen soll, ist eine Frage, die heute durch den radikalkonstruktivistischen Ansatz beantwortet wird. Die wissenschaftliche Erkenntnis und deshalb alles, was durch das Medium Wahrheit konstruiert wird, setzt jedenfalls eine Diskontinuität von erkennendem System und externer Wirklichkeit voraus: Erkenntnis wird nur durch die Operationen des Systems und durch die Verbindungen von autopoietischen Operationen hergestellt [*siehe* Autopoiesis]. In diesem Sinne ist die Art und Weise entscheidend, in der die Erkenntnis konstruiert wird, das heißt die Art der vom System getroffenen Unterscheidungen, weil es je nach den verwendeten Unterscheidungen möglich ist, etwas so oder anders zu sehen [*siehe* Operation/Beobachtung]. Die wissenschaftliche Wahrheit kann daher nicht in einem ontologischen Begriff von Objektivität begründet werden, sie kann jedoch zugleich auch nicht auf den Anspruch verzichten, die Wirklichkeit zu bezeichnen. Der positive Wert wahr bezeichnet einfach den Sachverhalt, daß die Kommunikation sich unmittelbar mit einer bestimmten Aussage verbinden kann und gerade diese Verbindungsmöglichkeit jene Aussage kontingent macht; man kann dasselbe anders behaupten, man könnte andere Anschlüsse finden, und das gerade deswegen, weil sich hinter der Aussage kein Stück der Wirklichkeit versteckt, sondern nur und immer wieder eine Erkenntnis. Der negative Wert markiert seinerseits den Punkt, an dem Erwartungen enttäuscht worden sind, in dem die Wirklichkeit sich in der Form von Überraschung und Zwang zur Reaktion zur Ansicht gebracht hat. Das Experiment erfüllt unter anderem gerade diese Funktion: er stellt die Kommunikation vor die Alternative von wahr und unwahr und die wissenschaftliche Kommunikation vor die Möglichkeit der Enttäuschung.

[G. C.]

Die Wissenschaft der Gesellschaft, 1990; Die Gesellschaft der Gesellschaft, 1997, S. 339 f., 481 f.

Welt

Aus dem Blickwinkel eines Beobachters ist die Welt die Einheit der Differenz von System und Umwelt. Im allgemeinen ist die Welt die Einheit jeder Unterscheidung, die von einem Beobachter getroffen wird; als Einheit kann sie nie beobachtet werden: die Welt ist der blinde Fleck jedes Beobachters.

In der alteuropäischen Kosmologie war die Welt als Aggregatbegriff gedacht und bestand aus der Gesamtheit aller sichtbaren und unsichtbaren Dinge (*universitas rerum* oder *aggregatio corporum*). Mit der Moderne verliert dieser Begriff den Bezug auf »Dinge« und wird statt dessen auf die Unbestimmtheit des Sinns bezogen [*siehe* Sinndimensionen]. Die Zeitdimension stellt eine offene und deshalb unsichere Zukunft dar, die jede Planung und Prognose kontingent setzt; die Sachdimension wird als unendliches (und deswegen unbestimmbares) Netzwerk möglicher Kausalbeziehungen gedacht, das im vorhinein nicht feststellt, welche Beziehungen jeweils berücksichtigt werden sollen; in der Sozialdimension werden Individuen als gleich behandelte Subjekte gedacht, so daß die soziale Ordnung nicht mehr auf eine je individuelle Natur gegründet werden kann – Handlungen werden im Gegenteil von der Unbestimmtheit jedes Individuums generiert. Die Welt kann in diesem Zusammenhang als Gesamthorizont begriffen werden, der alle drei Sinndimensionen transzendiert, sowie als formloses Korrelat der in ihr stattfindenden Operationen. Die Welt ist die Einheit von Vergangenheit und Zukunft, von Beobachter und Beobachtetem, von Ego und Alter ego.

Wenn wir den Abstraktionsgrad der hier übernommenen Perspektive steigern und uns auf den Kalkül von George Spencer Brown beziehen, können wir die Welt als einen unverletzten Raum (*unmarked space*) begreifen, der von einer Unterscheidung in zwei Teile zerschnitten wird, dank deren es möglich wird, eine interne und eine externe Seite zu unterscheiden [*siehe* Operation/Beobachtung]. Jeder Beobachter kann, mit anderen Worten, nur in der Welt operieren, indem er Unterscheidungen trifft. Die getroffene, als Form bezeichnete (!) Unterscheidung erlaubt, etwas sichtbar zu machen, aber im gleichen Moment und dank der Operation selbst verbirgt sie das, was in der Unterscheidung selbst nicht bezeichnet werden kann – nämlich letzten Endes die Einheit der Unterscheidung.

Es bleibt jedoch dabei, daß die Welt von ihren Beobachtungen und Beschreibungen unterschieden werden können muß, weil die Beobachtungen und Beschreibungen selbst nur durch in der Welt stattfindende Operationen möglich sind: nur so ist es möglich zu sehen, welche Unterscheidungen zur Beobachtung und Beschreibung verwendet werden und welche Folgen dies hat.

In diesem Sinne ist die Welt ein paradoxer Begriff [*siehe* Paradoxie], da sie sich immer als eine Kombination von Bestimmtheit und Unbestimmtheit, von Einheit und Differenz vorstellt. Die Welt kann nicht von einem Außen unterschieden werden, ihre Einheit kann jedoch nur als Differenz gedacht werden, zum Beispiel als Differenz zwischen sich selbst und dem eigenen Außen oder zwischen einem System und seiner Umwelt: man kann nicht bezeichnen ohne zu unterscheiden. Die Paradoxie entsteht aus der Idee einer sich in sich selbst einschließenden Welt [*siehe* Reentry]. Wie kann man etwas unterscheiden, das die Einheit jeder Unterscheidung ist? Wie kann ein Beobachter die Einheit der Unterscheidung von sich selbst und seiner Umwelt bezeichnen? Dieselbe paradoxe Situation wird auch angetroffen, wenn man von der Idee einer Unterscheidung ausgeht, die ihre Einheit, also ihre beiden Seiten, durch nur eine der beiden Seiten zu bezeichnen versucht. Das ist zum Beispiel der Fall der Codes der symbolisch generalisierten Kommunikationsmedien [*siehe* Symbolisch generalisierte Kommunikationsmedien], die, wenn sie auf sich selbst angewendet werden, zugleich eine Differenz (die des Codes) verwenden und deren Einheit bezeichnen müssen.

[G. C.]

Soziale Systeme, 1984, S. 283 ff.; Weltkunst, 1990; Die Gesellschaft der Gesellschaft, 1997, S. 46 ff., 145 ff.

Werte

Die Funktion der Werte ist es, eine gemeinsame Basis der in der Gesellschaft reproduzierten Kommunikation zu liefern, obwohl Bewußtseinssysteme einander nicht zugänglich sind und jede soziale Form sich nur aufgrund doppelter Kontingenz [*siehe* doppelte Kontingenz] bilden kann.

Werte gelten jenseits aller Kontingenzen und reproduzieren die Kommunikation, ohne daß es Motive gibt, eine Wertorientierung in Frage zu stellen. Werte entstehen auf der Grundlage der Zurechnungskonstellation »Egos Erleben/Alters Erleben« – wie im Falle wissenschaftlicher Wahrheit [*siehe* symbolisch generalisierte Kommunikationsmedien]; im Unterschied dazu werden Werte jedoch nicht durch Aussagen in die Kommunikation eingeführt und brauchen auch keine Unterstützung durch Motivation. Sie werden vorausgesetzt und funktionieren, wenn sie nicht auf Einwände oder Zweifel stoßen. Im Gegensatz zur wissenschaftlichen Wahrheit führt die auf Werte gegründete Kommunikation nie zur strengen Alternative zwischen Annahme und Ablehnung der vorgeschlagenen Selektion. Man setzt voraus, daß ein gewisser Wert von allen geteilt und in allem, was gesagt wird, vorausgesetzt werden kann: Daß Frieden ein unumstrittener Wert ist, braucht nicht ständig wiederholt zu werden, obwohl die Wege, ihn zu gewinnen, sehr unterschiedlich sein können; genauso können Menschenrechte verletzt, nicht aber in Frage gestellt werden.

Gerade diese Besonderheit, das Gemeinsame zu bezeichnen,

wird jedoch mit einer sehr begrenzten Fähigkeit bezahlt, Handlungen zu orientieren; die Abstraktion der Werte selbst verhindert, daß sich operative Handlungskriterien bilden können. Obwohl Werte als symbolisch generalisierte Kommunikationsmedien begriffen werden können, ist die Bindung, die sie bieten können, sehr schwach. Man kann dem hinzufügen, daß Werten viele der typischen Merkmale solcher Medien fehlen; sie haben keinen binären Code, und für Werte kann sich kein Teilsystem ausdifferenzieren. Ihre Programme gehen auch nicht über eine sehr allgemeine Wertorientierung hinaus; im Namen des Friedens kann man alles mögliche tun, und die Annahme, Frieden sei ein universeller Wert, beruhigt nicht einen einzigen Menschen. In diesem Sinne sind Werte ein symbolisch generalisiertes Kommunikationsmedium, das die Überzeugungskraft der Wahrheit, der Macht, des Geldes usw. nicht besitzt. Obwohl sie Selektion und Motivation kombinieren und symbolisch generalisiert werden, können Werte die Kommunikation nicht eindeutig genug führen, um sich als tragende Struktur der modernen Gesellschaft zu eignen.

Eine besondere Beachtung verdienen diejenigen Werte, die einen starken Bezug auf das Subjekt voraussetzen, wie zum Beispiel die sogenannten Menschenrechte. In der gängigen, auf diese Werte bezogenen Debatte nimmt man an, daß es um Grundrechte der Person geht und daß es sich bei diesen um subjektive Rechte handelt: Freiheit, Gleichheit, heutzutage auch Solidarität und vieles andere – das sind Werte, die nicht in Frage gestellt werden können, gerade weil sie sich unmittelbar auf das Subjekt beziehen. Ein Gesichtspunkt, der diese Art von Werten soziologisch interessant macht, ist der Befund, daß ihr Unverzichtbarsein ihnen jede anthropologische Begründung entzieht; das Subjekt kann nicht über subjektive Rechte verfügen, es unterwirft sich ihnen. Die dunkle Seite der Menschenrechte und -werte besteht mit anderen Worten darin, daß die Werte im allgemeinen nichts als soziale Dispositionen sind, die sich um die vielfältigen individuellen Varianten nicht kümmern können und im Gegenteil hochindifferent in bezug auf die subjektive Individualität sein müssen. Die Universalität des Idealen wird durch die Unmöglichkeit bezahlt, es für jeden einzelnen Fall zu respezifizieren.

[G. C.]

Von der allmählichen Auszehrung der Werte, 1985; Das Paradox der Menschenrechte und drei Formen seiner Entfaltung, 1993; Die Gesellschaft der Gesellschaft, 1997, S. 340 ff., 408 f.

Wirtschaftssystem

Die Operationen des Wirtschaftssystems sind Zahlungen; alle Operationen, die mit Geld zu tun haben, sind dem Wirtschaftssystem zuzurechnen. Das Kommunikationsmedium Geld [*siehe* Eigentum/Geld] ist entscheidend für die Möglichkeit der Ausdifferenzierung eines autonomen Wirtschaftssystems; die Definition der Operationen selbst setzt die Monetarisierung der Wirtschaft voraus.

Das Bezugsproblem der Wirtschaft ist die Knappheit der Güter – also die Tatsache, daß einige Güter nur in begrenztem Maße verfügbar sind: Der Zugang der einen auf diese Güter schließt den möglichen Zugang anderer aus. Das Problem spitzt sich in langfristiger Perspektive zu, weil sowohl Alter als auch Ego versuchen, sich in der Gegenwart das zu sichern, was sie in Zukunft benötigen könnten. Die Knappheit ist die Grundlage der spezifischen Paradoxie [*siehe* Paradoxie] der Wirtschaft; der Versuch, die Knappheit durch Zugriff auf Güter zu beseitigen, schafft das Problem der Knappheit. Der Umstand, daß Alter sich Güter sichert und damit seine Knappheit beseitigt, schafft Egos Knappheit. Auf der Ebene der Gesellschaft nimmt also mit der Abnahme der Knappheit die Knappheit zu.

Die Paradoxie wird durch die Codierung des Eigentums (das auf der Unterscheidung haben/nicht-haben beruht) entfaltet und operationsfähig gemacht. Jeder Teilnehmer an der Wirtschaft befindet sich hinsichtlich aller eigentumsfähigen Güter in der alternativen Position, Eigentümer oder Nicht-Eigentümer zu sein – sie zu haben oder nicht zu haben. Die Zirkularität der Paradoxie verwandelt sich in eine Unterscheidung, wobei Egos Knappheit nicht Alters Knappheit ist; das Eigentum des einen ist unvermeidlich das Nicht-Eigentum aller anderen. Daraus entsteht die Möglichkeit des Tausches und der Zirkulation der Güter.

In seiner vormonetaristischen Form blieb jedoch das Eigentum eine extrem unwahrscheinliche Disposition; es ist unwahrscheinlich, daß alle es akzeptieren, vom Genuß eines Gutes ausgeschlossen zu werden. Auch deshalb konnte eine nicht-monetarisierte Wirtschaft nicht ausreichend ausdifferenziert werden – vor allem der Politik gegenüber; sie blieb zu eng mit der Politik verbunden. Die Lage ändert sich mit der Zweitcodierung der Wirtschaft durch das Geld, das der Unterscheidung Haben/Nicht-Haben die Unterscheidung Zahlen/Nicht-Zahlen überordnet. Der Code bezieht sich jetzt auf den Unterschied zwischen Haben und Nicht-Haben bestimmter Geldsummen. Nur derjenige, der eine gegebene Menge an Geld hat (also sie nicht-haben kann) kann zahlen, und die Zahlung ist die Transformation von Haben in Nicht-Haben. Damit entsteht eine Verdoppelung der Knappheit: neben der Knappheit der Güter gibt es jetzt die Knappheit des Geldes.

Jeder Gebrauch des Geldes ist unter solchen Bedingungen zugleich seine Übertragung auf andere – also Zirkulation des Eigentums. Daraus ergibt sich der »Doppelkreislauf« des Wirtschaftssystems. Jede Zahlung erzeugt gleichzeitig Zahlungsfähigkeit beim Empfänger und Zahlungsunfähigkeit beim Zahlenden, der sich darum kümmern muß, durch weitere Operationen in der Wirtschaft die eigene Zahlungsfähigkeit wiederherzustellen. Das zwingt das System zu einer bemerkenswerten Dynamik. Zahlungsfähigkeit und Zahlungsunfähigkeit müssen ständig übermittelt werden und zirkulieren.

Jede Zahlung benötigt Begründungen, die letztlich auf die Befriedigung bestimmter Bedürfnisse zurückzuführen sind; denn die Bedürfnisse sind die Fremdreferenz des Systems. Der Code (in diesem wie in jedem anderen Fall) trifft keine Angabe über anzunehmende und abzulehnende Zahlungen; man braucht Programme [siehe Programm], die sich in der Wirtschaft auf Preise stützen. Die Motivation, eine Zahlung zu vollziehen, kann nun nicht direkt aus einem Bedürfnis gewonnen werden (das als Umweltgegebenheit innerhalb des Systems nicht behandelt werden kann), sondern benötigt eine Orientierung am Preis. Der Preis ermöglicht, schnell zu beurteilen, ob eine Zahlung korrekt ist oder nicht: man zahlt, wenn der Preis stimmt. Dann werden Konditionierungen der Zahlungsprozesse verarbeitet, die sich auf innere Kriterien des Wirtschaftssystems gründen. Die Umweltkonditionierungen finden in der Wirtschaft nur in der Form von Preisen und Preisänderungen einen Platz; die Probleme erscheinen als Kosten, und die Entscheidung, die entsprechende

Zahlung zu vollziehen oder nicht zu vollziehen, fällt der ökonomischen Kalkulation anheim.

In der modernen, vollständig ausdifferenzierten Wirtschaft gibt es keine systemexterne (moralische oder naturrechtlich begründete) Regulierung der Preise. Der »richtige Preis« wird selbstregulativ in den Wirtschaftsprozessen festgestellt, also innerhalb der Dynamik des Marktes. Der Markt ist die »innere Umwelt« des Wirtschaftssystems – der Ort, an dem das Wirtschaftssystem sich bezogen auf die eigenen Aktivitäten so zeigt, als sei es Umwelt. Im Rahmen einer Beobachtung des Marktes beobachten die Teilnehmer am Wirtschaftssystem, wie andere die Operationen des Systems und die Beobachtungen der anderen Teilnehmer beobachten. Durch die Beobachtung und die Veränderungen der Preise können die Teilnehmer also spezifisch wirtschaftliche Informationen über die Tendenzen des Systems und über die Zahlungen gewinnen, die erwartet werden können. Wenn zum Beispiel die Produzenten den Markt beobachten, beobachten sie sich selbst und andere Produzenten und gewinnen dadurch Informationen für die eigenen Produktions- und Investitionspläne.

[E. E.]

Die Wirtschaft der Gesellschaft, 1988

Wissenschaft

Die Wissenschaft ist ein funktional differenziertes Teilsystem der modernen Gesellschaft [*siehe* Gesellschaftsdifferenzierung], das das Kommunikationsmedium Wahrheit [*siehe* Wahrheit] zur eigenen Reproduktion verwendet. Die gesellschaftliche Funktion der Wissenschaft besteht in dem Aufbau und in dem Gewinn neuer Erkenntnisse. Wissenschaftliche Wahrheit wird nicht als Entsprechung zur realen Welt begriffen, sondern als symbolisch generalisiertes Kommunikationsmedium [*siehe* Symbolisch generalisierte Kommunikationsmedien]. Der Code, auf den sich die Wahrheit zur Produktion von Operationen bezieht, ist die Differenz von wahr und unwahr; beide Werte markieren jede Kommunikation als wissenschaftlich, die durch sie beobachtbar wird. Das heißt, daß auch das wissenschaftlich unwahre Wissen als wissenschaftlich behandelt werden muß.

Die Strukturen des Wissenschaftssystems bestehen aus Erwartungen kognitiver Art [*siehe* Erwartung], die im Falle von Enttäuschungen geändert werden. Das bedeutet, daß das wissenschaftliche Wissen sich entsprechend verändert, wenn die Forschung neue, bis dato noch unbekannte Ergebnisse hervorbringt; es werden neue Theorien und neue Begriffe formuliert, und danach lassen die wissenschaftlichen Strukturen etwas anderes erwarten als zuvor. Anders als bei anderen Teilsystemen der Gesellschaft wird im Falle der Wissenschaft die Abweichung umgekehrt behandelt; jede wissenschaftliche Kommunikation stellt etwas Neues her, und diese Neuheit kann als Voraussetzung weiterer Kommunikation angenommen werden oder aufgegeben werden, wenn sie sich später als unwahr oder für die Forschung als nicht anschließbar herausstellt. Jedenfalls hat es nur dann Sinn, Forschung zu betreiben, wenn man etwas Neues zu sagen hat.

Die Werte des Codes wahr/unwahr [*siehe* Wahrheit] bezeichnen die wissenschaftliche Kommunikation, indem sie sie gegenüber anderer in der Gesellschaft stattfindender Kommunikation ausdifferenzieren. Der Code gibt aber keine Anweisung für die Themen oder die Strukturen, die die wissenschaftliche Kommunikation ermöglichen und steuern. Das wird von den Programmen des Wissenschaftssystems geleistet [*siehe* Programm]. Theorien und Methoden fungieren als Richtigkeitsbedingungen in der Allokation der Codewerte. Als Bedingungen begrenzen und bestimmen Theorien und Methoden das, was in den wissenschaftlichen Operationen zugelassen ist. Beide machen das beobachtbar, worauf sich die Forschung bezieht (Organismen, psychische oder soziale Systeme, Maschinen, Natur usw.). Auf diese Weise kann die Wissenschaft ihre Beobachtungen in spezifischer Form, nämlich durch Limitationalität, konditionieren; die Bestimmung eines Elements einer Relation trägt zur Bestimmung des anderen Elements der Relation bei. Wenn eine Hypothese sich als unwahr erweist, werden bestimmte andere Hypothesen wahrscheinlicher und ziehen Forschungsressourcen auf sich; so bilden sich ständig neue Forschungsgelegenheiten. Die Limitationalität ist in diesem Sinne nicht als Begrenzung der beobachtbaren Gegenstände zu begreifen, sondern gerade als Voraussetzung wissenschaftlicher Kommunikation: Wenn alles völlig willkürlich anders sein könnte, wäre es unmöglich, neues, als wahr zu verwendendes Wissen herzustellen. Die sich ständig im Wissenschaftssystem produzierenden Negationen müssen auf theoretisch und methodisch konditionierte Weise informativ dafür sein, was man noch tun kann, welche Hypothese für zuverlässig gehalten werden kann usw. Die Wahl einer Unterscheidung begrenzt zum Beispiel das, was bezeichnet werden kann, dadurch, daß sie andere Möglichkeiten ausschließt; zugleich ist diese Wahl, weil sie etwas ausschließt, kontingent. Nur so kann die Wissenschaft sich auf Gegenstände beziehen und bestimmte Unterscheidungen in ihren Beobachtungen verwenden, und nur so ist es möglich, ein wissenschaftliches Wissen auszubilden.

Da die Wirklichkeit auf der Grundlage theoretisch angeleiteter Unterscheidungen konstruiert wird, zieht die Systemtheorie es vor, Unterscheidungen zu treffen, die die eigene Kontingenz berücksichtigen, das heißt eine gewisse Kontrolle über sich selbst ausüben können. Das ist möglich, wenn die Unterscheidung sich selbst durch ein re-entry [siehe Re-entry] bezeichnen kann. Ein Beispiel ist die die Systemtheorie leitende Unterscheidung von System und Umwelt; ein System kann sich selbst nur beobachten, wenn es sich von seiner eigenen Umwelt unterscheiden kann, das heißt, wenn es sich auf die Unterscheidung System/Umwelt bezieht. Der Beobachter, der diese Unterscheidung trifft (in unserem Falle die Systemtheorie im Wissenschaftssystem), kann die getroffene Unterscheidung beobachten, ohne sie verlassen zu müssen, und er gewinnt so die Chance, diese Unterscheidung zu rechtfertigen, ohne dazu auf theorieexterne Begründungen zurückgreifen zu müssen. Die Rechtfertigung der gewählten Unterscheidung besteht mit anderen Worten in der Fähigkeit, diese Unterscheidung mit möglichen anderen, alternativen Unterscheidungen innerhalb des Ausgangsschemas zu vergleichen. Diese Notwendigkeit, wiedereintrittsfähige Unterscheidungen zu verwenden, wird vor allem in der epistemologischen Reflexion der Wissenschaft klar herausgestellt. Die Beschreibung wissenschaftlicher Erkenntnis als Operation eines selbstreferentiellen Systems wird heute von Erkenntnistheorien akzeptiert, die unter dem Titel »Konstruktivismus« [siehe Konstruktivismus] bekannt geworden sind. Die sich der wissenschaftlichen Reflexion stellende Frage betrifft nicht mehr Entsprechungen zwischen erkennendem System und erkannter Welt, sondern die Strukturen eines sozialen Systems, das die Wirklichkeit, die es beobachtet, selbst konstruiert und diese Frage zum Ausgangspunkt eigener Reflexion machen kann. Der Konstruktivismus formuliert das Problem, wie eine Erkenntnis konstruiert werden kann, die die Tatsache berücksichtigt, daß auch der Beobachter in der Welt, die er beschreiben will, empirisch existiert. Die Epistemologie, auf die sich der Konstruktivismus bezieht, ist eine, die den Konstrukteur der Erkenntnis einschließt; sie ist eine Erkenntnistheorie, die auch sich selbst beschreibt und dafür selbstbeobachtungsfähige Unterscheidungen benötigt. Dasselbe gilt auch im Falle der Gesellschaftstheorie, die nur autologisch sein kann, weil sie sich unter ihren eigenen Gegenständen vorfindet, sich selbst also in ihre Gegenstände einschließen muß.

Für die Soziologie sind diese Argumente besonders wichtig, weil die von dieser Disziplin aufgestellten Theorien ihre Geltung oft auf eher moralische oder ideologische denn wissenschaftliche Annahmen gründen, wobei häufig die implizite Annahme besteht, daß der Kritiker der kritisierten Gesellschaft selbst nicht zugehört. Der systemtheoretische Versuch verfolgt die Gegenrichtung: wie gut oder schlecht auch immer man von dieser Gesellschaft sprechen kann, die Aufgabe des Soziologen besteht vor allem darin, festzuhalten, daß alles, was er über die Gesellschaft sagt und schreibt, auch für ihn selber gilt.

[G. C.]

Die Wissenschaft der Gesellschaft, 1990; Die Ausdifferenzierung von Erkenntnisgewinn, 1981

Zeit

Zeit wird als die Beobachtung der Wirklichkeit aufgrund der Differenz von Vergangenheit und Zukunft bestimmt. Jedes System existiert immer nur in der Gegenwart und zeitgleich (synchron) mit der eigenen Umwelt. In diesem Sinne ist Vergangenheit kein Startpunkt und Zukunft kein Ziel, sondern handelt es sich in beiden Fällen um Möglichkeitshorizonte [*siehe* Sinn].

Den sinnkonstituierenden Systemen stellt sich die Wirklichkeit als Differenz von Aktualität und Potentialität dar. Diese Differenz kann temporalisiert werden, und zwar durch eine Verdoppelung der Unterscheidung. Auf der Seite der Potentialität kann man weiterhin unterscheiden zwischen Vergangenheit und Zukunft. Die Gegenwart wird immer dadurch gesichert, daß das System sich autopoietisch [*siehe* Autopoiesis] reproduziert; die zeitliche Orientierung führt zum Unterscheiden dieser Aktualität, die immer gleichzeitig gegeben ist, von dem, was gleichzeitig nicht ist; man schafft auf diese Weise eine paradoxe Situation, in der Gleichzeitigkeit und Ungleichzeitigkeit zugleich gegeben sind. Die Paradoxie wird durch besondere zeitliche Differenzen entfaltet, wie zum Beispiel die Differenz von Vergangenheit und Zukunft.

Für jeden Beobachter [*siehe* Operation/Beobachtung] entsteht Zeit vor allem dadurch, daß jede Unterscheidung zwei Seiten aufweist und daß man, um von einer Seite zur anderen zu wechseln, eine Operation und damit Zeit benötigt. So entsteht eine Differenz zwischen dem Beobachter selbst, der immer aktuell ist, und der Differenz von Vorher und Nachher, die von dem Ereignis generiert wird, das den Übergang ermöglicht hat. Die Unterscheidung zwischen Gleichzeitigkeit einerseits und der Differenz Vorher/Nachher andererseits ist die Zeit.

Die Gegenwart, in der sich die inaktuellen Zeithorizonte der Vergangenheit und der Zukunft bilden, bewegt sich in der Zeit, und mit ihr bewegen sich auch die Horizonte: In jedem Augenblick werden Vergangenheit und Zukunft wieder neu projiziert, und man kann sich nicht in die Zukunft bewegen oder zur Vergangenheit zurückgehen. Als Horizonte sind Vergangenheit und Zukunft keine aus Ereignissen bestehenden Mengen, sondern selektive Leistungen des Systems (des Beobachters). Nicht alles, was geschehen ist, ist relevant für die Vergangenheitsbildung, und diese Bildung hängt ebenfalls vom System ab und kann nicht vollständig dem entsprechen, was »wirklich« geschehen ist. Dasselbe gilt für die Zukunft, weil die Projektion künftiger Möglichkeiten ausschließlich vom System abhängt.

Die Konstruktion der Zeitdimension erfordert die Möglichkeit, Änderung und Dauer zugleich zu beobachten. Die sinnkonstituierenden Systeme können Ereignisse und Situationsänderungen nur beobachten, wenn sie etwas konstant halten können, das als Hintergrund fungiert. Umgekehrt kann alles, was konstant bleibt, als solches nur vor dem Hintergrund ablaufender Ereignisse erscheinen.

Die Gegenwart kann auf zwei sich wechselseitig bedingende

Weisen beschrieben werden. Die Gegenwart ist zunächst zeitlich punktuell, und sie transformiert, indem sie sich bewegt, Zukunft in Vergangenheit; die Zeit vergeht irreversibel und unausweichlich. Unter dem zweiten Gesichtspunkt ist die Gegenwart als Dauer beobachtbar, die vom Vergehen der Ereignisse abstrahiert und die es möglich macht, vergangene Situationen zu erinnern oder künftige Situationen zu antizipieren. Die vergehende Gegenwart ermöglicht die Reversibilität der Selektionen und vor allem den Kontrast zu der punktuellen Gegenwart, die die Kontinuität und das Gefühl des Zeitvergehens erfahrbar macht. Diesen beiden zeitlichen Gesichtspunkten entsprechend differenzieren sinnkonstituierende Systeme Strukturen [*siehe* Struktur] und Prozesse [*siehe* Prozeß], die in ihrem Zusammenspiel den sozialen und psychischen Operationen den Sinn zugänglich halten.

Da sie imaginär sind, sind die Horizonte der Vergangenheit und der Zukunft im System strukturdeterminierte Konstruktionen ohne Entsprechung in der Umwelt des beobachtenden Systems [*siehe* System/Umwelt]; das System und seine Umwelt existieren nur in der Gegenwart und nur gleichzeitig. Aber dank der Projektion zeitlicher Horizonte kann das System die Veränderungen durch Sprachkonstanten beobachten, ohne entsprechend variieren zu müssen; die Zeit des Systems ist mit dem, was in seiner Umwelt geschieht, nicht synchronisiert, weil das die Auflösung der Systemgrenze bedeuten würde.

Diese komplexe Konstruktion zeitlicher Dimensionen weist in Abhängigkeit von den gesellschaftlichen Strukturen unterschiedliche Merkmale auf; sie hängt mit dem Typ primärer Gesellschaftsdifferenzierung [*siehe* Gesellschaftsdifferenzierung] zusammen. Die Tradition hat die Zeit als Bewegung begriffen, die ihrerseits die Einheit der Differenz von Vorher und Nachher bezeichnet. Die Zeithorizonte der vormodernen Gesellschaften beziehen sich auf die Unterscheidung von Zeit und Ewigkeit. Die Ewigkeit bezeichnet die göttliche Position, von der aus alle Zeiten zugleich gegeben sind; die Ewigkeit gewährleistet, daß alles nach Gottes Willen geschieht. Von ihr unterscheidet sich die endliche Zeit der Schöpfung, die einen Anfang und ein Ende hat, deren Sinn nur in bezug auf die Ewigkeit gedeutet werden kann. In der funktional differenzierten Gesellschaft wird die Bewegung durch die Idee der Gegenwart ersetzt; die primären Zeithorizonte werden die abgeschlossene Vergangenheit und die unsichere, offene und kontingente Zukunft, in die das System zahlreiche mögliche Gegenwarten projizieren kann. Die Selektionen werden davon geleitet, daß die Vergangenheit nur eine Prämisse der Zukunft ist; sie wird »kapitalisiert« als Geschichte schon vollendeter, je nach künftigen Perspektiven rekombinierbarer Selektionen.

Diese moderne Fassung der Zeit hat auch Folgen für die geschichtliche Beschreibung der Gesellschaft gehabt. Geschichte entsteht immer dann, wenn die gesellschaftlich relevanten Ereignisse aufgrund der Unterscheidung Vorher/Nachher beobachtet werden; von der Antike bis zumindest zum 17. Jahrhundert wurde die Differenz Vorher/Nachher in ihrer Einheit vor dem Hintergrund des Zeithorizontes selbst getroffen und reflektiert, indem man zwischen der vergehenden Zeit und der göttlichen Ewigkeit unterschieden hat. Ab dem 18. Jahrhundert, seit der Neuzeit also, wird die Geschichte selbstreferentiell begriffen, sie muß je nach dem historischen Moment, in dem man sich befindet, ständig neu geschrieben werden. Die Geschichte ist, mit anderen Worten, ihrerseits auch etwas Historisches: die Geschichte kommt in der Geschichte durch ein re-entry [*siehe* Re-entry] wieder vor. Die Geschichtsschreibung rekombiniert heute je nach dem theoretischen Ansatz, der gewählt wird, ihre Daten, und der Bedarf an Daten hängt nicht mehr von den Quellen ab, die entdeckt und berücksichtigt werden können, sondern vom theoretischen Ansatz selbst. Unter einem soziologischen Blickwinkel interessiert daher nicht so sehr die Kohärenz der historisch zu beschreibenden Ereignisse, sondern die Konsistenz des theoretischen Instrumentariums, das die Gesellschaftstheorie liefern kann.

[G. C.]

Soziale Systeme, 1984, S. 70 ff., 253 ff.; Geheimnis, Zeit und Ewigkeit, 1989; Gleichzeitigkeit und Synchronisation, 1990

Verzeichnis der Schriften Niklas Luhmanns*

1958
»Der Funktionsbegriff in der Verwaltungswissenschaft«, in: *Verwaltungsarchiv* 49, S. 97-105.

1960
»Kann die Verwaltung wirtschaftlich handeln?«, in: *Verwaltungsarchiv* 51, S. 97-115.

1962
»Der neue Chef«, in: *Verwaltungsarchiv* 53, S. 11-24.
»Funktion und Kausalität«, in: *Kölner Zeitschrift für Soziologie und Sozialpsychologie* 14, S. 617-644; neugedruckt in: *Soziologische Aufklärung*, Bd. 1: *Aufsätze zur Theorie sozialer Systeme*, Köln-Opladen: Westdeutscher Verlag 1970, S. 9-30.
»Wahrheit und Ideologie«, in: *Der Staat* 1, S. 431-448; neugedruckt in: *Soziologische Aufklärung*, Bd. 1: *Aufsätze zur Theorie sozialer Systeme*, Köln-Opladen: Westdeutscher Verlag 1970, S. 54-65.

1963
»Einblicke in vergleichende Verwaltungswissenschaft«, in: *Der Staat* 2, S. 494-500.
Verwaltungsfehler und Vertrauensschutz: Möglichkeiten gesetzlicher Regelung der Rücknehmbarkeit von Verwaltungsakten, Berlin: Duncker & Humblot (mit Franz Becker).

1964
»Funktionale Methode und Systemtheorie«, in: *Soziale Welt* 15, S. 1-25; neugedruckt in: *Soziologische Aufklärung*, Bd. 1: *Aufsätze zur Theorie sozialer Systeme*, Köln-Opladen: Westdeutscher Verlag 1970, S. 31-53.
Funktionen und Folgen formaler Organisation, Berlin: Duncker & Humblot, 3. Aufl. 1976.
»Lob der Routine«, in: *Verwaltungsarchiv* 55, S. 1-33; neugedruckt in: Renate Mayntz (Hg.), *Bürokratische Organisation*, Köln/Berlin 1968, S. 324-341; auch in: *Politische Planung. Aufsätze zur Soziologie*

---

* Das Verzeichnis beansprucht keine Vollständigkeit. Aufgeführt werden nur Schriften, die für das Glossar herangezogen wurden.

von Politik und Verwaltung, Opladen: Westdeutscher Verlag 1971, S. 113-142.
»Zweck – Herrschaft – System: Grundbegriffe und Prämissen Max Webers«, in: *Der Staat* 3, S. 129-158; neugedruckt in: Renate Mayntz (Hg.), *Bürokratische Organisation*, Köln/Berlin 1968, S. 36-55; auch in: *Politische Planung. Aufsätze zur Soziologie von Politik und Verwaltung*, Opladen: Westdeutscher Verlag 1971, S. 90-112.

1965

»Die Gewissensfreiheit und das Gewissen«, in: *Archiv des öffentlichen Rechts* 90, S. 257-286.
»Die Grenzen einer betriebswirtschaftlichen Verwaltungslehre«, in: *Verwaltungsarchiv* 56, S. 303-313.
Grundrechte als Institution: Ein Beitrag zur politischen Soziologie, Berlin: Duncker & Humblot, 3. Aufl. 1986.
Öffentlich-rechtliche Entschädigung rechtspolitisch betrachtet, Berlin: Duncker & Humblot.
»Spontane Ordnungsbildung«, in: Fritz Morstein Marx (Hg.), *Verwaltung. Eine einführende Darstellung*, Berlin, S. 163-183.

1966

»Die Bedeutung der Organisationssoziologie für Betrieb und Unternehmung«, in: *Arbeit und Leistung* 20, S. 181-189.
»Organisation, soziologisch«, in: *Evangelisches Staatslexikon*, Stuttgart, Sp. 1410-1414.
»Politische Planung«, in: *Jahrbuch für Sozialwissenschaft* 17, S. 271-296; neugedruckt in: *Politische Planung. Aufsätze zur Soziologie von Politik und Verwaltung*, Opladen: Westdeutscher Verlag 1971, S. 66 bis 89.
»Reflexive Mechanismen«, in: *Soziale Welt* 17, S. 1-23; neugedruckt in: *Soziologische Aufklärung*, Bd. 1: *Aufsätze zur Theorie sozialer Systeme*, Köln-Opladen: Westdeutscher Verlag 1970, S. 92-112.
Recht und Automation in der öffentlichen Verwaltung: Eine verwaltungswissenschaftliche Untersuchung, Berlin: Duncker & Humblot.
Theorie der Verwaltungswissenschaft. Bestandsaufnahme und Entwurf, Köln/Berlin.

1967

»Gesellschaftliche und politische Bedingungen des Rechtsstaates«, in: *Studien über Recht und Verwaltung*, Köln, S. 81-102; neugedruckt in: *Politische Planung. Aufsätze zur Soziologie von Politik und Verwaltung*, Opladen: Westdeutscher Verlag 1971, S. 53-65.
»Positives Recht und Ideologie«, in: *Archiv für Rechts- und Sozialphilosophie* 53, S. 531-571; neugedruckt in: *Soziologische Aufklärung*,

Bd. 1: *Aufsätze zur Theorie sozialer Systeme*, Köln-Opladen: Westdeutscher Verlag 1970, S. 178-203.

»Soziologie als Theorie sozialer Systeme«, in: *Kölner Zeitschrift für Soziologie und Sozialpsychologie* 19, S. 615-644; neugedruckt in: *Soziologische Aufklärung*, Bd. 1: *Aufsätze zur Theorie sozialer Systeme*, Köln-Opladen: Westdeutscher Verlag 1970, S. 113-136.

»Soziologische Aufklärung«, in: *Soziale Welt* 18, S. 97-123; neugedruckt in: *Soziologische Aufklärung*, Bd. 1: *Aufsätze zur Theorie sozialer Systeme*, Köln-Opladen: Westdeutscher Verlag 1970, S. 66-91.

»Verwaltungswissenschaft in Deutschland«, in: *Recht und Politik*, S. 123-128.

1968

»Die Knappheit der Zeit und die Vordringlichkeit des Befristeten«, in: *Die Verwaltung* 1, S. 3-30; neugedruckt in: *Politische Planung. Aufsätze zur Soziologie von Politik und Verwaltung*, Opladen: Westdeutscher Verlag 1971, S. 143-164.

»Selbststeuerung der Wissenschaft«, in: *Jahrbuch für Sozialwissenschaft* 19, S. 147-170; neugedruckt in: *Soziologische Aufklärung*, Bd. 1: *Aufsätze zur Theorie sozialer Systeme*, Köln-Opladen: Westdeutscher Verlag 1970, S. 232-252.

»Soziologie des politischen Systems«, in: *Kölner Zeitschrift für Soziologie und Sozialpsychologie* 20, S. 705-733; neugedruckt in: *Soziologische Aufklärung*, Bd. 1: *Aufsätze zur Theorie sozialer Systeme*, Köln-Opladen: Westdeutscher Verlag 1970, S. 154-177.

»Status quo als Argument«, in: Horst Baier (Hg.), *Studenten in Opposition*, Bielefeld, S. 74-82.

»Tradition und Mobilität: Zu den ›Leitsätzen zur Verwaltungspolitik‹«, in: *Recht und Politik*, S. 49-53.

Vertrauen. Ein Mechanismus der Reduktion sozialer Komplexität, Stuttgart: Enke, 2., erweiterte Aufl. 1973.

Zweckbegriff und Systemrationalität. Über die Funktion von Zwecken in sozialen Systemen, Tübingen: J. C. B. Mohr (Paul Siebeck), Neudruck: Frankfurt am Main: Suhrkamp 1973.

1969

»Funktionale Methode und juristische Entscheidung«, in: *Archiv des öffentlichen Rechts* 94, S. 1-31.

»Funktionen der Rechtsprechung im politischen System«, in: *Dritte Gewalt heute? Schriften der Evangelischen Akademie in Hessen und Nassau*, Heft 84, Frankfurt am Main, S. 6-17; neugedruckt in: *Politische Planung. Aufsätze zur Soziologie von Politik und Verwaltung*, Opladen: Westdeutscher Verlag 1971, S. 46-52.

»Gesellschaft«, in: *Sowjetsystem und demokratische Gesellschaft: Eine vergleichende Enzyklopädie*, Bd. 2, Freiburg, Sp. 956-972.

»Gesellschaftliche Organisation«, in: Thomas Ellwein, Hans-Hermann Groothoff, Hans Rauschenberg und Heinrich Roth (Hg.), *Erziehungswissenschaftliches Handbuch*, Bd. I, Berlin, S. 387-407.

»Klassische Theorie der Macht: Kritik ihrer Prämissen«, in: *Zeitschrift für Politik* 16, S. 149-170.

»Kommunikation, soziale«, in: Erwin Grochla (Hg.), *Handwörterbuch der Organisation*, Stuttgart, Sp. 381-383.

»Komplexität und Demokratie«, in: *Politische Vierteljahresschrift* 10, S. 314-325; neugedruckt in: *Politische Planung. Aufsätze zur Soziologie von Politik und Verwaltung*, Opladen: Westdeutscher Verlag 1971, S. 35-45.

Legitimation durch Verfahren, Neuwied/Berlin: Luchterhand, 2. Aufl. 1975; Neudruck: Frankfurt am Main: Suhrkamp 1983.

»Moderne Systemtheorie als Form gesamtgesellschaftlicher Analyse«, in: *Spätkapitalismus oder Industriegesellschaft? Verhandlungen des 16. Deutschen Soziologentages in Frankfurt am Main 1968*, Stuttgart, S. 253-266.

»Normen in soziologischer Perspektive«, in: *Soziale Welt* 20, S. 28 bis 48.

»Praxis der Theorie«, in: *Soziale Welt* 20, S. 129-144; neugedruckt in: *Soziologische Aufklärung*, Bd. 1: *Aufsätze zur Theorie sozialer Systeme*, Köln-Opladen: Westdeutscher Verlag 1970, S. 253-267.

1970

»Die Bedeutung sozialwissenschaftlicher Erkenntnisse zur Organisation und Führung der Verwaltung«, in: *Verwaltung im modernen Staat. Berliner Beamtentage 1969*, Berlin, S. 70-82.

»Die Funktion der Gewissensfreiheit im öffentlichen Recht«, in: *Funktion des Gewissens im Recht. Schriften der Evangelischen Akademie in Hessen und Nassau*, Nr. 86, Frankfurt am Main, S. 9-22.

»Evolution des Rechts«, in: *Rechtstheorie* 1, S. 3-22; neugedruckt in: *Ausdifferenzierung des Rechts. Beiträge zur Rechtssoziologie und Rechtstheorie*, Frankfurt am Main: Suhrkamp 1981, S. 11-34.

»Gesetzgebung und Rechtsprechung im Spiegel der Gesellschaft«, in: Udo Derbolowsky und Eberhart Stephan (Hg.), *Die Wirklichkeit und das Böse*, Hamburg, S. 161-170.

»Institutionalisierung. Funktion und Mechanismus im sozialen System der Gesellschaft«, in: Helmut Schelsky (Hg.), *Zur Theorie der Institution*, Düsseldorf, S. 27-41.

»Öffentliche Meinung«, in: *Politische Vierteljahresschrift* 11, S. 2-28; neugedruckt in: *Politische Planung. Aufsätze zur Soziologie von Politik und Verwaltung*, Opladen: Westdeutscher Verlag 1971, S.9-34.

»Positivität des Rechts als Voraussetzung einer modernen Gesellschaft«, in: *Jahrbuch für Rechtssoziologie und Rechtstheorie* 1, S. 175-202.

»Reform und Information: Theoretische Überlegungen zur Reform der Verwaltung«, in: *Die Verwaltung* 3, S. 15-41; neugedruckt in: *Politische Planung. Aufsätze zur Soziologie von Politik und Verwaltung*, Opladen: Westdeutscher Verlag 1971, S. 181-202.

Soziologische Aufklärung, Bd. 1: *Aufsätze zur Theorie sozialer Systeme*, Köln-Opladen: Westdeutscher Verlag, 4. Aufl. 1974.

»Verwaltungswissenschaft I«, in: *Staatslexikon*, 6. Auflage, Freiburg, Sp. 606-620.

»Zur Funktion der ›Subjektiven Rechte‹«, in: *Jahrbuch für Rechtssoziologie und Rechtstheorie* 1, S. 321-330.

1971

»Das ›Statusproblem‹ und die Reform des öffentlichen Dienstes«, in: *Zeitschrift für Rechtspolitik* 4, S. 49-52.

»Der Sinn als Grundbegriff der Soziologie«, in: *Theorie der Gesellschaft oder Sozialtechnologie – Was leistet die Systemforschung?* (zusammen mit Jürgen Habermas), Frankfurt am Main: Suhrkamp, S. 25-100.

»Die Weltgesellschaft«, in: *Archiv für Rechts- und Sozialphilosophie* 57, S. 1-35.

»Grundbegriffliche Probleme einer interdisziplinären Entscheidungstheorie«, in: *Die Verwaltung* 4, S. 470-477.

»Information und Struktur in Verwaltungsorganisationen«, in: *Verwaltungspraxis* 25, S. 35-42.

Politische Planung. Aufsätze zur Soziologie von Politik und Verwaltung, Opladen: Westdeutscher Verlag, 2. Aufl. 1975.

Theorie der Gesellschaft oder Sozialtechnologie – Was leistet die Systemforschung? (zusammen mit Jürgen Habermas), Frankfurt am Main: Suhrkamp.

»Wirtschaft als soziales System«, in: Karl-Ernst Schenk (Hg.), *Systemanalyse in den Wirtschafts- und Sozialwissenschaften*, Berlin, S. 136 bis 173; zuerst in: *Soziologische Aufklärung*, Bd. 1: *Aufsätze zur Theorie sozialer Systeme*, Köln-Opladen: Westdeutscher Verlag 1970, S. 204-231.

1972

»Die Organisierbarkeit von Religionen und Kirchen«, in: Jakobus Wössner (Hg.), *Religion im Umbruch*, Stuttgart, S. 245-285.

»Knappheit, Geld und die bürgerliche Gesellschaft«, in: *Jahrbuch für Sozialwissenschaft* 23, S. 186-210.

»Politikbegriff und die ›Politisierung‹ der Verwaltung«, in: *Demokratie und Verwaltung. 25 Jahre Hochschule für Verwaltungswissenschaften Speyer*, Berlin, S. 211-228.

Rechtssoziologie, 2 Bde., Reinbek: Rowohlt; 2., erweit. Aufl. Opladen: Westdeutscher Verlag 1983.
»Rechtstheorie im interdisziplinären Zusammenhang«, in: *Anales de la Catedra Francisco Suárez* 12, S. 201-253.
»Religiöse Dogmatik und gesellschaftliche Evolution«, in: Karl-Wilhelm Dahm, Niklas Luhmann, Dieter Stoodt, *Religion – System und Sozialisation*, Neuwied: Luchterhand, S. 15-132.
»Systemtheoretische Ansätze zur Analyse von Macht«, in: *Systemtheorie, Forschung und Information*, Bd. 12, Berlin, S. 103-111. Auch in: *Universitas* 32, S. 473-482.
»Systemtheoretische Beiträge zur Rechtstheorie«, in: *Jahrbuch für Rechtssoziologie und Rechtstheorie* 2, S. 255-276.
»Verfassungsmäßige Auswirkungen der elektronischen Datenverarbeitung«, in: *Öffentliche Verwaltung und Datenverarbeitung* 2, S. 44-47.

1973
»Das Phänomen des Gewissens und die normative Selbstbestimmung der Persönlichkeit«, in: Franz Böckle und Ernst-Wolfgang Böckenförde (Hg.), *Naturrecht in der Kritik*, Mainz, S. 223-243; neugedruckt in *Religionsgespräche: Zur gesellschaftlichen Rolle der Religion*, Darmstadt, S. 95-119.
»Die juristische Rechtsquellenlehre aus soziologischer Sicht«, in: *Soziologie. Festschrift René König*, Opladen, S. 387-399; neugedruckt in: *Ausdifferenzierung des Rechts. Beiträge zur Rechtssoziologie und Rechtstheorie*, Frankfurt am Main: Suhrkamp 1981, S. 308-325.
»Formen des Helfens im Wandel gesellschaftlicher Bedingungen«, in: Hans-Uwe Otto und Siegfried Schneider (Hg.), *Gesellschaftliche Perspektiven der Sozialarbeit*, Neuwied: Luchterhand, S. 21-43; neugedruckt in: *Soziologische Aufklärung*, Bd. 2: *Aufsätze zur Theorie der Gesellschaft*, Opladen: Westdeutscher Verlag 1975, S. 134-149.
»Gerechtigkeit in den Rechtssystemen der modernen Gesellschaft«, in: *Rechtstheorie* 4, S. 131-167.
Personal im öffentlichen Dienst. Eintritt und Karrieren, Baden-Baden: Nomos (mit Renate Mayntz).
»Politische Verfassungen im Kontext des Gesellschaftssystems«, in: *Der Staat* 12, S. 1-22 und S. 165-182.
»Selbst-Thematisierungen des Gesellschaftssystems. Über die Kategorie der Reflexion aus der Sicht der Systemtheorie«, in: *Zeitschrift für Soziologie* 2, S. 21-46; neugedruckt in: *Soziologische Aufklärung*, Bd. 2: *Aufsätze zur Theorie der Gesellschaft*, Opladen: Westdeutscher Verlag 1975, S. 72-102.
»Weltzeit und Systemgeschichte. Über Beziehungen zwischen Zeithorizonten und sozialen Strukturen gesellschaftlicher Systeme«, in: Peter Christian Ludz (Hg.), *Soziologie und Sozialgeschichte*. Sonderheft 16

der *Kölner Zeitschrift für Soziologie und Sozialpsychologie*, S. 81-110; neugedruckt in: *Soziologische Aufklärung*, Bd. 2: *Aufsätze zur Theorie der Gesellschaft*, Opladen: Westdeutscher Verlag 1975, S. 103-133.
»Zurechnung von Beförderungen im öffentlichen Dienst«, in: *Zeitschrift für Soziologie* 2, S. 326-351.

1974

»Der politische Code: ›konservativ‹ und ›progressiv‹ in systemtheoretischer Sicht«, in: *Zeitschrift für Politik* 21, S. 253-271; neugedruckt in: *Soziologische Aufklärung*, Bd. 3: *Soziales System, Gesellschaft, Organisation*, Opladen: Westdeutscher Verlag 1981, S. 267-286.
»Die Funktion des Rechts: Erwartungssicherung oder Verhaltenssteuerung?«, in: *Die Funktionen des Rechts: Vorträge des Weltkongresses für Rechts- und Sozialphilosophie Madrid 7. IX. bis 12. IX. 1973*. Beiheft 8 des *Archivs für Rechts- und Sozialphilosophie*, Wiesbaden, S. 31-45; neugedruckt in: *Ausdifferenzierung des Rechts. Beiträge zur Rechtssoziologie und Rechtstheorie*, Frankfurt am Main: Suhrkamp 1981, S. 73-91.
»Die Systemreferenz von Gerechtigkeit: Erwiderung auf die Ausführungen von Ralf Dreier«, in: *Rechtstheorie* 5, S. 201-203.
»Einführende Bemerkungen zu einer Theorie symbolisch generalisierter Kommunikationsmedien«, in: *Zeitschrift für Soziologie* 3, S. 236-255; neugedruckt in: *Soziologische Aufklärung*, Bd. 2: *Aufsätze zur Theorie der Gesellschaft*, Opladen: Westdeutscher Verlag 1975, S. 170-192.
»Institutionalisierte Religion gemäß funktionaler Soziologie«, in: *Concilium* 10, S. 17-22.
»Juristen – Berufswahl und Karrieren«, in: *Verwaltungsarchiv* 65, S. 113-162 (zusammen mit Elmar Lange).
Rechtssystem und Rechtsdogmatik, Stuttgart: Kohlhammer.
»Reform des öffentlichen Dienstes: Ein Beispiel für Schwierigkeiten der Verwaltungsreform«, in: *Vorträge der Hessischen Hochschulwoche für staatswissenschaftliche Fortbildung*, Bd. 76, Bad Homburg, S. 23-39; neugedruckt in: Andreas Remer (Hg.), *Verwaltungsführung*, Berlin, S. 319-339.
»Symbiotische Mechanismen«, in: Otthein Rammstedt (Hg.), *Gewaltverhältnisse und die Ohnmacht der Kritik*, Frankfurt am Main: Suhrkamp, S. 107-131; neugedruckt in: *Soziologische Aufklärung*, Bd. 3: *Soziales System, Gesellschaft, Organisation*, Opladen: Westdeutscher Verlag 1981, S. 228-245.
»System – Systemtheorie«, in: Christoph Wulf (Hg.), *Wörterbuch der Erziehung*, München, S. 582-585.

1975

»Abiturienten ohne Studium im öffentlichen Dienst: Einige Zusammenhänge zwischen Ausbildung und Karrieren«, in: *Die Verwaltung* 8, S. 230-251 (zusammen mit Elmar Lange).

»Interaktion, Organisation, Gesellschaft. Anwendungen der Systemtheorie«, in: Marlis Gerhardt (Hg.), *Die Zukunft der Philosophie*, München, S. 85-107; neugedruckt in: *Soziologische Aufklärung*, Bd. 2: *Aufsätze zur Theorie der Gesellschaft*, Opladen: Westdeutscher Verlag 1975, S. 9-20.

»Konfliktpotentiale in sozialen Systemen«, in: *Der Mensch in den Konfliktfeldern der Gegenwart*, Köln, S. 65-74.

Macht, Stuttgart: Enke; 2., erw. Aufl. 1988.

Soziologische Aufklärung, Bd. 2: *Aufsätze zur Theorie der Gesellschaft*, Opladen: Westdeutscher Verlag, 2. Aufl. 1982.

»Systemtheorie, Evolutionstheorie und Kommunikationstheorie«, in: *Sociologische Gids* 22, Heft 3, S. 154-168; neugedruckt in: *Soziologische Aufklärung*, Bd. 2: *Aufsätze zur Theorie der Gesellschaft*, Opladen: Westdeutscher Verlag 1975, S. 193-210.

»The Legal Profession: Comments on the Situation in the Federal Republic of Germany«, in: *The Juridical Review* 20, S. 116-132; neugedruckt in: D. N. MacCormick (Hg.), *Lawyers in Their Social Setting*, Edinburgh, S. 98-114.

»Über die Funktion der Negation in sinnkonstituierenden Systemen«, in: Harald Weinrich (Hg.), *Positionen der Negativität, Poetik und Hermeneutik* VI, München: Fink, S. 201-218.

»Veränderungen im System gesellschaftlicher Kommunikation und die Massenmedien«, in: Oskar Schatz (Hg.), *Die elektronische Revolution*, Graz, S. 13-30; neugedruckt in: *Soziologische Aufklärung*, Bd. 3: *Soziales System, Gesellschaft, Organisation*, Opladen: Westdeutscher Verlag 1981, S. 309-320.

»Wabuwabu in der Universität«, in: *Zeitschrift für Rechtspolitik* 8, S. 13 bis 19.

1976

»A General Theory of Organized Social Systems«, in: Geert Hofstede und M. Sami Kassem (Hg.), *European Contributions to Organization Theory*, Assen, S. 96-113.

»Ausbildung für Professionen – Überlegungen zum Curriculum für Lehrerausbildung«, in: *Jahrbuch für Erziehungswissenschaft*, S. 247 bis 277 (zusammen mit Karl Eberhard Schorr).

»Ausdifferenzierung des Rechtssystems«, in: *Rechtstheorie* 7, S. 121-135.

»Comment« (zu: Karl Erik Rosengren, *Malinowski's Magic*), in: *Current Anthropology* 17, S. 679-680.

»Evolution und Geschichte«, in: *Geschichte und Gesellschaft* 2, S. 284

bis 309; neugedruckt in: *Soziologische Aufklärung*, Bd. 2: *Aufsätze zur Theorie der Gesellschaft*, Opladen: Westdeutscher Verlag 1975, S. 150 bis 169.

»Generalized Media and the Problem of Contingency«, in: Jan J. Loubser, Rainer C. Baum, Andrew Effrat und Victor M. Lidz (Hg.), *Explorations in General Theory in Social Science: Essays in Honor of Talcott Parsons*, New York, Bd. II, S. 507-532.

»Ist Kunst codierbar?«, in: Siegfried J. Schmidt (Hg.), ›schön‹. *Zur Diskussion eines umstrittenen Begriffs*, München, S. 60-95; neugedruckt in: *Soziologische Aufklärung*, Bd. 3: *Soziales System, Gesellschaft, Organisation*, Opladen: Westdeutscher Verlag 1981, S. 245-266.

»Komplexität«, in: *Historisches Wörterbuch der Philosophie*, Bd. 4, Basel: Schwabe, Sp. 939-941.

»Rechtsprechung als professionelle Praxis«, in: Bernhard Gebauer (Hg.), *Material über Zukunftsaspekte der Rechtspolitik*. Politische Akademie Eichholz, Materialien Heft 36, S. 67-71.

»The Future Cannot Begin. Temporal Structures in Modern Society«, in: *Social Research* 43, S. 130-152.

»›Theorie und Praxis‹ und die Ausdifferenzierung des Wissenschaftssystems«, in: *Teorie en praxis in de sociologiese teorie*, Serie *Amsterdams Sociologische Tijdschrift Theorie*, No. 1, Amsterdam, S. 28-37.

»Zur systemtheoretischen Konstruktion von Evolution«, in: *Zwischenbilanz der Soziologie: Verhandlungen des 17. Deutschen Soziologentages*, Stuttgart, S. 49-52.

1977

»Arbeitsteilung und Moral: Durkheims Theorie«, in: Emile Durkheim, *Über die Teilung der sozialen Arbeit*, Frankfurt am Main: Suhrkamp, S. 17-35.

»Der politische Code. Zur Entwirrung von Verwirrungen«, in: *Kölner Zeitschrift für Soziologie und Sozialpsychologie* 29, S. 157-159.

»Differentiation of Society«, in: *Canadian Journal of Sociology* 2, S. 29 bis 53.

Funktion der Religion, Frankfurt am Main: Suhrkamp.

»Interpenetration – Zum Verhältnis personaler und sozialer Systeme«, in: *Zeitschrift für Soziologie* 6, S. 62-76; neugedruckt in: *Soziologische Aufklärung*, Bd. 3: *Soziales System, Gesellschaft, Organisation*, Opladen: Westdeutscher Verlag 1981, S. 151-169.

»Probleme eines Parteiprogramms«, in: *Freiheit und Sachzwang. Beiträge zu Ehren Helmut Schelskys*, Opladen: Westdeutscher Verlag, S. 167-181.

»Theoretische und praktische Probleme der anwendungsbezogenen Sozialwissenschaften. Zur Einführung«, in: Wissenschaftszentrum Berlin (Hg.), *Interaktion von Wissenschaft und Politik: Theoretische und praktische Probleme der anwendungsorientierten Sozialwissenschaften*, Frankfurt am Main, S. 16-39; neugedruckt in: *Soziologische Aufklärung*, Bd. 3: *Soziales System, Gesellschaft, Organisation*, Opladen : Westdeutscher Verlag 1981, S. 321-334.

1978

»Die Allgemeingültigkeit der Religion«, in: *Evangelische Kommentare* 11, S. 350-357 (mit Wolfhart Pannenberg).

»Die Organisationsmittel des Wohlfahrtsstaates und ihre Grenzen«, in: Heiner Geißler (Hg.), *Verwaltete Bürger – Gesellschaft in Fesseln*, Frankfurt am Main, S. 112-120.

»Erleben und Handeln«, in: Hans Lenk (Hg.), *Handlungstheorien – interdisziplinär*, Bd. 2.1, München, S. 235-253; neugedruckt in: *Soziologische Aufklärung*, Bd. 3: *Soziales System, Gesellschaft, Organisation*, Opladen: Westdeutscher Verlag 1981, S. 67-80.

»Geschichte als Prozeß und die Theorie sozio-kultureller Evolution«, in: Karl-Georg Faber und Christian Meier (Hg.), *Historische Prozesse*, München, S. 413-440; neugedruckt in: *Soziologische Aufklärung*, Bd. 3: *Soziales System, Gesellschaft, Organisation*, Opladen: Westdeutscher Verlag 1981, S. 178-197.

»Handlungstheorie und Systemtheorie«, in: *Kölner Zeitschrift für Soziologie und Sozialpsychologie* 30, S. 211-227.

»Interpenetration bei Parsons«, in: *Zeitschrift für Soziologie* 7, S. 299 bis 302.

Organisation und Entscheidung. Vorträge G 232, Rheinisch-Westfälische Akademie der Wissenschaften, Opladen: Westdeutscher Verlag; neugedruckt in: *Soziologische Aufklärung*, Bd. 3: *Soziales System, Gesellschaft, Organisation*, Opladen: Westdeutscher Verlag 1981, S. 335-379.

»Soziologie der Moral«, in: Niklas Luhmann und Stephan H. Pfürtner (Hg.), *Theorietechnik und Moral*, Frankfurt am Main: Suhrkamp, S. 8-116.

»Temporalization of Complexity«, in: Felix Geyer, Johannes van der Zouwen, *Sociocybernetics*, Bd. 2, Leiden, S. 95-111.

1979

»Das Technologiedefizit der Erziehung und die Pädagogik«, in: *Zeitschrift für Pädagogik* 24, S. 345-365; neugedruckt in: Niklas Luhmann und Karl Eberhard Schorr (Hg.), *Zwischen Technologie und Selbstreferenz. Fragen an die Pädagogik*, Frankfurt am Main: Suhrkamp, S. 11-40 (mit Karl Eberhard Schorr).

»Grundwerte als Zivilreligion«, in: *Kerygma und Mythos* VII, Bd. I, Hamburg, S. 67-79; auch in: *Archivio di Filosofia*, Nr. 2-3, S. 51 bis 71; auch in: Heinz Kleger und Alois Müller (Hg.), *Religion des Bürgers*.

Zivilreligion in Amerika und Europa, München, S. 175-194; neugedruckt in: *Soziologische Aufklärung*, Bd. 3: *Soziales System, Gesellschaft, Organisation*, Opladen: Westdeutscher Verlag 1981, S. 293-308.

»Hat die Pädagogik das Technologieproblem gelöst? Bemerkungen zum Beitrag von Dietrich Benner in Heft 3, 1979«, in: *Zeitschrift für Pädagogik* 25, S. 799-801 (zusammen mit Karl Eberhard Schorr).

»Identitätsgebrauch in selbstsubstitutiven Ordnungen, besonders Gesellschaften«, in: Odo Marquard, Karlheinz Stierle (Hg.), *Identität. Poetik und Hermeneutik VIII*, München: Fink, S. 315-345; neugedruckt in: *Soziologische Aufklärung*, Bd. 3: *Soziales System, Gesellschaft, Organisation*, Opladen: Westdeutscher Verlag 1981, S. 198 bis 228.

»›Kompensatorische Erziehung‹ unter pädagogischer Kontrolle?«, in: *Bildung und Erziehung* 32, S. 551-570 (zusammen mit Karl Eberhard Schorr).

Reflexionsprobleme im Erziehungssystem, Stuttgart: Klett-Cotta; Neudruck mit Nachwort: Frankfurt am Main: Suhrkamp 1988 (zusammen mit Karl Eberhard Schorr).

»Schematismen der Interaktion«, in: *Kölner Zeitschrift für Soziologie und Sozialpsychologie* 31, S. 237-255; neugedruckt in: *Soziologische Aufklärung*, Bd. 3: *Soziales System, Gesellschaft, Organisation*, Opladen: Westdeutscher Verlag 1981, S. 81-100.

»Selbstreflexion des Rechtssystems. Rechtstheorie in gesellschaftstheoretischer Perspektive«, in: *Rechtstheorie* 10, S. 159-185.

»Theoretiker der modernen Gesellschaft: Talcott Parsons – Person und Werk«, in: *Neue Zürcher Zeitung*, Nr. 137, 16./17. Juni.

»Unverständliche Wissenschaft. Probleme einer theorieeigenen Sprache«, in: *Deutsche Akademie für Sprache und Dichtung, Jahrbuch*, S. 34-44; neugedruckt in: *Soziologische Aufklärung*, Bd. 3: *Soziales System, Gesellschaft, Organisation*, Opladen: Westdeutscher Verlag 1981, S. 170-177.

»Zeit und Handlung – eine vergessene Theorie«, in: *Zeitschrift für Soziologie* 8, S. 63-81; neugedruckt in: *Soziologische Aufklärung*, Bd. 3: *Soziales System, Gesellschaft, Organisation*, Opladen: Westdeutscher Verlag 1981, S. 101-125.

1980

Gesellschaftsstruktur und Semantik. Studien zur Wissenssoziologie der modernen Gesellschaft, Bd. 1, Frankfurt am Main: Suhrkamp.

»Kommunikation über Recht in Interaktionssystemen«, in: Erhard Blankenburg u. a. (Hg.), *Alternative Rechtsformen und Alternativen zum Recht*, Opladen: Westdeutscher Verlag, S. 99-112; neugedruckt in: *Ausdifferenzierung des Rechts. Beiträge zur Rechtssoziologie und Rechtstheorie*, Frankfurt am Main: Suhrkamp 1981, S. 53-72.

»Komplexität«, in: Erwin Grochla (Hg.), *Handwörterbuch der Organisation*, 2. Aufl., Stuttgart, Sp. 1064-1070.
»L'inflazione del potere«, in: *Rinascita* 3, 18. 1. 1980, S. 15; deutsche Übersetzung unter dem Titel »Der Begriff des Politischen« in: *Archimedes und wir. Interviews*, hg. von Dirk Baecker und Georg Stanitzek, Berlin: Merve 1987, S. 2-13.
»Max Webers Forschungsprogramm in typologischer Rekonstruktion«, in: *Soziologische Revue* 3, S. 243-250.
»Talcott Parsons. Zur Zukunft eines Theorieprogramms«, in: *Zeitschrift für Soziologie* 9, S. 5-17.
»Temporalstrukturen des Handlungssystems. Zum Zusammenhang von Handlungs- und Systemtheorie«, in: Wolfgang Schluchter (Hg.), *Verhalten, Handeln und System: Talcott Parsons' Beitrag zur Entwicklung der Sozialwissenschaften*, Frankfurt am Main: Suhrkamp, S. 32 bis 67; neugedruckt in: *Soziologische Aufklärung*, Bd. 3: *Soziales System, Gesellschaft, Organisation*, Opladen: Westdeutscher Verlag 1981, S. 126-150.
»Wetgevingswetenschap en bestuurspolitiek«, in: *Bestuurswetenschappen* 34, S. 182-190.

1981

Ausdifferenzierung des Rechts. Beiträge zur Rechtssoziologie und Rechtstheorie, Frankfurt am Main: Suhrkamp.
»Communication about Law in Interaction Systems«, in: Karin Knorr-Cetina und Aaron V. Cicourel (Hg.), *Advances in Social Theory and Methodology. Toward an Integration of Micro- and Macro-Sociology*, London, S. 234-256.
»Die Ausdifferenzierung von Erkenntnisgewinn. Zur Genese von Wissenschaft«, in: Nico Stehr und Volker Meja (Hg.), *Wissenssoziologie*. Sonderheft 22 der *Kölner Zeitschrift für Soziologie und Sozialpsychologie*, S. 101-139.
»Drei Quellen der Bürokratisierung in Hochschulen«, in: *Ein Mann von sechzig Jahren. Festschrift Reinhard Mohn*, o. O., o. J. , S. 150 bis 155.
»Gesellschaftliche Grundlagen der Macht. Steigerung und Verteilung«, in: Werner Kägi, Hansjörg Siegenthaler (Hg.), *Macht und ihre Begrenzung im Kleinstaat Schweiz*, Zürich, S. 37-47; neugedruckt in: *Soziologische Aufklärung*, Bd. 4: *Beiträge zur funktionalen Differenzierung der Gesellschaft*, Opladen: Westdeutscher Verlag 1987, S. 117 bis 125.
Gesellschaftsstruktur und Semantik. Studien zur Wissenssoziologie der modernen Gesellschaft, Bd. 2, Frankfurt am Main: Suhrkamp.
»Gesellschaftsstrukturelle Bedingungen und Folgeprobleme des naturwissenschaftlich-technischen Fortschritts«, in: Reinhard Löw, Peter Koslowski und Philipp Kreuzer (Hg.), *Fortschritt ohne Maß: Eine*

Ortsbestimmung der wissenschaftlich-technischen Zivilisation, München, S. 113-131; neugedruckt in: *Soziologische Aufklärung*, Bd. 3: *Soziales System, Gesellschaft, Organisation*, Opladen: Westdeutscher Verlag 1981, S. 49-63.

»Ideengeschichte in soziologischer Perspektive«, in: Joachim Matthes (Hg.), *Lebenswelt und soziale Probleme. Verhandlungen des 20. Deutschen Soziologentages zu Bremen*, Frankfurt am Main, S. 49 bis 61.

»Kommunikation mit Zettelkästen. Ein Erfahrungsbericht«, in: Horst Baier u. a. (Hg.), *Öffentliche Meinung und sozialer Wandel. Für Elisabeth Noelle-Neumann*, Opladen: Westdeutscher Verlag, S. 222-228.

»Machtkreislauf und Recht in Demokratien«, in: *Zeitschrift für Rechtssoziologie* 2, S. 158-167; neugedruckt in: *Soziologische Aufklärung*, Bd. 4: *Beiträge zur funktionalen Differenzierung der Gesellschaft*, Opladen: Westdeutscher Verlag 1987, S. 142-151.

Politische Theorie im Wohlfahrtsstaat, München: Olzog.

»Selbstlegitimation des modernen Staates«, in: Norbert Achterberg und Werner Krawietz (Hg.), *Legitimation des modernen Staates*. Beiheft 15 des *Archivs für Rechts- und Sozialphilosophie*, Wiesbaden, S. 65-83.

»Selbstreferenz und Teleologie in gesellschaftstheoretischer Perspektive«, in: *Neue Hefte für Philosophie* 20, S. 1-30.

Soziologische Aufklärung, Bd. 3: *Soziales System, Gesellschaft, Organisation*, Opladen: Westdeutscher Verlag.

»Syakai Sisutemu Ron Jyoron«, in: *Shiso*, No. 680, S. 37-54; französische Übersetzung unter dem Titel »Remarques préliminaires en vue d'une théorie des systèmes sociaux« in: *Critique* 37, S. 995-1014.

»The Improbability of Communication«, in: *International Social Science Journal* 23, 1, S. 122-132; deutsche Fassung in: *Soziologische Aufklärung*, Bd. 3: *Soziales System, Gesellschaft, Organisation*, Opladen: Westdeutscher Verlag, S. 25-34.

»Wie ist Erziehung möglich? Eine wissenschaftssoziologische Analyse der Erziehungswissenschaft«, in: *Zeitschrift für Sozialisationsforschung und Erziehungssoziologie*, 1, S. 37-54 (zusammen mit Karl Eberhard Schorr).

»Wie ist soziale Ordnung möglich?«, in: *Gesellschaftsstruktur und Semantik. Studien zur Wissenssoziologie der modernen Gesellschaft*, Bd. 2, Frankfurt am Main: Suhrkamp, S. 195-285.

1982

»Autopoiesis, Handlung und kommunikative Verständigung«, in: *Zeitschrift für Soziologie* 11, S. 366-379.

»Conflitto e diritto«, in: *Laboratorio politico* 2, 1, S. 5-25; deutsche Fassung in: *Ausdifferenzierung des Rechts. Beiträge zur Rechtssozio-*

logie und Rechtstheorie, Frankfurt am Main: Suhrkamp 1981, S. 92 bis 112.

»Die Voraussetzung der Kausalität«, in: Niklas Luhmann und Karl Eberhard Schorr (Hg.), *Zwischen Technologie und Selbstreferenz. Fragen an die Pädagogik*, Frankfurt am Main: Suhrkamp, S. 41-50.

»Personale Identität und Möglichkeiten der Erziehung«, in: Niklas Luhmann und Karl Eberhard Schorr, *Zwischen Technologie und Selbstreferenz. Fragen an die Pädagogik*, Frankfurt: Suhrkamp, S. 224-261.

»Hypothetik als Wahrheitsform«, in: *Zur Debatte* 12, Nr. 6, S. 11 (unautorisierter Druck eines Vortrages).

Liebe als Passion. Zur Codierung von Intimität, Frankfurt am Main: Suhrkamp.

Potere e codice politico, Mailand: Feltrinelli.

»Territorial Borders as Systems Boundaries«, in: Raimondo Strassoldo, Giovanni Delli Zotti (Hg.), *Cooperation and Conflict in Border Areas*, Mailand, S. 235-244.

The Differentiation of Society, New York: Columbia University Press.

»The World Society as a Social System«, in: *International Journal of General Systems* 8, S. 131-138; auch in: R. Felix Geyer, Johannes van der Zouwen (Hg.), *Dependence and Inequality. A Systems Approach to the Problems of Mexico and other Developing Countries*, Oxford, S. 295-306.

1983

»Amore con linguaggio«, in: *Giornale di Sicilia*, 11. 3. 1983; deutsche Übersetzung unter dem Titel »Intervista siciliana« in: *Archimedes und wir. Interviews*, hg. von Dirk Baecker und Georg Stanitzek, Berlin: Merve 1987, S. 58-60.

»Anspruchsinflation im Krankheitssystem. Eine Stellungnahme aus gesellschaftstheoretischer Sicht«, in: Philipp Herder-Dorneich und Alexander Schuller (Hg.), *Die Anspruchsspirale*, Stuttgart, S. 28-49.

»Bürgerliche Rechtssoziologie. Eine Theorie des 18. Jahrhunderts«, in: *Archiv für Rechts- und Sozialphilosophie* 69, S. 431-445.

»Das sind Preise«, in: *Soziale Welt* 34, S. 153-170; überarbeitete und erweiterte Fassung in: *Die Wirtschaft der Gesellschaft*, Frankfurt am Main: Suhrkamp 1988, S. 13-42.

»Die Einheit des Rechtssystems«, in: *Rechtstheorie* 14, S. 129-154.

»Evolution – kein Menschenbild«, in: Rupert J. Riedl und Franz Kreuzer (Hg.), *Evolution und Menschenbild*, Hamburg, S. 193-205.

»Il Welfare State come problema politico e teorico«, in: Ester Fano u. a., *Trasformazioni e crisi del Welfare State*, De Donato, S. 349-359.

»Individuum und Gesellschaft«, in: *Universitas* 39, S. 1-11.

»Insistence on Systems Theory. Perspectives from Germany«, in: *Social Forces* 61, S. 987-998.

»Interdisziplinäre Theoriebildung in den Sozialwissenschaften«, in: Christoph Schneider (Hg. für die Deutsche Forschungsgemeinschaft), *Forschung in der Bundesrepublik Deutschland: Beispiele, Kritik, Vorschläge*, Weinheim, S. 155-159.

»Medizin und Gesellschaftstheorie«, in: *Medizin, Mensch, Gesellschaft* 8, S. 168-175.

»Mutamento di paradigma nella teoria dei sistemi«, in: *Sistemi Urbani* 5, S. 333-347.

»Ordine e conflitto. Un confronto impossibile«, in: *Centauro*, 8, S. 3-11.

»Perspektiven für Hochschulpolitik«, in: *Sozialwissenschaften und Berufspraxis*, Heft 4, S. 5-16; neugedruckt in: *Soziologische Aufklärung*, Bd. 4: *Beiträge zur funktionalen Differenzierung der Gesellschaft*, Opladen: Westdeutscher Verlag 1987, S. 216-223.

»Scopi e realtà dello Stato del benessere«, in: Achille Ardigò u. a., *La società liberal-democratica e le sue prospettive per il futuro*, Rom, S. 19-32.

»Wohlfahrtsstaat zwischen Evolution und Rationalität«, in: Peter Koslowski u. a. (Hg.), *Chancen und Grenzen des Sozialstaats*, Tübingen, S. 26-40.

1984

»Das Kunstwerk und die Selbstreproduktion von Kunst«, in: *Delfin* 3, S. 51-69.

»Der Staat als historischer Begriff«, in: Marcel Storme, *Mijmeringen van een Jurist bij Antwerpen*, S. 139-154.

»Die Differenzierung von Interaktion und Gesellschaft: Probleme der sozialen Solidarität«, in: Robert Kopp (Hg.), *Solidarität in der Welt der 80er Jahre. Leistungsgesellschaft und Sozialstaat*, Basel, S. 79-96.

»Die Theorie der Ordnung und die natürlichen Rechte«, in: *Rechtshistorisches Journal* 3, S. 133-149.

»Die Wirtschaft der Gesellschaft als autopoietisches System«, in: *Zeitschrift für Soziologie* 13, S. 308-327; überarbeitete und erweiterte Fassung in: *Die Wirtschaft der Gesellschaft*, Frankfurt am Main: Suhrkamp 1988, S. 43-90.

»Helmut Schelsky zum Gedenken«, in: *Zeitschrift für Rechtssoziologie* 5, S. 1-3.

»Hoffnung auf die Menschen oder auf Systeme«, in: *Tages-Anzeiger* (Zürich) vom 28. 12. 1984, S. 39; unter dem Titel »›1984‹ – ein Streitgespräch mit Robert Jungk« neugedruckt in: *Archimedes und wir. Interviews*, hg. von Dirk Baecker und Georg Stanitzek, Berlin: Merve 1987, S. 99-107.

»I fondamenti sociali della morale«, in: Niklas Luhmann u. a., *Etica e Politica. Riflessioni sulla crisi del rapporto fra società e morale*, Mailand, S. 9-20.

»La rappresentanza politica«, in: *Laboratorio di Sociologia* 5, S. 11-28.

»Modes of Communication and Society«, in: P. DeWilde und C. A. May (Hg.), *Links for the Future: Science, Systems and Services for Communications. Proceedings of the International Conference on Communications ICC '84*, Amsterdam, Bd. 1, S. XXXIV-XXXVII.

»Nachruf auf Helmut Schelsky«, in: *Jahrbuch 1984 der Rheinisch-Westfälischen Akademie der Wissenschaften*, Opladen, S. 42-44.

»Organisation«, in: *Historisches Wörterbuch der Philosophie*, Bd. 6, Basel: Schwabe, Sp. 1326-1328.

»Orientamento teorico della politica«, in: Viana Conti (Hg.), *Sapere e Potere*, Bd. 1, Mailand, S. 9-16.

»Qual'è il reale significato del primato della politica«, in: *Aquario* 2-4 (1983/84), S. 4-5.

Soziale Systeme. Grundriß einer allgemeinen Theorie, Frankfurt am Main: Suhrkamp.

»Soziologische Aspekte des Entscheidungsverhaltens«, in: *Die Betriebswirtschaft* 44, S. 591-603; überarbeitete und erweiterte Fassung in: *Die Wirtschaft der Gesellschaft*, Frankfurt am Main: Suhrkamp 1988, S. 272-301.

»Staat und Politik: Zur Semantik der Selbstbeschreibung politischer Systeme«, in: Udo Bermbach (Hg.), *Politische Theoriengeschichte. Probleme einer Teildisziplin der Politischen Wissenschaft*, Sonderheft 15 der *Politischen Vierteljahresschrift*, S. 99-125; neugedruckt in: *Soziologische Aufklärung*, Bd. 4: *Beiträge zur funktionalen Differenzierung der Gesellschaft*, Opladen: Westdeutscher Verlag 1987, S. 74-103.

»The Self-Description of Society. Crisis Fashion and Sociological Theory«, in: *International Journal of Comparative Sociology* 25, S. 59-72.

»The Self-Reproduction of the Law and its Limits«, in: Felippe Augusto de Miranda Rosa (Hg.), *Direito e Mundança Social*, Rio de Janeiro, S. 107-128; erweiterte Fassung in: Günther Teubner (Hg.), *Dilemmas of Law in the Welfare State*, Berlin/New York: de Gruyter, S. 111-127.

»Widerstandsrecht und politische Gewalt«, in: *Zeitschrift für Rechtssoziologie* 5, S. 36-45; neugedruckt in: *Soziologische Aufklärung*, Bd. 4: *Beiträge zur funktionalen Differenzierung der Gesellschaft*, Opladen: Westdeutscher Verlag 1987, S. 161-170.

»Zum Begriff der sozialen Klasse«, in: *Quaderni Fiorentini per la storia del pensiero giuridico moderno* 13, S. 35-78.

1985

»Capitale e lavoro«, in: *Prometeo* 3, S. 58-65.

»Complexity and Meaning«, in: *The Science and Praxis of Complexity*, Tokyo: United Nations University, S. 99-104.

»Das Problem der Epochenbildung und die Evolutionstheorie«, in: Hans Ulrich Gumbrecht, Ursula Link-Heer (Hg.), *Epochenschwellen und Epochenstrukturen im Diskurs der Literatur- und Sprachhistorie*, Frankfurt am Main: Suhrkamp, S. 11-33.

»Der Zettelkasten kostet mich mehr Zeit als das Bücherschreiben«. Interview mit Rainer Erd und Andrea Maihofer, in: *Frankfurter Rundschau* vom 27. 4. 1985, S. ZB 3 (gekürzt); unter dem Titel »Biographie, Attitüden, Zettelkasten« neugedruckt in: *Archimedes und wir. Interviews*, hg. von Dirk Baecker und Georg Stanitzek, Berlin: Merve 1987, S. 125-155.

»Die Autopoiesis des Bewußtseins«, in: *Soziale Welt* 36, S. 402-446; neugedruckt in: Alois Hahn und Volker Kapp (Hg.), *Selbstthematisierung und Selbstzeugnis. Bekenntnis und Geständnis*, Frankfurt am Main: Suhrkamp, S. 25-94; auch in: *Soziologische Aufklärung*, Bd. 6: *Die Soziologie und der Mensch*, Opladen: Westdeutscher Verlag 1995, S. 55-112.

»Die Soziologie und der Mensch«, in: *Neue Sammlung* 25, S. 33-41; neugedruckt in: *Soziologische Aufklärung*, Bd. 6: *Die Soziologie und der Mensch*, Opladen: Westdeutscher Verlag 1995, S. 265-274.

»Einige Probleme mit ›reflexivem Recht‹«, in: *Zeitschrift für Rechtssoziologie* 6, S. 1-18.

»El enfoque sociológico de la teoría y práctica de derecho«, in: *Anales de la Catedra Francisco Suárez* 25, S. 87-103.

»Erwiderung auf H. Mader«, in: *Zeitschrift für Soziologie* 14, S. 333-334.

»Erziehender Unterricht als Interaktionssystem«, in: Jürgen Diederich (Hg.), *Erziehender Unterricht – Fiktion und Faktum*, Frankfurt am Main: Gesellschaft zur Förderung pädagogischer Forschung, S. 77-94.

»›Etat‹ du système politique«, in: *Traverses* 33/34, S. 185-191.

»I problemi ecologici e la società moderna«, in: *Mondoperaio* 38, 6, S. 29-32.

»Informazione, comunicazione, conversazione: un approccio sistemico: tesi«, in: Umberto Curi (Hg.), *La comunicazione umana*, Mailand, S. 202-204.

»Intervista a Niklas Luhmann«, in: *Segno* 10, Nr. 4/5 (48/49), S. 25-33; deutsch unter dem Titel »Vom menschlichen Leben« in: *Archimedes und wir. Interviews*, Berlin: Merve 1987, S. 38-57.

Kann die moderne Gesellschaft sich auf ökologische Gefährdungen einstellen? Vorträge G 278 der Rheinisch-Westfälischen Akademie der Wissenschaften, Opladen: Westdeutscher Verlag; neugedruckt in: *Protest. Systemtheorie und soziale Bewegungen*, hg. und eingeleitet von Kai-Uwe Hellmann, Frankfurt am Main: Suhrkamp 1996, S. 46-63.

»Läßt unsere Gesellschaft Kommunikation mit Gott zu?«, in: Hugo Bogensberger und Reinhard Kögerler (Hg.), *Grammatik des Glaubens*, St. Pölten, S. 41-48; neugedruckt in: *Soziologische Aufklärung*, Bd. 4: *Beiträge zur funktionalen Differenzierung der Gesellschaft*, Opladen: Westdeutscher Verlag 1987, S. 227-235.

»Neue Politische Ökonomie«, in: *Soziologische Revue* 8, S. 115-120.
»Society, Meaning, Religion – Based on Self-Reference«, in: *Sociological Analysis* 46, S. 5-20.
»Von der allmählichen Auszehrung der Werte: Sind die Zeiten gesellschaftlicher Utopien für immer vorbei?«, in: Gerd Voswinkel (Hg.), *Mindener Gespräche*, Bd. 2: *Referate und Diskussionen der Universitätswoche*, S. 69-76.
»Zum Begriff der sozialen Klasse«, in: Niklas Luhmann (Hg.), *Soziale Differenzierung. Zur Geschichte einer Idee*, Opladen: Westdeutscher Verlag, S. 119-162.

1986

»A proposito della discussione sulla ›Teoria dei sistemi‹, e Replica«, in: Enrico M. Forni (Hg.), *Teoria dei sistemi e razionalità sociale*, Bologna, S. 5-8 und S. 342-356.
»Alternative ohne Alternative: Die Paradoxie der ›neuen sozialen Bewegungen‹«, in: *Frankfurter Allgemeine Zeitung*, Nr. 149, 2. Juli 1986, S. 29; wieder in: *Protest. Systemtheorie und soziale Bewegungen*, hg. von Kai-Uwe Hellmann, Frankfurt am Main: Suhrkamp 1996, S. 75 bis 78.
»Codierung und Programmierung: Bildung und Selektion im Erziehungssystem«, in: Heinz-Elmar Tenorth (Hg.), *Allgemeine Bildung. Analysen zu ihrer Wirklichkeit, Versuche über ihre Zukunft*, München, S. 154-182; neugedruckt in: *Soziologische Aufklärung*, Bd. 4: *Beiträge zur funktionalen Differenzierung der Gesellschaft*, Opladen: Westdeutscher Verlag 1987, S. 182-201.
»Das Kunstwerk und die Reproduktion der Kunst«, in: Hans Ulrich Gumbrecht und Karl Ludwig Pfeiffer (Hg.), *Stil. Geschichten und Funktionen eines kulturwissenschaftlichen Diskurselements*, Frankfurt am Main: Suhrkamp, S. 620-672.
»Das Medium der Kunst«, in: *Delfin* 4, S. 6-15; neugedruckt in: Frederick D. Bunsen (Hg.), *›ohne Titel‹: Neue Orientierungen in der Kunst*, Würzburg, S. 61-71.
»Die Codierung des Rechtssystems«, in: *Rechtstheorie* 17, S. 171-203.
»Die Lebenswelt – nach Rücksprache mit Phänomenologen«, in: *Archiv für Rechts- und Sozialphilosophie* 72, S. 176-194.
Die soziologische Beobachtung des Rechts, Frankfurt am Main: Metzner.
»Die Welt als Wille ohne Vorstellung. Sicherheit und Risiko aus der Sicht der Sozialwissenschaften«, in: *Die politische Meinung* 229, S. 18-21.
»Die Zukunft der Demokratie«, in: *Der Traum der Vernunft: Vom Elend der Aufklärung*, Neuwied: Luchterhand, S. 207-217; neugedruckt in: *Soziologische Aufklärung*, Bd. 4: *Beiträge zur funktionalen Differenzierung der Gesellschaft*, Opladen: Westdeutscher Verlag 1987, S. 126 bis 132.

»›Distinctions directrices‹. Über Codierung von Semantiken und Systemen«, in: Friedhelm Neidhardt u. a. (Hg.), *Kultur und Gesellschaft*. Sonderheft 27 der *Kölner Zeitschrift für Soziologie und Sozialpsychologie*, S. 145-161; neugedruckt in: *Soziologische Aufklärung*, Bd. 4: *Beiträge zur funktionalen Differenzierung der Gesellschaft*, Opladen: Westdeutscher Verlag 1987, S. 13-31.

»Intersubjektivität oder Kommunikation: Unterschiedliche Ausgangspunkte soziologischer Theoriebildung«, in: *Archivio di Filosofia* 54, S. 41-60; neugedruckt in: *Soziologische Aufklärung*, Bd. 6: *Die Soziologie und der Mensch*, Opladen: Westdeutscher Verlag 1995, S. 169 bis 188.

»Kapital und Arbeit. Probleme einer Unterscheidung«, in: Johannes Berger (Hg.), *Die Moderne: Kontinuitäten und Zäsuren*. Sonderband 4 der *Sozialen Welt*, Göttingen, S. 57-78; überarbeitete und erweiterte Fassung in: *Die Wirtschaft der Gesellschaft*, Frankfurt am Main: Suhrkamp 1988, S. 151-176.

»La rappresentazione della società nella società«, in: Roberto Cipriani (Hg.), *Legittimazione e società*, Rom, S. 127-137.

Ökologische Kommunikation. Kann die moderne Gesellschaft sich auf ökologische Gefährdungen einstellen?, Opladen: Westdeutscher Verlag.

»Participación y legitimación: ideas y experiencias«, in: *La Participación. Anuari de la Facultat de Dret*, Barcelona, S. 11-21.

»Soziologie für unsere Zeit – seit Max Weber«, in: Martin Meyer (Hg.), *Wo wir stehen*, Zürich, S. 53-59.

»Systeme verstehen Systeme«, in: Niklas Luhmann, Karl Eberhard Schorr (Hg.), *Zwischen Intransparenz und Verstehen. Fragen an die Pädagogik*, Frankfurt am Main: Suhrkamp, S. 72-117.

»Systemtheorie und Systemkritik«. Ein Interview mit Heidi Renk und Marco Bruns, in: *die tageszeitung* vom 21. 10. 1986; unter dem Titel »Ein trojanisches Pferd« wieder in: *Archimedes und wir. Interviews*, hg. von Dirk Baecker und Georg Stanitzek, Berlin: Merve, S. 108-124; wieder in: *Protest. Systemtheorie und soziale Bewegungen*, hg. von Kai-Uwe Hellmann, Frankfurt am Main: Suhrkamp 1996, S. 64-74.

»The Autopoiesis of Social Systems«, in: Felix Geyer, Johannes van der Zouwen (Hg.), *Sociocybernetic Paradoxes. Observation, Control and Evolution of Self-Steering Systems*, London, S. 172-192.

»The Individuality of the Individual. Historical Meanings and Contemporary Problems«, in: Thomas C. Heller, Morton Sosna und David E. Wellbery (Hg.), *Reconstructing Individualism. Autonomy, Individuality, and the Self in Western Thought*, Stanford, Cal., S. 313-325.

»The Theory of Social Systems and Its Epistemology. Reply to Danilo Zolo's Critical Comments«, in: *Philosophy of the Social Sciences* 16, S. 129-134.

»Vorwort« zu Jürgen Markowitz, *Verhalten im Systemkontext*, Frankfurt am Main: Suhrkamp, S. I-VI.

1987

Archimedes und wir. Interviews, herausgegeben von Dirk Baecker und Georg Stanitzek, Berlin: Merve.

»Autopoiesis als soziologischer Begriff«, in: Hans Haferkamp und Michael Schmid (Hg.), *Sinn, Kommunikation und soziale Differenzierung. Beiträge zu Luhmanns Theorie sozialer Systeme*, Frankfurt am Main: Suhrkamp, S. 307-324.

»Con Nicklas Luhmann«. Interview mit Franco Volpi, in: *Supplemento ad Alfabeta*, Nr. 95, April 1987, S. VII; deutsche Übersetzung unter dem Titel »Archimedes und wir« in: *Archimedes und wir. Interviews*, hg. von Dirk Baecker und Georg Stanitzek, Berlin: Merve 1987, S. 156-166.

»Delusioni e speranze«, in: *Il Mulino* 36, S. 573-583.

»Die gesellschaftliche Differenzierung und das Individuum«, in: Thomas Olk und Hans-Uwe Otto (Hg.), *Soziale Dienste im Wandel*, Bd. 1, Neuwied: Luchterhand, S. 121-137; neugedruckt in: *Soziologische Aufklärung*, Bd. 6: *Die Soziologie und der Mensch*, Opladen: Westdeutscher Verlag 1995, S. 125-141.

»Die gesellschaftliche Verantwortung der Soziologie«, in: Helmut de Rudder, Heinz Sahner (Hg.), *Wissenschaft und gesellschaftliche Verantwortung. Ringvorlesung der Hochschule Lüneburg*, Berlin, S. 109 bis 121.

»Die Richtigkeit soziologischer Theorie«, in: *Merkur* 41, S. 36-49.

»Öffentlichkeit ohne Auftrag. Zum Begriff des Intellektuellen. Niklas Luhmann im Gespräch mit Walter van Rossum«, gesendet im *Deutschlandfunk* am 1. 11. 1987, 9.30-10 Uhr (stark gekürzt); unter dem Titel »Ich nehme mal Karl Marx« gedruckt in: *Archimedes und wir. Interviews*, hg. von Dirk Baecker und Georg Stanitzek, Berlin: Merve 1987, S. 14-37.

»Paradigmawechsel in der Systemtheorie: Ein Paradigma für Fortschritt?«, in: Reinhart Herzog und Reinhart Koselleck (Hg.), *Epochenschwelle und Epochenbewußtsein. Poetik und Hermeneutik*, Bd. XII, München: Fink, S. 305-322.

»Schwierigkeiten mit dem Aufhören«. Interview mit Georg Stanitzek, in: *Archimedes und wir. Interviews*, hg. von Dirk Baecker und Georg Stanitzek, Berlin: Merve, S. 74-98.

»Selbstreferentielle Systeme«, in: Fritz B. Simon (Hg.), *Lebende Systeme. Wirklichkeitskonstruktionen in der systemischen Therapie*, Berlin, S. 47-53.

»Sicherheit und Risiko aus der Sicht der Sozialwissenschaften«, in: *4. Akademie-Forum: Die Sicherheit technischer Systeme*. Vorträge

N 351 der Rheinisch-Westfälischen Akademie der Wissenschaften, Opladen, S. 63-66.

»Sozialisation und Erziehung«, in: Wilhelm Rotthaus (Hg.), *Erziehung und Theraphie in systemischer Sicht*, Dortmund, S. 77-86; neugedruckt in: *Soziologische Aufklärung*, Bd. 4: *Beiträge zur funktionalen Differenzierung der Gesellschaft*, Opladen: Westdeutscher Verlag 1987, S. 173-181.

Soziologische Aufklärung, Bd. 4: *Beiträge zur funktionalen Differenzierung der Gesellschaft*, Opladen: Westdeutscher Verlag.

»Sprache und Kommunikationsmedien: Ein schieflaufender Vergleich«, in: *Zeitschrift für Soziologie* 16, S. 467-468.

»Strukturelle Defizite. Bemerkungen zur systemtheoretischen Analyse des Erziehungswesens«, in Jürgen Oelkers und Heinz-Elmar Tenorth (Hg.), *Pädagogik, Erziehungswissenschaft und Systemtheorie*, Weinheim/Basel, S. 57-75.

»Tautologie und Paradoxie in den Selbstbeschreibungen der modernen Gesellschaft«, in: *Zeitschrift für Soziologie* 16, S. 161-174; neugedruckt in: *Protest. Systemtheorie und soziale Bewegungen*, hg. von Kai-Uwe Hellmann, Frankfurt am Main: Suhrkamp 1996, S. 79-106.

»›Technik und Ethik‹ aus soziologischer Sicht«, in: *2. Akademie-Forum: Technik und Ethik*. Vorträge G 284 der Rheinisch-Westfälischen Akademie der Wissenschaften, Opladen, S. 31-34.

»The Evolutionary Differentiation between Society and Interaction«, in: Jeffrey C. Alexander u. a. (Hg.), *The Micro-Macro Link*, Berkeley, Cal., S. 112-131.

»The Morality of Risk and the Risk of Morality«, in: *International Review of Sociology* 3, S. 87-101.

»Was ist Kommunikation?«, in: *Information Philosophie* 1, S. 4-16; auch in: Fritz B. Simon (Hg.), *Lebende Systeme. Wirklichkeitskonstruktionen in der systemischen Therapie*, Berlin, S. 10-18; neugedruckt in: *Soziologische Aufklärung*, Bd. 6: *Die Soziologie und der Mensch*, Opladen: Westdeutscher Verlag 1995, S. 113-124.

1988

»Closure and Openness: On Reality in the World of Law«, in: Gunther Teubner (Hg.), *Autopoietic Law: A New Approach to Law and Society*, Berlin, S. 335-348.

»Das Ende der alteuropäischen Politik«, in: *Tijdschrift voor de Studie van de Verlichting en van het Vrije Denken* 16, S. 249-257.

»Die ›Macht der Verhältnisse‹ und die Macht der Politik«, in: Heinrich Schneider (Hg.), *Macht und Ohnmacht*, St. Pölten, S. 43-51.

»Die Unterscheidung von ›Staat und Gesellschaft‹«, in: Stavros Panou u. a. (Hg.), *Contemporary Conceptions of Social Philosophy: Verhandlungen des 12. Weltkongresses der Internationalen Vereinigung für*

Rechts- und Sozialphilosophie, Athen, Wiesbaden, S. 61-66; neugedruckt in: *Soziologische Aufklärung*, Bd. 4: *Beiträge zur funktionalen Differenzierung der Gesellschaft*, Opladen: Westdeutscher Verlag 1987, S. 67-73.

Die Wirtschaft der Gesellschaft, Frankfurt am Main: Suhrkamp.

Erkenntnis als Konstruktion, Bern: Benteli.

»Familiarity, Confidence, Trust. Problems and Alternatives«, in: Diego Gambetta (Hg.), *Trust: Making and Breaking Cooperative Relations*, Oxford, S. 94-107.

»Fonction«, in: *Dictionnaire encyclopédique de théorie et de sociologie du droit*, Paris, S. 160-161.

»Frauen, Männer und George Spencer Brown«, in: *Zeitschrift für Soziologie* 17, S. 47-71; neugedruckt in: *Protest. Systemtheorie und soziale Bewegungen*, hg. von Kai-Uwe Hellmann, Frankfurt am Main: Suhrkamp 1996, S. 107-155.

»La funzione dell'arte«, in: *Immaginazione* 58, S. 8.

»La teoria sistemica come descrizione della società«, in: Giuseppe Barbieri, Paolo Vidali (Hg.), *La ragione possibile: per una geografia della culture*, Mailand, S. 131-139.

»Modernità e differenziazione sociale«, in: Giovanni Mari (Hg.), *Moderno postmoderno*, Mailand, S. 88-97.

»Neuere Entwicklungen in der Systemtheorie«, in: *Merkur* 42, S. 292 bis 300.

»Observing and Describing Complexity«, in: Karl Vak (Hg.), *Complexities of the Human Environment: A Cultural and Technological Perspective*, Wien, S. 251-255.

»Organisation«, in: Willi Küpper und Günther Ortmann (Hg.), *Mikropolitik. Rationalität, Macht und Spiele in Organisationen*, Opladen: Westdeutscher Verlag, S. 165-185.

»Positivität als Selbstbestimmtheit des Rechts«, in: *Rechtstheorie* 19, S. 11-27.

»Sozialsystem Familie«, in: *System Familie* 1, S. 75-91; erweiterte Fassung in: *Soziologische Aufklärung*, Bd. 5: *Konstruktivistische Perspektiven*, Opladen: Westdeutscher Verlag 1990, S. 196-217.

»Strukturelle Bedingungen von Reformpädagogik. Soziologische Analysen zur Pädagogik der Moderne«, in: *Zeitschrift für Pädagogik* 34, S. 463-488 (zusammen mit Karl Eberhard Schorr).

»Sthenographie«, in: *Delfin* 10, S. 4-12.

»The Third Question. The Creative Use of Paradoxes in Law and Legal History«, in: *Journal of Law and Society* 15, S. 153-165.

»Über ›Kreativität‹«, in: Hans-Ulrich Gumbrecht (Hg.), *Kreativität – Ein verbrauchter Begriff?*, München, S. 13-19.

»Warum AGIL?«, in: *Kölner Zeitschrift für Soziologie und Sozialpsychologie* 40, S. 127-139.

»Wie ist Bewußtsein an Kommunikation beteiligt?«, in: Hans Ulrich Gumbrecht und K. Ludwig Pfeiffer (Hg.), *Materialität der Kommunikation*, Frankfurt am Main: Suhrkamp, S. 884-905; neugedruckt in: *Soziologische Aufklärung*, Bd. 6: *Die Soziologie und der Mensch*, Opladen: Westdeutscher Verlag 1995, S. 37-54.

1989

»Complessità social i opiniò pública«, in: *periodística* 1, S. 9-22.
»Der Ursprung des Eigentums und seine Legitimation. Ein historischer Bericht«, japanische Übersetzung in: Mitsuhumi Yazaki u. a. (Hg.), *Law in the Changing World*, Tokyo: Kobusai Shoin.
»Die Französische Revolution ist zu Ende. Individuum und Gesellschaft nach 1789«, in: *Neue Zürcher Zeitung*, 20./21. Mai, S. 69.
Gesellschaftsstruktur und Semantik. Studien zur Wissenssoziologie der modernen Gesellschaft, Bd. 3, Frankfurt am Main: Suhrkamp.
»Individuum, Individualität, Individualismus«, in: *Gesellschaftsstruktur und Semantik: Studien zur Wissenssoziologie der modernen Gesellschaft*, Bd. 3, Frankfurt am Main: Suhrkamp, S. 149-258.
»La moral social y su reflexión ética«, in: X. Palacios und F. Jaranta (Hg.), *Razión, Ética y Política: El conflicto de las sociedades modernas*, Barcelona, S. 47-58.
»La religione è indispensabile?«, in: *Prometeo* 7, S. 9-22.
»Law as a Social System«, in: *Northwestern University Law Review* 83 (1988/89), S. 136-150.
»Le droit comme système social«, in: *Droit et société* 11-12, S. 53-67.
»Ökologie und Kommunikation«, in: Lucien Criblez und Philipp Gonon (Hg.), *Ist Ökologie lehrbar?*, Bern, S. 17-30.
»Ökologische Kommunikation«, in: Joschka Fischer (Hg.), *Ökologie im Endspiel*, München, S. 31-37.
»Prefazione«, in: Claudio Baraldi, Giancarlo Corsi und Elena Esposito, *GLU. Glossario dei termini della teoria dei sistemi di Niklas Luhmann*, Urbino: Montefeltro, S. 5-8.
»Politische Steuerung. Ein Diskussionsbeitrag«, in: *Politische Vierteljahresschrift* 30, S. 4-9.
Reden und Schweigen, Frankfurt am Main: Suhrkamp (mit Peter Fuchs).
»Systemansatz und Strukturkonzept«, in: *Philosophisches Jahrbuch* 96, S. 97-100.
»Theorie der politischen Opposition«, in: *Zeitschrift für Politik* 36, S. 13-26.
»Wahrnehmung und Kommunikation sexueller Interessen«, in: Rolf Gindorf, Erwin J. Haeberle (Hg.), *Sexualitäten in unserer Gesellschaft*, Berlin, S. 127-138; neugedruckt in: *Soziologische Aufklärung*, Bd. 6: *Die Soziologie und der Mensch*, Opladen: Westdeutscher Verlag 1995, S. 189-203.

»Wer sagt das? Eine Replik«, in: *Delfin* 12, S. 90-91.
»Zeit und Ewigkeit«, in: Niklas Luhmann und Peter Fuchs, *Reden und Schweigen*, Frankfurt am Main: Suhrkamp, S. 7-20.
»Zwei Seiten des Rechtsstaates«, in: *Conflict and Integration. Comparative Law in the World Today: The 40th Anniversary of The Institute of Comparative Law in Japan*, Tokyo: Chuo University, S. 493-506.

1990

»Anfang und Ende. Probleme einer Unterscheidung«, in: Niklas Luhmann, Karl Eberhard Schorr (Hg.), *Zwischen Anfang und Ende. Fragen an die Pädagogik*, Frankfurt am Main: Suhrkamp, S. 11-23.
»Dabeisein und Dagegensein. Anregungen zu einem Nachruf auf die Bundesrepublik«, in: *Frankfurter Allgemeine Zeitung* vom 22. 8. 1990; neugedruckt in: *Protest. Systemtheorie und soziale Bewegungen*, Frankfurt am Main: Suhrkamp 1996, S. 156-159.
»Das Erkenntnisprogramm des Konstruktivismus und die unbekannt bleibende Realität«, in: *Soziologische Aufklärung, Bd. 5: Konstruktivistische Perspektiven*, Opladen: Westdeutscher Verlag 1990, S. 31-58.
»Der medizinische Code«, in: *Soziologische Aufklärung, Bd. 5: Konstruktivistische Perspektiven*, Opladen 1990: Westdeutscher Verlag, S. 183-195.
»Die Homogenisierung des Anfangs: Zur Ausdifferenzierung der Schulerziehung«, in: Niklas Luhmann und Karl Eberhard Schorr (Hg.), *Zwischen Anfang und Ende. Fragen an die Pädagogik*, Frankfurt am Main: Suhrkamp, S. 73-111.
»Die Stellung der Gerichte im Rechtssystem«, in: *Rechtstheorie* 21, S. 459-473.
Die Wissenschaft der Gesellschaft, Frankfurt am Main: Suhrkamp.
»Die Zukunft kann nicht beginnen. Temporalstrukturen der modernen Gesellschaft«, in: Peter Sloterdijk (Hg.), *Vor der Jahrtausendwende. Berichte zur Lage der Zukunft*, Bd. 1, Frankfurt am Main: Suhrkamp, S. 119-150.
Essays on Self-reference, New York: Columbia University Press.
»General Theory and American Sociology«, in: H. J. Gans (Hg.), *Sociology in America*, Newbury Park, Cal., S. 253-264.
»Gleichzeitigkeit und Synchronisation«, zuerst in: *Soziologische Aufklärung, Bd. 5: Konstruktivistische Perspektiven*, Opladen: Westdeutscher Verlag 1990, S. 95 bis 130.
»Glück und Unglück der Kommunikation in Familien«, in: R. Königswieser und Christian Lutz (Hg.), *Das systemische evolutionäre Management. Der neue Horizont für Unternehmer*, Wien, S. 299-307; zuerst in: *Soziologische Aufklärung, Bd. 5: Konstruktivistische Perspektiven*, Opladen: Westdeutscher Verlag 1990, S. 218-227.
»Ich sehe das, was Du nicht siehst«, in: Ph. van Engeldorp Gastelaars

und S. L. Magala (Hg.), *Wirkungen. Kritische Theorie und kritisches Denken*, Rotterdam: Universitaire Pers, S. 117-124; zuerst in: *Soziologische Aufklärung*, Bd. 5: *Konstruktivistische Perspektiven*, Opladen: Westdeutscher Verlag 1990, S. 228-234.

»Identität – was oder wie?«, in: L'argomento ontologico. Scritti di Marco M. Olivetti u. a., *Archivio di filosofia* 58, S. 579-596; zuerst in: *Soziologische Aufklärung*, Bd. 5: *Konstruktivistische Perspektiven*, Opladen: Westdeutscher Verlag 1990, S. 14-30.

»Interesse und Interessenjurisprudenz im Spannungsfeld von Gesetzgebung und Rechtsprechung«, in: *Zeitschrift für neuere Rechtsgeschichte* 12, S. 1-13.

»Introduzione generale. Economia e diritto: problemi di collegamento strutturale«, in: *L'informazione nell'economia e nel diritto. Congresso internazionale*, 30./31. März, Mailand, S. 27-45.

»Kommunikationssperren in der Unternehmensberatung«, in: R. Königswieser und Christian Lutz (Hg.), *Das systemische evolutionäre Management: Der neue Horizont für Unternehmer*, Wien, S. 237-250.

Paradigm lost. Über die ethische Reflexion der Moral. Rede von Niklas Luhmann anläßlich der Verleihung des Hegel-Preises 1989, Frankfurt am Main: Suhrkamp, S. 7-48 (Laudatio von Robert Spaemann: S. 49 bis 73).

Soziologische Aufklärung, Bd. 5: *Konstruktivistische Perspektiven*, Opladen: Westdeutscher Verlag.

»Sthenographie«, in: Niklas Luhmann, Humberto Maturana, Mikio Namiki, Volker Redder und Francisco Varela, *Beobachter. Konvergenz der Erkenntnistheorien?*, München: Fink, S. 119-137.

»Sthenography«, in: *Stanford Literature Review* 7, S. 133-137.

»Technology, Environment, and Social Risk: A Systems Perspective«, in: *Industrial Crisis Quarterly* 4, S. 223-231.

»The Cognitive Program of Constructivism and a Reality that Remains Unknown«, in: Wolfgang Krohn u. a. (Hg.), *Selforganization. Portrait of a Scientific Revolution*, Dordrecht: Klüwer, S. 64-85.

»The Future of Democracy«, in: *Thesis Eleven* 26, S. 46-53.

»The Paradox of System Differentiation and the Evolution of Society«, in: J. C. Alexander und P. Colomy (Hg.), *Differentiation Theory and Social Change: Comparative and Historical Perspectives*, New York: Columbia University Press, S. 409-440.

»Über systemtheoretische Grundlagen der Gesellschaftstheorie«, in: *Deutsche Zeitschrift für Philosophie* 38, S. 277-284.

»Umweltrisiko und Politik«, zuerst in: *Protest. Systemtheorie und soziale Bewegungen*, hg. von Kai-Uwe Hellmann, Frankfurt am Main 1996, S. 160-174.

»Verfassung als evolutionäre Errungenschaft«, in: *Rechtshistorisches Journal* 9, S. 176-220.

»Wege und Umwege deutscher Soziologie«, in: *Rechtstheorie* 21, S. 209 bis 216.
»Weltkunst«, in: Niklas Luhmann, Frederick D. Bunsen und Dirk Baekker, *Unbeobachtbare Welt. Über Kunst und Architektur*, Bielefeld: Haux, S. 7-45.

1991

»Am Ende der kritischen Soziologie«, in: *Zeitschrift für Soziologie*, S. 147-152.
»Complessità senza appigli«, in: *Iride* 7, S. 138-154.
»Das Kind als Medium der Erziehung«, in: *Zeitschrift für Pädagogik* 37, S. 19-40; neugedruckt in: *Soziologische Aufklärung*, Bd. 6: *Die Soziologie und der Mensch*, Opladen: Westdeutscher Verlag 1995, S. 204 bis 228.
»Das Moderne der modernen Gesellschaft«, in: Wolfgang Zapf (Hg.), *Die Modernisierung moderner Gesellschaften: Verhandlungen des 25. Soziologentages in Frankfurt am Main*, Frankfurt am Main, S. 87 bis 108.
»Der Gleichheitssatz als Form und Norm«, in: *Archiv für Rechts- und Sozialphilosophie* 77, S. 435-445.
»Die Form ›Person‹«, in: *Soziale Welt* 42, S. 166-175; neugedruckt in: *Soziologische Aufklärung*, Bd. 6: *Die Soziologie und der Mensch*, Opladen: Westdeutscher Verlag 1995, S. 142-154.
»Die Geltung des Rechts«, in: *Rechtstheorie* 22, S. 273-286.
»Die Welt der Kunst«, in: Wolfgang Zacharias (Hg.), *Schöne Aussichten? Ästhetische Bildung in einer technisch-medialen Welt*, Essen, S. 49-63.
»Ende des Fortschritts – Angst statt Argumente«, in: U. Lohmar und P. Lichtenberg (Hg.), *Kommunikation zwischen Spannung, Konflikt und Harmonie*, Bonn, S. 117-128.
»Ich denke primär historisch«, in: *Deutsche Zeitschrift für Philosophie* 39, S. 937-956.
»Mein ›Mittelalter‹«, in: *Rechtshistorisches Journal* 10, S. 66-70.
»Politik und Moral. Zum Beitrag von Otfried Höffe«, in: *Politische Vierteljahresschrift* 32, S. 497-500.
»Probleme der Forschung in der Soziologie«, in: *Forschung an der Universität Bielefeld* 3, S. 40-42.
»Religion und Gesellschaft«, in: *Sociologia Internationalis* 29, S. 133-139.
»Schwierigkeiten bei der Beschreibung der Zukunft«, in: Albert Arnold Scholl (Hg.), *Zwischen gestern und morgen*, München, S. 56-59.
»Selbstorganisation und Information im politischen System«, in: *Selbstorganisation* 2, S. 11-26.
Soziologie des Risikos, Berlin/New York: de Gruyter.
»Steuerung durch Recht? Einige klarstellende Bemerkungen«, in: *Zeitschrift für Rechtssoziologie* 12, S. 142-146.

»Sthenographie und Euryalistik«, in: Hans Ulrich Gumbrecht und K. Ludwig Pfeiffer (Hg.), *Paradoxien, Dissonanzen, Zusammenbrüche. Situationen offener Epistemologie*, Frankfurt am Main: Suhrkamp, S. 58-82.

»Verständigung über Risiken und Gefahren – Hilft die Moral bei der Konsensfindung?«, in: *Politische Meinung* 36, S. 86-95; ebenfalls in: *Das Problem der Verständigung. Ökologische Kommunikation und Risikodiskurs*, Rüschlikon: Gottlieb Duttweiler Institut, S. 93-110.

»Wie lassen sich latente Strukturen beobachten?«, in: Paul Watzlawick, Peter Krieg (Hg.), *Das Auge des Betrachters – Beiträge zum Konstruktivismus. Festschrift für Heinz von Foerster*, München, S. 61-74.

1992

Beobachtungen der Moderne, Opladen: Westdeutscher Verlag.

»Europäische Rationalität«, in: *Beobachtungen der Moderne*, Opladen: Westdeutscher Verlag, S. 51-92.

»Die Beobachtung der Beobachter im politischen System. Zur Theorie der öffentlichen Meinung«, in: Jürgen Wilke (Hg.), *Öffentliche Meinung. Theorie, Methoden, Befunde. Beiträge zu Ehren von Elisabeth Noelle-Neumann*, Freiburg, S. 77-86.

»Die operative Geschlossenheit psychischer und sozialer Systeme«, in: Hans Rudi Fischer u. a. (Hg.), *Das Ende der großen Entwürfe*, Frankfurt am Main: Suhrkamp, S. 117-131; neugedruckt in: *Soziologische Aufklärung*, Bd. 6: *Die Soziologie und der Mensch*, Opladen: Westdeutscher Verlag 1995, S. 25-36.

»Die Unbeliebtheit der politischen Parteien«, in: *Die politische Meinung* 37, S. 5-11.

»Die Universität als organisierte Institution«, in: A. Dress, E. Firnhaber, H. von Hentig und D. Storbeck (Hg.), *Die humane Universität. Bielefeld 1969-1971. Festschrift für Karl Peter Grotemeyer*, Bielefeld: Westfalen Verlag, S. 54-61.

»Donne/uomini«, Istituto di Studi Euroafricani, Paris-Lecce.

»Gibt es ein ›System‹ der Intelligenz?«, in: Martin Meyer (Hg.), *Intellektuellendämmerung? Beiträge zur neuesten Zeit des Geistes*, München: Hanser, S. 57-73.

»Immer noch Bundesrepublik? – Das Erbe und die Zukunft«, in: Otthein Rammstedt, Gert Schmidt (Hg.), *BRD – ade! Vierzig Jahre in Rück-Ansichten von Sozial- und Kulturwissenschaftlern*, Frankfurt am Main: Suhrkamp, S. 95-100.

»Operational Closure and Structural Coupling. The Differentiation of the Legal System«, in: *Cardozo Law Review* 13, S. 1419-1441.

»Rischio ambientale e politica«, in: *Ambiente, etica, economia e istituzione. Congresso internazionale 21./22. Marzo*, Mailand, S. 186-198.

»Stellungnahme«, in: Werner Krawietz und Michael Welcker (Hg.), *Kri-

tik der Theorie sozialer Systeme: Auseinandersetzungen mit Luhmanns Hauptwerk, Frankfurt am Main: Suhrkamp, S. 371-386.

»System und Absicht der Erziehung«, in: Niklas Luhmann und Karl Eberhard Schorr (Hg.), *Zwischen Absicht und Person: Fragen an die Pädagogik*, Frankfurt am Main: Suhrkamp, S. 102-124.

Teoria della società, Mailand: Angeli (mit Raffaele de Giorgi).

»The Concept of Society«, in: *Thesis Eleven* 31, S. 67-80.

»The Direction of Evolution«, in: Hans Haferkamp und Neil J. Smelser (Hg.), *Social Change and Modernity*, Berkeley, Cal., S. 279-293.

»The Form of Writing«, in: *Stanford Literature Review* 9, S. 25-42.

Universität als Milieu, hg. von André Kieserling, Bielefeld: Haux.

»Wahrnehmung und Kommunikation an Hand von Kunstwerken«, in: H. Lux und P. Ursprung (Hg.), *Stillstand switches*, Zürich, S. 64-74.

»Wer kennt Will Martens? Eine Anmerkung zum Problem der Emergenz sozialer Systeme«, in: *Kölner Zeitschrift für Soziologie und Sozialpsychologie* 44, S. 139-142.

»Wirtschaft als autopoietisches System. Bemerkungen zur Kritik von Karl-Heinz Brodbeck«, in: *Zeitschrift für Politik* 39, S. 191-194.

»Zeichen der Freiheit – oder Freiheit der Zeichen?«, in: G. J. Lischka (Hg.), *Zeichen der Freiheit*, Bern: Benteli, S. 55-77.

»Zum Geleit«, in: Elena Esposito, *L'operazione di osservazione. Costruttivismo e teoria dei sistemi sociali*, Mailand: Angeli, S. 7-11.

Zwischen Absicht und Person. Fragen an die Pädagogik, Frankfurt am Main (Hg., zusammen mit Karl Eberhard Schorr).

1993

»Bemerkungen zu ›Selbstreferenz‹ und zu ›Differenzierung‹ aus Anlaß von Beiträgen im Heft 6 der ZfS«, in: *Zeitschrift für Soziologie* 22, S. 141-144.

»Das Paradox der Menschenrechte und drei Formen seiner Entfaltung«, in: *Rechtsnormen und Rechtswidrigkeit: Festschrift Werner Krawietz*, Berlin, S. 539-546; neugedruckt in: *Soziologische Aufklärung*, Bd. 6: *Die Soziologie und der Mensch*, Opladen: Westdeutscher Verlag 1995, S. 229-236.

Das Recht der Gesellschaft, Frankfurt am Main: Suhrkamp.

»Das Volk steigt aus«, in: *Die politische Meinung* 38, S. 91-94.

»Die Beschreibung der Zukunft«, in: Rudolf Maresch (Hg.), *Zukunft ohne Ende. Standpunkte, Analysen, Entwürfe*, S. 469-478.

»Die Ehrlichkeit der Politiker und die höhere Amoralität der Politik«, in: Peter Kemper (Hg.), *Opfer der Macht. Müssen Politiker ehrlich sein?*, Frankfurt am Main, S. 27-41.

»Die Evolution des Kunstsystems«, in: *Kunstforum* 124, S. 221-228.

»Die Moral des Risikos und das Risiko der Moral«, in: Gotthard Bechmann (Hg.), *Risiko und Gesellschaft. Grundlagen und Ergebnisse der*

interdisziplinären Risikoforschung, Opladen: Westdeutscher Verlag, S. 327-338.
»Die Paradoxie der Form«, in: Dirk Baecker (Hg.), *Kalkül der Form*, Frankfurt am Main: Suhrkamp, S. 197-215.
»Zeichen als Form«, in: Dirk Baecker (Hg.), *Probleme der Form*, Frankfurt am Main: Suhrkamp, S. 45-69.
»Die Paradoxie des Entscheidens«, in: *Verwaltungsarchiv* 84, S. 287 bis 310.
»Die Unbeliebtheit der politischen Parteien«, in: Siegfried Unseld (Hg.), *Politik ohne Projekt? Nachdenken über Deutschland*, Frankfurt am Main: Suhrkamp, S. 43-53.
»Gesellschaftstheorie und Normentheorie«, in: Paul Trappe (Hg.), *Gesellschaftstheorie ud Normtheorie. Theodor Geiger Symposium*, Basel, S. 15-44.
Gibt es in unserer Gesellschaft noch unverzichtbare Normen?, Heidelberg: Müller.
»La société face à l'environnement: une intégration possible?«, in: Dominique Bourg (Hg.), *La nature en politique, ou l'enjeu philosophique de l'écologie*, Paris, S. 73-85.
»lecito tutto ciò che è possibile?«, in: *Bollettino dell'Università degli Studi di Bologna*, März-April, S. 5-7.
»Observing Re-entries«, in: *Graduate Faculty Philosophy Journal* 16, S. 485-498.
»Politische Steuerungsfähigkeit eines Gemeinwesens«, in: Reinhard Göhner (Hg.), *Die Gesellschaft für Morgen*, München, S. 50-65.
»The Code of the Moral«, in: *Cardozo Law Review* 14, S. 995-1009.
»Was ist der Fall, was steckt dahinter? – Die zwei Soziologien und die Gesellschaftstheorie«, in: *Zeitschrift für Soziologie* 22, S. 245-260.
»Wirtschaftsethik – als Ethik?«, in: Josef Wieland (Hg.), *Wirtschaftsethik und Theorie der Gesellschaft*, Frankfurt am Main: Suhrkamp, S. 137-147.

1994
»Der radikale Konstruktivismus als Theorie der Massenmedien? Bemerkungen zu einer irreführenden Debatte«, in: *Communicatio Socialis* 27, S. 7-12.
»Die Tücke des Subjekts und die Frage nach den Menschen«, in: Peter Fuchs und Andreas Göbel (Hg.), *Der Mensch – das Medium der Gesellschaft?*, Frankfurt am Main: Suhrkamp, S. 40-56; neugedruckt in: *Soziologische Aufklärung*, Bd. 6: *Die Soziologie und der Mensch*, Opladen: Westdeutscher Verlag 1995, S. 155-168.
»Europa als Problem der Weltgesellschaft«, in: *Berliner Debatte* 2, S. 3-7.
»Metamorphosen des Staates«, in: *Information Philosophie* 4, S. 5-21; neugedruckt in: *Gesellschaftsstruktur und Semantik. Studien zur Wis-*

senssoziologie der modernen Gesellschaft, Bd. 4, Frankfurt am Main: Suhrkamp 1995, S. 101-137.
»Systemtheorie und Protestbewegungen«. Interview mit Kai-Uwe Hellmann, in: *Forschungsjournal Neue Soziale Bewegungen* 7, Heft 2, S. 53-69; neugedruckt in: *Protest. Systemtheorie und soziale Bewegungen*, hg. von Kai-Uwe Hellmann, Frankfurt am Main 1996, S. 175 bis 200.

1995

»Die Behandlung von Irritationen: Abweichung oder Neuheit?«, in: *Gesellschaftsstruktur und Semantik. Studien zur Wissenssoziologie der modernen Gesellschaft*, Bd. 4, Frankfurt am Main: Suhrkamp, S. 55 bis 100.
»Die Gorgonen und die Musen. Zur Dekonstruktion einer Unterscheidung«, in: Wolf R. Dombrowsky, Ursula Pasero (Hg.), *Wissenschaft, Literatur, Katastrophe: Festschrift zum sechzigsten Geburtstag von Lars Clausen*, Opladen, S. 219-224.
Die Kunst der Gesellschaft, Frankfurt am Main: Suhrkamp.
Gesellschaftsstruktur und Semantik. Studien zur Wissenssoziologie der modernen Gesellschaft, Bd. 4, Frankfurt am Main: Suhrkamp.
»Konzeptkunst. Brent Spar oder Können Unternehmen von der Öffentlichkeit lernen?«, in: *Frankfurter Allgemeine Zeitung* vom 19. 7. 1995.
»Inklusion und Exklusion«, in: *Soziologische Aufklärung*, Bd. 6: *Die Soziologie und der Mensch*, Opladen: Westdeutscher Verlag, S. 237 bis 264.
Soziologische Aufklärung, Bd. 6: *Die Soziologie und der Mensch*, Opladen: Westdeutscher Verlag.

1996

»Das Erziehungssystem und seine Umwelten«, in: Niklas Luhmann und Karl Ebehard Schorr (Hg.), *Zwischen System und Umwelt. Fragen an die Pädagogik*, Frankfurt am Main: Suhrkamp, S. 14-52.
Die neuzeitlichen Wissenschaften und die Phänomenologie. Vortrag im Wiener Rathaus am 25. Mai 1995, Wien: Picus 1996.
»Die Sinnform Religion«, in: *Soziale Systeme* 2, S. 3-33.
Protest. Systemtheorie und soziale Bewegungen, hg. und eingeleitet von Kai-Uwe Hellmann, Frankfurt am Main: Suhrkamp.
»Statistische Depression. Zahlen in den Massenmedien«, in: *Frankfurter Allgemeine Zeitung* vom 20. 3. 1996.
»The Sociology of Moral and Ethics«, in: *International Sociology* 11, S. 27-36.

1997

Die Gesellschaft der Gesellschaft, 2 Bde., Frankfurt am Main: Suhrkamp.

In Druck befindliche und unveröffentlichte Manuskripte

»Das Medium der Religion. Eine soziologische Betrachtung über Gott und die Seelen«
»Die gesellschaftliche Moral und ihre ethische Reflexion«
»Die Rückgabe des zwölften Kamels«
»Die Theorie gesellschaftlicher Differenzierung«
»Knappheit und knappe Ressourcen aus soziologischer Sicht«
»Komplexität, strukturelle Kontingenzen und Wertkonflikte«
»Modernität und gesellschaftliche Differenzierung«
»Ohne Titel – wieso?«
»Organisation und Entscheidung«
»Schranken der Kommunikation als Bedingung von Evolution«
»Schwellenwerte der ökologischen Politik«
»Scuola e impresa nella nuova europa«
»Sociology of the Moral and Ethics«
»Soziale Komplexität«
»The Unity of the Legal System«
»Tradition und Modernität«
»Warum Systemtheorie?«
»Zum wissenschaftlichen Kontext des Begriffs Kommunikation«